BEST SELLER

Dale Carnegie nació en 1888 en Missouri. Escribió su famoso libro *Cómo ganar amigos e influir sobre las personas* en 1936, ahora un bestseller internacional. En 1950 se creó la Fundación Dale Carnegie Training. Carnegie falleció poco tiempo después, en 1955, dejando su legado y un conjunto de principios esenciales que hoy forman parte de sus libros. En la actualidad, su fundación cuenta entre sus clientes con cuatrocientas de las empresas más importantes del mundo.

Para más información, visite el sitio
www.dalecarnegie.com.

DALE CARNEGIE

Cómo ganar amigos e influir sobre las personas

EDICIÓN REVISADA

Traducción de
Román A. Jiménez

DEBOLS!LLO

Cómo ganar amigos e influir sobre las personas

Título original en inglés: *How to Win Friends and Influence People*

Primera edición en Debolsillo: 2007
Segunda edición: julio, 2017
Primera reimpresión: noviembre, 2017
Segunda reimpresión: abril, 2018
Tercera reimpresión: septiembre, 2018
Cuarta reimpresión: noviembre, 2018

Penguin
Random House
Grupo Editorial

Este libro está dedicado a un hombre que no necesita leerlo: mi querido amigo Homer Croy.

OCHO OBJETIVOS QUE ESTE LIBRO
LE AYUDARÁ A LOGRAR

1. Salir de una rutina mental, concebir nuevas ideas, adquirir nuevas visiones, descubrir nuevas ambiciones.
2. Hacer amigos rápida y fácilmente.
3. Aumentar su popularidad.
4. Lograr que los demás piensen como usted.
5. Aumentar su influencia, su prestigio, su habilidad de lograr que las tareas se realicen.
6. Proceder ante las quejas, evitar discusiones, preservar sus relaciones humanas afables y agradables.
7. Convertirse en un mejor orador, un conversador más jovial.
8. Despertar entusiasmo entre sus asociados.

Este libro ha logrado todas esas cosas para más de quince millones de lectores en treinta y seis idiomas.

PREFACIO A LA EDICIÓN REVISADA

Cuando Dale Carnegie escribió Cómo ganar amigos e influir sobre las personas, *su principal objetivo era proporcionar un texto de suplemento a su curso sobre Oratoria y Relaciones Humanas. Nunca soñó que se transformaría en el mayor de los best-sellers, y que la gente lo leería, lo citaría y viviría según sus reglas mucho después de su propia muerte.*

El libro se ha vuelto un clásico; se lo conoce prácticamente en todos los países del mundo. Ha sido leído y releído por decenas de millones de lectores, incluyendo a hombres muy poderosos en el gobierno y los negocios, lo mismo que obreros y campesinos, estudiantes y maestros: literalmente, toda clase de gente. Hasta hoy, más de cuarenta años después de su aparición, siguen comprándolo y estudiándolo cientos de miles de lectores por año. Si el libro sigue siendo tan eficaz, ¿por qué revisarlo? ¿Por qué no dejarlo exactamente como apareció en su primera edición?

Dale Carnegie escribió este libro en la década de 1930. Los ejemplos e ilustraciones que usó Dale Carnegie entonces han perdido significado para los lectores de nuestra época. Los nombres que usó, que eran familiares en los años treinta, resultan desconocidos para el lector de los años ochenta. El lenguaje usado también envejeció. En los últimos años, ha habido mujeres que se han mostrado ofendidas por la orientación exclusivamente masculina del libro. Pero Dale Carnegie escribía como lo hacían todos sus contemporáneos; con el supuesto de que una referencia en masculino podía aplicarse a ambos sexos.

Dorothy Carnegie, Presidenta de la Junta de Directorio, y Oliver Crom, Presidente de Dale Carnegie & Associates,

11

Inc., dedican su esfuerzo a los principios desarrollados por Dale Carnegie. Ambos creen que el modo más eficaz de hacer válidos estos principios es presentarlos del modo más convincente que sea posible. Una de las técnicas usadas en el Curso de Dale Carnegie para ayudar a los estudiantes a hacer valer sus convicciones en una discusión, es la "fórmula mágica". La clave de esta técnica es que las pruebas pertinentes y al caso son el ingrediente principal de una argumentación. Al revisar esta obra clásica de modo que las pruebas, tal como se manifiestan en las ilustraciones y ejemplos, resulten pertinentes para el lector moderno, la filosofía de Dale Carnegie se nos presenta de un modo más dinámico y significativo.

El asesor editorial de esta revisión recibió la difícil tarea de determinar qué partes del material original debían cambiarse. Para ayudarse en el trabajo, les pidió a varios de los maestros de los Cursos de Dale Carnegie que entregaran ejemplares del libro a estudiantes y graduados de sus clases. A estos últimos se les pidió que leyeran el libro y tomaran notas al margen marcando las partes que no resultaban del todo claras o que carecían de verdadero significado para ellos. Como resultado de una revisión de estas notas se decidió qué se eliminaría.

El paso siguiente era encontrar ilustraciones adecuadas que reemplazaran los ejemplos eliminados, y proporcionaran material adicional que hiciera más eficaz aun al libro. Con este fin, Paul Mackey, Vicepresidente del área Instrucción de Dale Carnegie & Associates, Inc., escribió una carta a cada uno de los maestros de cursos en los Estados Unidos y en otros países, pidiéndoles que transmitieran ilustraciones, anécdotas y conversaciones sostenidas en clase, que pudieran ser usadas como ejemplificación de las enseñanzas de Dale Carnegie. Se recibieron cientos de respuestas. De esta masa de material se seleccionó cuidadosamente el que se usaría en esta revisión.

Al planificar este libro, el objetivo fue mantener tanto como fuera posible el lenguaje y el estilo de Dale Carnegie en la nueva edición. Este objetivo se logró. Dos tercios del libro son exactamente iguales y usan las mismas pala-

bras que usó Dale Carnegie cuando escribió el libro original hace más de cuarenta años. Usted lo leerá como si él siguiera vivo. La filosofía de Dale Carnegie no ha envejecido. Los cambios que se hicieron se redactaron pensando en cómo lo habría hecho Dale Carnegie. Se usó la técnica de un restaurador de cuadros. Una famosa obra plástica queda dañada o disminuida por acción del tiempo. Los colores palidecen, los contornos se borronean. Se contrata a un restaurador para que reacondicione la pintura. Este técnico usa los mismos procedimientos, las mismas pinceladas, los mismos colores usados por el pintor original, y hace todo lo posible por recuperar la belleza de la obra original. Para hacer esto mismo con la lengua de Dale Carnegie, su estilo fue estudiado y las nuevas ilustraciones y anécdotas escritas en el estilo que más se pareciera al suyo. Esperamos que así se haya logrado captar el espíritu del autor original así como el mensaje que nos transmite.

De modo que la edición revisada de Cómo ganar amigos e influir sobre las personas *no es una obra nueva, pero expresa la filosofía del maestro de un modo que será comprendido y aceptado por los lectores de una nueva generación.*

Dale Carnegie & Associates, Inc.

CÓMO FUE ESCRITO ESTE LIBRO...
Y POR QUÉ

por Dale Carnegie

Durante los últimos treinta y cinco años, las empresas editoriales de los Estados Unidos han impreso más de un quinto de millón de obras diferentes. Muchos de esos libros eran atrozmente tediosos; y muchos fueron fracasos financieros. ¿He dicho "muchos"? El presidente de una de las mayores editoriales del mundo me confesó que su compañía, después de setenta y cinco años de experiencia editorial, todavía pierde dinero con siete de cada ocho libros que publica.

¿Por qué, entonces, he tenido la temeridad de escribir otro libro? Y, después de escribirlo, ¿por qué se ha de molestar usted en leerlo?

Preguntas justas, ambas: y trataré de contestarlas.

Desde 1912 vengo dirigiendo cursos educativos para hombres y mujeres de negocios y profesionales en Nueva York. Al principio dirigí cursos sobre oratoria pública solamente: cursos destinados a preparar a los adultos, mediante la experiencia, a pensar mientras están de pie y a expresar sus ideas con mayor claridad, mayor efectividad y mayor soltura, tanto en conversaciones de negocios como ante grupos más numerosos.

Pero gradualmente, a medida que pasaban los años, comprendí que por mucho que estos adultos necesitaran un aprendizaje para hablar en forma eficaz, necesitaban aun más el aprendizaje en ese bello arte de tratar con la gente en los negocios y en sus contactos sociales.

Comprendí también gradualmente que yo mismo necesitaba ese aprendizaje. Al recordar ahora esos años me aterroriza advertir mis frecuentes faltas de tacto y de comprensión. ¡Cómo lamento no haber podido tener en mis manos un libro como éste hace veinte años! ¡Qué don inapreciable habría sido!

Tratar con la gente es probablemente el mayor problema que se afronta, especialmente si se es una persona de negocios. Sí, y también si se es un contador, una ama de casa, un arquitecto o un ingeniero. La investigación y el estudio realizados hace pocos años bajo los auspicios de la Fundación Carnegie revelaron un hecho muy importante y significativo: un hecho confirmado más tarde por los estudios adicionales efectuados en el Instituto Carnegie de Tecnología. Estas investigaciones demostraron que aun en los ramos tan técnicos como la ingeniería, alrededor del quince por ciento del éxito financiero de cada uno se debe al conocimiento técnico, y alrededor del 85 por ciento se debe a la habilidad en la tecnología humana: la personalidad y la capacidad para tratar con la gente.

Durante muchos años dirigí cursos en el Círculo de Ingenieros de Filadelfia y también en la rama de Nueva York del Instituto Norteamericano de Ingenieros Electricistas. Por mis clases han pasado probablemente más de mil quinientos ingenieros. Fueron a ellas porque comprendieron finalmente, al cabo de años de observación y experiencia, que frecuentemente el personal mejor pagado en el ramo de la ingeniería no es el que conoce más ingeniería. Por ejemplo, se puede contar con los servicios simplemente técnicos de ingenieros, contadores, arquitectos o cualquier otro profesional, por un salario fijo. Pero el hombre que dispone de conocimientos técnicos más la habilidad de expresar sus ideas, para asumir la dirección, y para despertar entusiasmo entre los demás, esa persona tiene posibilidades de aumentar indefinidamente sus ingresos.

En la plenitud de su actividad, John D. Rockefeller dijo que "la habilidad para tratar con la gente es un artículo que se puede comprar, como el azúcar o el café". "Y pagaré más por esa capacidad —agregó— que por cualquier otra."

¿No se debe suponer, pues, que todos los colegios del país deberían tener cursos para desarrollar la habilidad más preciada entre todas? Pero si hay un curso práctico, con sentido común, para adultos, de esta especie, ha escapado a mi atención hasta el momento de escribir estas líneas.

La Universidad de Chicago y las Escuelas Unidas de la Asociación Cristiana de Jóvenes realizaron un estudio para determinar qué quieren aprender en realidad los adultos.

Ese estudio costó 25.000 dólares y duró dos años. La última parte de la indagación se realizó en Meriden, Connecticut. Era una típica población norteamericana. Se entrevistó a todos los adultos de Meriden y se les pidió que respondieran a 156 preguntas, tales como: "¿Cuál es su ocupación o profesión? ¿Cuál es su educación? ¿Cómo pasa sus ratos desocupados? ¿Qué ingresos tiene? ¿Qué pasatiempo? ¿Qué ambiciones? ¿Qué problemas? ¿Qué temas le interesaría estudiar?" Y otras más por el estilo. Esa investigación reveló que la salud es lo que más interesa a los adultos, y que en segundo lugar les interesa la gente: cómo comprender y llevarse bien con el prójimo; cómo hacer que los demás gusten de uno; y cómo hacer que los demás adopten el modo de pensar de uno.

La comisión que realizaba esta indagación resolvió organizar un curso para adultos en Meriden. Buscó diligentemente un texto práctico sobre el tema, pero no encontró ninguno. Finalmente, los miembros de la comisión buscaron a una de las personas más autorizadas del mundo en el terreno de la educación para adultos, y le preguntaron si conocía algún libro que atendiera las necesidades de ese grupo de adultos de Meriden. "No —respondió—. Yo sé lo que necesitan esos adultos. Pero el libro que les hace falta no ha sido escrito todavía."

Yo sabía por experiencia propia que esa afirmación era exacta, porque durante años había buscado inútilmente un manual práctico y aplicable sobre las relaciones humanas.

Como no existía ese libro, traté de escribir uno para utilizarlo en mis cursos. Y aquí está. Espero que a usted le agrade. *Como preparación para este libro, leí todo lo que pude encontrar sobre el tema: todo, desde artículos en diarios y revistas, los archivos de los juicios de divorcio, las obras de viejos filósofos y psicólogos modernos. Además, contraté a un investigador especializado para que se pasara un año y medio en diversas bibliotecas leyendo todo lo que yo había pasado por alto, estudiando eruditos volúmenes de psicología, hojeando centenares de artículos periodísticos, revisando incontables biografías, para tratar de establecer cómo los grandes hombres de todas las edades habían tratado con la gente. Leímos las biografías de todos los grandes personajes habidos en el mundo. Leímos la vida de todos los grandes, desde Julio César hasta Thomas Edison. Recuerdo que leímos más de cien biografías de Theodore Roosevelt solamente. Estábamos decididos a no economizar tiempo ni gastos para descubrir todas las ideas prácticas usadas jamás por los hombres de todas las épocas a fin de ganar amigos e influir sobre la gente.*

Yo entrevisté personalmente a veintenas de personas que han triunfado en la vida, algunas de ellas famosas en el mundo: inventores como Marconi y Edison; líderes políticos como Franklin D. Roosevelt y James Farley; hombres de empresa como Owen D. Joung; estrellas de cine como Clark Gable y Mary Pickford; y exploradores como Martin Johnson, y traté de descubrir la técnica empleada por ellos en las relaciones humanas.

Con todo este material preparé una breve charla. La titulé: "Cómo ganar amigos e influir sobre la gente". He dicho "breve". Lo era en un principio, pero ha ido en aumento hasta convertirse en una conferencia que consume una hora y treinta minutos. Durante muchos años di esta conferencia ante los adultos reunidos en cada clase de los cursos del Instituto Carnegie en Nueva York.

Siempre he hecho lo mismo. He pronunciado la conferencia y recomendado a los alumnos que hicieran la prueba de esos consejos en sus contactos comerciales y sociales, para volver luego a la clase a hablar de sus experiencias y de los resultados conseguidos. ¡Qué tarea interesante! Estos hombres y estas mujeres, ansiosos por mejorar, se veían fascinados por la idea de trabajar en una nueva especie de laboratorio, el primero y el único laboratorio de relaciones humanas para adultos que ha existido jamás.

Este libro no fue escrito como se escriben todos los libros. Creció tal como crece un niño. Creció y se desarrolló en ese laboratorio, gracias a las experiencias de miles de adultos.

Hace años comenzamos con una serie de reglas impresas en una tarjeta no mayor que una tarjeta postal. A la temporada siguiente imprimimos una tarjeta más grande, después un folleto, después una serie de folletos, cada uno en crecimiento a su vez, en tamaño y en alcance. Al cabo de quince años de experimentos e investigaciones, tuvimos este libro.

Las reglas que hemos fijado en él no son simples teorías o conjeturas. Rinden resultados mágicos. Por increíble que parezca, he visto cómo la aplicación de estos principios revolucionaba literalmente la vida de muchas personas.

Un ejemplo: un hombre con 314 empleados se inscribió en uno de estos cursos. Durante muchos años había mandado y criticado y censurado a sus empleados, sin trabas ni discreción. La bondad, las palabras de aprecio y de aliento eran ajenas a sus labios. Después de estudiar los principios en que se basa este libro, tal patrón alteró profundamente su filosofía de la vida. Su organización se ve inspirada ahora por una nueva lealtad, un nuevo entusiasmo, un nuevo espíritu de trabajo común. Trescientos catorce enemigos se han convertido en trescientos catorce amigos. Ya lo dijo él, orgullosamente, en un discurso que pronunció ante la clase: "Antes, cuando caminaba por mi establecimiento, nadie me saludaba. Mis empleados miraban para otro lado al ver que me acercaba. Pero ahora todos son amigos míos, y hasta el portero me llama por el nombre de pila".

Este patrón tiene ahora mayores beneficios materiales, mayor descanso y —lo que es infinitamente más impor-

19

tante— encuentra mucha mayor felicidad en su negocio y en su hogar.

Innumerables vendedores han visto aumentar considerablemente sus ventas mediante el uso de estos principios. Muchos han conseguido clientes nuevos, clientes que habían buscado en vano con anterioridad. Hay directores de empresas que vieron aumentar su autoridad y su sueldo. Uno de ellos nos informó que había conseguido un importante aumento de sueldo, debido sobre todo a la aplicación de estas verdades. Otro alto empleado de la Philadelphia Gas Works Company iba a ser rebajado de categoría por su beligerancia, por su incapacidad para conducir hábilmente a los empleados. El aprendizaje que realizó no solamente lo salvó del descenso a los 65 años de edad, sino que le produjo un ascenso, con mayor sueldo.

En muchas ocasiones, en los banquetes servidos al terminar cada curso, me han dicho los cónyuges que sus hogares son mucho más felices desde que sus maridos o mujeres iniciaron este entrenamiento.

Con frecuencia se asombran los participantes por los resultados que consiguen. Parece cosa de magia. En algunos casos, llenos de entusiasmo, me han hablado a casa un domingo, porque no podían esperar dos días para informarme de sus realizaciones en la clase regular del curso.

Un hombre quedó tan impresionado por una charla sobre estos principios, que se quedó comentándolos con otros miembros de su clase hasta altas horas de la noche. A las tres de la mañana, los otros se fueron a sus casas. Pero él estaba tan conmovido por la comprensión de sus errores, tan inspirado por la visión de un mundo nuevo y más rico que se abría ante él, que no pudo dormir. No durmió esa noche, ni al día siguiente ni la otra noche.

¿Quién era? ¿Un individuo ingenuo, sin educación, dispuesto a estallar de entusiasmo ante cada nueva teoría que se le presentara? No. Lejos de ello. Era un comerciante refinado, un hombre culto, moderno, que circula por los mejores ambientes de la ciudad, que habla corriente-

mente tres idiomas y tiene diplomas de dos universidades europeas.

Mientras escribo este capítulo me llega una carta de un alemán de la vieja escuela, un aristócrata cuyos antepasados sirvieron durante generaciones como oficiales del ejército a las órdenes de los Hohenzollern. Su carta, escrita desde un transatlántico, me habla casi con fervor religioso de la aplicación de estos principios en su caso.

Otro hombre, nacido en Nueva York, graduado en Harvard, acaudalado, dueño de una gran fábrica de alfombras, me declaraba que ha aprendido más en catorce semanas, gracias a este sistema de enseñanza del arte de influir sobre la gente, que lo que pudo aprender sobre el mismo tema en sus cuatro años de universidad. ¿Absurdo? ¿Irrisorio? ¿Fantástico? Es claro que el lector está autorizado para rechazar esa afirmación con el adjetivo que desee. Yo sólo repito, sin comentarios, una declaración hecha por un graduado de Harvard, conservador y eminentemente próspero, en un discurso público pronunciado ante aproximadamente seiscientos hombres, en el Yale Club de Nueva York, el 23 de febrero de 1933.

"En comparación con lo que deberíamos ser —decía el famoso profesor William James, de la Universidad de Harvard—, sólo estamos despiertos a medias. Sólo empleamos una pequeña parte de nuestros recursos físicos y mentales. En términos generales, el individuo vive así muy dentro de sus límites. Posee cualidades de diversas especies que habitualmente no usa."

¡Esas cualidades que habitualmente no se usan! El único propósito de este libro es ayudar al lector a que descubra, desarrolle y aproveche esos poderes latentes que no emplea.

"La educación —decía el Dr. John G. Hibben, ex presidente de la Universidad de Princeton— es la capacidad para afrontar las situaciones que plantea la vida."

Si para cuando el lector haya terminado de leer los tres primeros capítulos de este libro no se encuentra algo mejor equipado para afrontar las situaciones que plantea la vida, consideraré que este libro es un fracaso completo,

21

por cuanto atañe al lector. Porque "el gran objetivo de la educación —dijo Herbert Spencer— no es el conocimiento, sino la acción".

Y éste es un libro de acción.

Dale Carnegie
1936

NUEVE SUGERENCIAS SOBRE LA MANERA
DE OBTENER UN MAYOR BENEFICIO
DE ESTE LIBRO

1.— Si quiere usted obtener el mayor beneficio de este libro, hay un requerimiento indispensable, un principio esencial mucho más importante que todas las reglas técnicas. A menos que satisfaga usted este requisito fundamental, de poco le servirán muchas reglas sobre la forma de estudiar. Y si tiene ese don cardinal, podrá lograr resultados maravillosos sin leer siquiera las indicaciones que hago.

¿Cuál es este requisito mágico? Nada más que esto: *un profundo, impulsivo deseo de aprender, una vigorosa decisión de aumentar su capacidad para tratar con la gente.*

¿Cómo se puede lograr ese impulso? Recordando constantemente cuán importantes son estos principios. Piense usted cómo contribuirá su dominio a llevarle a obtener una vida más feliz, rica, plena. Diciéndose una y otra vez: "Mi popularidad, mi felicidad y mi valor dependen, en grado no pequeño, de mi habilidad para tratar con la gente".

2.— Léase cada capítulo rápidamente al principio para lograr una visión a vuelo de pájaro. Es probable que después se sienta tentado a correr al capítulo siguiente. Pero no lo haga así. A menos que lea solamente por entretenerse. Pero si lee porque quiere aumentar su habilidad en las relaciones humanas, *vuelva atrás y relea detenidamente cada capítulo.* A la larga, esto significa un ahorro de tiempo y la obtención de mayores resultados.

3.— *Deténgase frecuentemente en la lectura para pensar en lo que está leyendo.* Pregúntese cómo y cuándo puede aplicar cada sugerencia.

4.— *Lea con un lápiz rojo, un bolígrafo resaltador o una pluma en la mano; y cuando encuentre una indica-*

ción que a su juicio puede usar, trace una línea en el margen. Si es una indicación excelente, subraye cada frase, o márquela con "XXXX". Este método de marcar o subrayar frases de un libro lo hace más interesante y mucho más fácil de revisar rápidamente.

5.— Conozco a una mujer que desde hace quince años es gerente de una gran compañía de seguros. Todos los meses lee los contratos de seguro que extiende su compañía. Sí, lee los mismos contratos mes tras mes, año tras año. ¿Por qué? Porque la experiencia le ha enseñado que ésa es la única manera de tener siempre en la memoria las cláusulas de las pólizas.

Yo dediqué casi dos años a escribir un libro sobre oratoria pública; y sin embargo tengo que volver a leerlo de vez en cuando para recordar lo que yo mismo escribí. Es asombrosa la rapidez con que olvidamos.

Por eso, si quiere usted obtener un beneficio real, duradero, de este libro, no piense que bastará con leerlo una vez a la ligera. Después de leerlo detenidamente una vez, tiene usted que dedicar unas horas de cada mes a revisarlo. Téngalo en su escritorio, ante sus ojos, todos los días. Hójéelo a menudo. Piense constantemente en las grandes posibilidades de mejora que aún le quedan por delante. Recuerde que el uso de esos principios sólo puede hacerse habitual y subconsciente mediante una constante y vigorosa campaña de revisión y aplicación. No hay otro medio.

6.— Bernard Shaw señaló una vez: "Si se enseña algo a un hombre, jamás lo aprenderá". Shaw tenía razón. *Aprender es un proceso activo. Aprendemos haciendo.*

De modo que si usted quiere dominar los principios que estudia en este libro, haga algo con ellos. Aplique estas reglas en todas las oportunidades. Si no procede así, las olvidará rápidamente. Sólo el conocimiento que se practica persiste en nuestro espíritu.

Se verá usted probablemente en dificultades para aplicar siempre estas indicaciones. Yo lo sé, porque he escrito este libro y sin embargo me veo frecuentemente en dificultades para aplicar todo aquello que recomiendo.

Por ejemplo, cuando algo nos desagrada, es mucho más fácil criticar y censurar que tratar de comprender el punto de vista del prójimo. Con frecuencia es más fácil encontrar defectos que pronunciar elogios. Es más natural hablar acerca de lo que uno quiere que de lo que quieren los demás. Y todo es así. De modo que, al leer este libro, recuerde siempre que no trata usted solamente de adquirir información. Intenta formar nuevos hábitos. Sí, intenta usted emprender una nueva forma de vivir. Esto requiere tiempo y constancia y la diaria aplicación de estos principios.

Vuelva, pues, a menudo a estas páginas. Considérelas como un manual sobre las relaciones humanas; y cada vez que se vea ante un problema específico —como el de corregir a un hijo, el de llevar al cónyuge a su manera de pensar, o satisfacer a un cliente irritado— vacile antes de hacer lo acostumbrado, lo humano, lo impulsivo. Eso, lo humano, es generalmente un error. En cambio, vuelva a estas páginas y relea los párrafos que ha subrayado. Después ponga a prueba estos nuevos métodos y compruebe de qué modo mágico le rinden resultados.

7.— Ofrezca a su cónyuge, a su hijo, o a algún compañero de su oficina, una moneda cada vez que lo sorprendan violando cierto principio. Del dominio de estas reglas haga un juego entretenido.

8.— El presidente de un importante banco de Wall Street relató una vez, en una conversación ante una de mis clases, un sistema muy eficiente que empleaba para mejorar su carácter. Este hombre había tenido poca educación formal, y llegó sin embargo a ser uno de los financistas más importantes del país; nos confesó que debía la mayor parte de su éxito a la constante aplicación de su sistema casero. Veamos lo que hace. Lo repetiré con sus propias palabras, tan exactamente como las recuerdo:

"Durante años he llevado un libro de citas con todas las entrevistas que realizo durante el día. Mi familia ya sabe que no debe forjar planes conmigo para los sábados por la noche, porque no ignora que dedico una parte de cada una de esas noches al ilustrativo proceso de examinar mis actos, revisarlos y criticarlos. Después de la comida me quedo a solas, abro mi libro de citas, y pienso en todas las entrevistas, conversaciones y reuniones en que he intervenido durante la semana. Entonces me pregunto:

"—¿Qué errores cometí en esta ocasión?

"—¿Qué hice bien, y en qué forma pude mejorar mi proceder?

"—¿Qué lecciones puedo aprender de esa experiencia?

"A menudo me ocurre que esta revista semanal me causa mucha infelicidad. Me asombran a menudo mis propios errores. Es claro que al pasar los años esos errores han disminuido. A veces, ahora, me inclino a palmearme la espalda después de una de esas sesiones. Este sistema de autoanálisis, de autoeducación, proseguido año tras año, me ha hecho más bien que cualquier otra cosa que he intentado jamás.

"Me ha ayudado a mejorar mi capacidad para tomar decisiones, y me ha ayudado enormemente en todos mis contactos con la gente. Nunca me cansaré de recomendarlo."

¿Por qué no ha de emplear usted un sistema similar para compulsar la forma en que aplica los principios tratados en este libro? Si lo hace, obtendrá dos resultados.

Primero, se verá dedicado a un proceso educativo que es a la vez interesante y de inapreciables beneficios.

Segundo, verá que su capacidad para tratar con la gente aumentará y se propagará enormemente.

9.— Encontrará usted al final de este libro un diario en el que debe registrar sus triunfos en la aplicación de estos principios. Sea especificativo. Escriba nombres, fechas, resultados. La elaboración de ese historial le inspirará para realizar mayores esfuerzos; y ¡cuán fascinadoras serán esas inscripciones cuando por casualidad las relea dentro de algunos años!

A fin de obtener el mayor resultado posible de este libro, pues:

1. Logre un deseo profundo, impulsivo, de dominar los principios de las relaciones humanas.

26

2. Lea cada capítulo dos veces antes de pasar al siguiente.
3. A medida que lee, deténgase frecuentemente a preguntarse cómo puede aplicar cada indicación.
4. Subraye cada idea importante.
5. Relea el libro todos los meses.
6. Aplique estos principios en cada oportunidad que se le presente. Utilice este volumen como manual de trabajo para ayudarse a resolver sus problemas diarios.
7. Convierta este aprendizaje en un juego entretenido ofreciendo a algún amigo una moneda por cada vez que lo sorprenda violando una de estas reglas.
8. Haga todas las semanas una compulsa sobre el progreso que realiza. Pregúntese qué errores ha cometido, qué lecciones ha aprendido para el futuro.
9. Lleve un diario que hay al final de este libro para exponer cómo y cuándo ha aplicado estos principios.

Primera Parte

TÉCNICAS FUNDAMENTALES
PARA TRATAR CON EL PRÓJIMO

1

"SI QUIERES RECOGER MIEL, NO DES PUNTAPIÉS A LA COLMENA"

El 7 de mayo de 1937 la ciudad de Nueva York presenció la más sensacional caza de un hombre jamás conocida en esta metrópoli. Al cabo de muchas semanas de persecución, "Dos Pistolas" Crowley —el asesino, el pistolero que no bebía ni fumaba— se vio sorprendido, atrapado en el departamento de su novia, en la Avenida West End.

Ciento cincuenta agentes de policía y pesquisas pusieron sitio a su escondite del último piso. Agujereando el techo, trataron de obligar a Crowley, el "matador de vigilantes", a que saliera de allí, por efectos del gas lacrimógeno. Luego montaron ametralladoras en los edificios vecinos, y durante más de una hora aquel barrio, uno de los más lujosos de Nueva York, reverberó con el estampido de los tiros de pistola y el tableteo de las ametralladoras. Crowley, agazapado tras un sillón bien acolchado, disparaba incesantemente contra la policía. Diez mil curiosos presenciaron la batalla. Nada parecido se había visto jamás en las aceras de Nueva York.

Cuando Crowley fue finalmente capturado, el jefe de Policía Mulrooney declaró que el famoso delincuente era uno de los criminales más peligrosos de la historia de Nueva York. "Es capaz de matar —dijo— por cualquier motivo."

Pero, ¿qué pensaba "Dos Pistolas" Crowley de sí mismo? Lo sabemos, porque mientras la policía hacía fuego graneado contra su departamento, escribió una carta dirigida: "A quien corresponda". Y al escribir, la sangre que manaba de sus heridas dejó un rastro escarlata en el papel. En esa carta expresó Crowley: "Tengo bajo la ropa un corazón fatigado, un corazón bueno: un corazón que a nadie haría daño".

Poco tiempo antes Crowley había estado dedicado a abrazar a una mujer en su automóvil, en un camino de campo, en Long Island. De pronto un agente de policía se acercó al coche y dijo: "Quiero ver su licencia".

Sin pronunciar palabra, Crowley sacó su pistola y acalló para siempre al vigilante con una lluvia de plomo. Cuando el agente cayó, Crowley saltó del automóvil, empuñó el revólver de la víctima y disparó otra bala en el cuerpo tendido. Y éste es el asesino que dijo: "Tengo bajo la ropa un corazón fatigado, un corazón bueno: un corazón que a nadie haría daño".

Crowley fue condenado a la silla eléctrica. Cuando llegó a la cámara fatal en Sing Sing no declaró, por cierto: "Esto es lo que me pasa por asesino". No. Dijo: "Esto es lo que me pasa por defenderme".

La moraleja de este relato es: "Dos Pistolas" Crowley no se echaba la culpa de nada.

¿Es ésta una actitud extraordinaria entre criminales? Si así le parece, escuche lo siguiente:

"He pasado los mejores años de la vida dando a los demás placeres ligeros, ayudándoles a pasar buenos ratos, y todo lo que recibo son insultos, la existencia de un hombre perseguido."

Quien así habla es Al Capone. Sí, el mismo que fue Enemigo Público Número Uno, el más siniestro de los jefes de bandas criminales de Chicago. Capone no se culpa de nada. Se considera, en cambio, un benefactor público: un benefactor público incomprendido a quien nadie apreció.

Y lo mismo pensaba Dutch Schultz antes de morir por las balas de otros pistoleros en Newark. Dutch Schultz, uno de los más famosos criminales de Nueva York, aseguró en una entrevista para un diario que él era un benefactor público. Y lo creía.

He tenido interesante correspondencia con Lewis

32

Lawes, que fue alcaide de la famosa cárcel de Sing Sing, en Nueva York, sobre este tema, y según él "pocos de los criminales que hay en Sing Sing se consideran hombres malos. Son tan humanos como usted o como yo. Así razonan, así lo explican todo. Pueden narrar las razones por las cuales tuvieron que forzar una caja de hierro o ser rápidos con el gatillo. Casi todos ellos intentan, con alguna serie de razonamientos, falaces o lógicos, justificar sus actos antisociales aun ante sí mismos, y por consiguiente mantienen con firmeza que jamás se les debió apresar".

Si Al Capone, "Dos Pistolas" Crowley, Dutch Schultz, los hombres y mujeres desesperados tras las rejas de una prisión, no se culpan por nada, ¿qué diremos de las personas con quienes usted, lector, o yo, entramos en contacto?

John Wanamaker, fundador de las tiendas que llevan su nombre, confesó una vez: "Hace treinta años he aprendido que es una tontería regañar a los demás. Bastante tengo con vencer mis propias limitaciones sin irritarme por el hecho de que Dios no ha creído conveniente distribuir por igual el don de la inteligencia".

Wanamaker aprendió temprano su lección; en cambio, yo he tenido que ir a los tumbos por este mundo durante un tercio de siglo antes de que empezara a amanecer en mí la idea de que noventa y nueve veces de cada cien ningún hombre se critica a sí mismo por nada, por grandes que sean sus errores.

La crítica es inútil porque pone a la otra persona a la defensiva, y por lo común hace que trate de justificarse. La crítica es peligrosa, porque lastima el orgullo, tan precioso de la persona, hiere su sentido de la importancia, y despierta su resentimiento.

El mundialmente famoso psicólogo B. F. Skinner comprobó, mediante experimentación con animales, que premiando la buena conducta los animales aprenden más rápido y retienen con más eficacia que castigando la mala conducta. Estudios posteriores probaron lo mismo aplicado a los seres humanos. Por medio de la crítica nunca provocamos cambios duraderos, y con frecuencia creamos resentimiento.

Hans Selye, otro gran psicólogo, dijo: "Tanto como anhelamos la aprobación, tememos la condena".

El resentimiento que engendra la crítica puede desmoralizar a empleados, miembros de la familia y amigos, y aun así no corrige la situación que se ha criticado.

George B. Johnston, de Enid, Oklahoma, es el coordinador de seguridad de una compañía de construcción. Una de sus responsabilidades es hacer que los empleados usen sus cascos siempre que estén trabajando en una obra. Nos contó que cada vez que se encontraba con un obrero sin su casco, le ordenaba, con mucha autoridad, que cumpliera con las reglas. Como resultado obtenía una obediencia desganada, y con frecuencia, los hombres volvían a quitarse el casco no bien les daba la espalda.

Decidió probar un método diferente, y cuando volvió a encontrar un obrero sin el casco, le preguntó si el casco le resultaba incómodo o no le iba bien. Después le recordó, en tono amistoso, que su misión era protegerlo de heridas, y le sugirió que lo usara siempre que estuviera en la obra. El resultado de esta actitud fue una mayor obediencia a las reglas, sin resentimientos ni tensiones emocionales.

En mil páginas de la historia se encuentran ejemplos de la inutilidad de la crítica. Tomemos, por ejemplo, la famosa disputa entre Theodore Roosevelt y el presidente Taft, una disputa que dividió al Partido Republicano, llevó a Woodrow Wilson a la Casa Blanca, escribió un nuevo capítulo en la Guerra Mundial y alteró la suerte de la historia. Recordemos rápidamente los hechos: Cuando Theodore Roosevelt abandonó la Casa Blanca en 1908, ayudó a Taft a que se lo eligiera como presidente y luego se fue a África a cazar leones. Al regresar estalló. Censuró a Taft por su política conservadora, trató de ser ungido candidato a una tercera presidencia, formó el Partido del Alce, y estuvo a punto de demoler el Republicano. En la elección que hubo después, William Howard Taft y el Partido Republicano vencieron solamente en dos estados: Vermont y Utah. La derrota más desastrosa jamás conocida por el partido.

Theodore Roosevelt culpó a Taft; pero, ¿se consideró culpable el presidente Taft? Claro que no. Con los ojos llenos de lágrimas, dijo así: "No veo cómo podía haber procedido de otro modo".

¿A quién se ha de echar la culpa? ¿A Roosevelt o a Taft? No lo sé, francamente, ni me importa. Lo que trato de hacer ver es que todas las críticas de Theodore Roosevelt no lograron persuadir a Taft de que se había equivocado. Sólo consiguieron que Taft tratara de justificarse y que reiterase con lágrimas en los ojos: "No veo cómo podía haber procedido de otro modo".

O tomemos el ejemplo del escándalo del Teapot Dome Oil. Fue un asunto que hizo clamar de indignación a los diarios del país durante los primeros años de la década de 1920. Conmovió a la nación entera. Nada parecido había sucedido jamás en la vida pública norteamericana, al menos en la memoria contemporánea. Señalemos los hechos desnudos: Albert Fall, secretario del Interior en el gabinete del presidente Harding, tenía a su cargo ceder en arriendo las reservas petroleras del gobierno en Elk Hill y Teapot Dome, unas reservas que se habían dejado aparte para su empleo futuro por la Armada. El secretario Fall no efectuó una licitación; no, señor. Entregó directamente el contrato, un negocio redondo, jugoso, a su amigo Edward L. Doheny. Y a su vez, Doheny hizo al secretario Fall un "préstamo", según le placía llamar a esta operación, de cien mil dólares. Luego, como la cosa más natural del mundo, el secretario Fall ordenó que las fuerzas de infantería de marina que había en la zona alejaran a los competidores cuyos pozos adyacentes absorbían petróleo de las reservas de Elk Hill. Estos competidores, desalojados de sus tierras a punta de bayoneta, corrieron a los tribunales, y destaparon así públicamente el escándalo de Teapot Dome. Tal fue el clamor, que la administración Harding quedó arruinada, la nación entera se sintió asqueada, el Partido Republicano estuvo a punto de verse destruido, y Albert B. Fall purgó su condena tras las rejas de una cárcel.

Fall fue censurado crudamente, censurado como lo han sido pocos hombres públicos. ¿Se arrepintió? ¡Jamás! Años más tarde, Herbert Hoover dio a entender en un discurso público que la muerte del presidente Harding se había debido a la preocupación mental que sentía por la traición de un amigo. Cuando la Sra. Fall oyó esto, saltó de su silla, lloró, mostró los puños a su destino y gritó: "¿Qué? ¿Harding traicionado por Fall? ¡No! Mi marido jamás traicionó a nadie. Todo el oro del mundo no alcanzaría a tentar a mi esposo a cometer un delito. Él fue el traicionado; a él fue a quien crucificaron".

¡Ahí está! La naturaleza humana en acción; el malefactor que culpa a todos menos a sí mismo. Todos somos iguales. De modo que cuando usted o yo nos veamos inclinados, un día cualquiera, a criticar a alguien, recordemos a Al Capone, a "Dos Pistolas" Crowley y a Albert Fall. Comprendamos que las críticas son como palomas mensajeras. Siempre vuelven al nido. Comprendamos que la persona a quien queremos corregir y censurar tratará de justificarse probablemente, y de censurarnos a su vez; o, como el amable Taft, de decir: "No veo cómo podía haber procedido de otro modo".

En la mañana del sábado 15 de abril de 1865, Abraham Lincoln yacía moribundo en el dormitorio de una pobre casa de hospedaje frente al Teatro Ford, donde Booth había atentado contra él. El largo cuerpo de Lincoln estaba tendido en diagonal a través de una vieja cama que era demasiado corta para él. Una mala reproducción del famoso cuadro "La feria de caballos" de Rosa Bonheur pendía sobre la cama, y un mortecino mechero de gas daba escasa luz amarillenta.

Cuando Lincoln agonizaba, el secretario de Guerra, Stanton, dijo: "Aquí yace el más perfecto gobernante que ha conocido jamás el mundo".

¿Cuál era el secreto de los triunfos de Lincoln en su trato con los hombres? Yo he estudiado durante diez años la vida de Abraham Lincoln, y dediqué tres años enteros a escribir y repasar un libro titulado *Lincoln el Desconoci-*

do. Creo haber hecho un estudio tan detallado y minucioso de la personalidad y la vida privada de Lincoln, como es posible que haga un ser humano. Realicé un estudio especial del método de Lincoln para tratar con sus semejantes. ¿Se dedicaba a criticarlos? Sí. Cuando joven, en el Valle Pigeon Creek, de Indiana, no solamente criticaba, sino que escribía cartas y poemas para burlarse de los demás, y los dejaba en los caminos campestres, en la seguridad de que alguien los encontraría. Una de esas cartas despertó resentimientos que duraron toda una generación.

Aun después de empezar a practicar leyes como abogado en Springfield, Illinois, Lincoln atacaba abiertamente a sus rivales, en cartas que publicaban los periódicos. Pero se excedió.

En el otoño de 1842 se burló de un político irlandés, vano y batallador, que se llamaba James Shields. Lincoln lo censuró crudamente en una carta anónima publicada en el *Springfield Journal*. El pueblo entero estalló en carcajadas. Shields, sensitivo y orgulloso, hirvió de indignación. Descubrió quién había escrito la carta, saltó en su caballo, buscó a Lincoln y lo desafió a duelo. Lincoln no quería pelear. Se oponía a los duelos; pero no pudo evitarlo sin menoscabo para su honor. Tuvo la elección de las armas. Como tenía brazos muy largos, escogió sables de caballería, tomó lecciones de esgrima de un militar de West Point y, el día señalado, él y Shields se encontraron en un banco de arena del Mississippi, dispuestos a luchar hasta la muerte. Por fortuna, a último momento intervinieron los padrinos y evitaron el duelo.

Ése fue el incidente personal más significativo en la vida de Lincoln. Resultó para él una lección de valor incalculable en el arte de tratar con los demás. Nunca volvió a escribir una carta insultante. Nunca volvió a burlarse del prójimo. Y desde entonces, casi nunca criticó a los demás.

Una vez tras otra, durante la Guerra Civil, Lincoln puso un nuevo general al frente del Ejército del Potomac, y cada uno a su turno —McClellan, Pope, Burnside, Hooker,

Meade— cometió algún trágico error e hizo que Lincoln recorriera su despacho, a grandes pasos, presa de la desesperación. Media nación censuraba acremente a esos generales incompetentes, pero Lincoln, "sin malicia para nadie, con caridad para todos", conservaba la calma. Una de sus máximas favoritas era: "No juzgues si no quieres ser juzgado".

Y cuando la Sra. de Lincoln y otras personas hablaban duramente de la gente del sur de los Estados Unidos, Lincoln respondía: "No los censuréis; son tal como seríamos nosotros en circunstancias similares".

Pero si un hombre ha tenido alguna vez la ocasión de criticar, ese hombre ha sido Lincoln, a buen seguro. Tomemos un ejemplo:

La batalla de Gettysburg se libró en los primeros tres días de julio de 1863. En la noche del 4 de julio, Lee comenzó su retirada hacia el Sur, en tanto que una gran tormenta inundaba de lluvia la tierra. Cuando Lee llegó al Potomac con su ejército en derrota encontró un río hinchado, embravecido, imposible de pasar, ante sus tropas, y un ejército unionista victorioso tras ellas. Lee estaba como en una trampa. No podía escapar. Lincoln lo advirtió. Ahí se presentaba la oportunidad como enviada por el cielo: la oportunidad de copar el ejército de Lee y poner término inmediato a la guerra. Así, pues, con un hálito de gran esperanza, Lincoln ordenó a Meade que no convocara un consejo de guerra, que atacara inmediatamente a Lee. Lincoln telegrafió estas órdenes y envió un mensajero especial a Meade para instarlo a la acción instantánea.

¿Qué hizo el general Meade? Exactamente lo contrario de lo que se le decía. Convocó un consejo de guerra, en directa violación de las órdenes de Lincoln. Vaciló. Esperó. Telegrafió todas sus excusas. Se negó rotundamente a atacar a Lee. Por fin bajaron las aguas y Lee escapó a través del Potomac con sus fuerzas.

Lincoln estaba furioso. "¿Qué es esto? —gritó a su hijo Robert—. ¡Gran Dios! ¿Qué es esto? Los teníamos al alcance de las manos, sólo teníamos que estirarlas para que

38

cayeran en nuestro poder; y sin embargo, nada de lo que dije o hice logró que el ejército avanzara. En esas circunstancias, cualquier general podría haber vencido a Lee. Si yo hubiera ido, yo mismo lo podría haber derrotado."

Con acerbo desencanto, Lincoln se sentó a escribir esta carta a Meade. Y recuérdese que en este período de su vida era sumamente conservador y remiso en su fraseología. De modo que esta carta, escrita por Lincoln en 1863, equivalía al reproche más severo.

"Mi querido general:

"No creo que comprenda usted la magnitud de la desgracia que representa la retirada de Lee. Estaba a nuestro alcance, y su captura hubiera significado, en unión con nuestros otros triunfos recientes, el fin de la guerra. Ahora la guerra se prolongará indefinidamente. Si usted no consiguió atacar con fortuna a Lee el lunes último, ¿cómo logrará hacerlo ahora al sur del río, cuando sólo puede llevar consigo unos pocos hombres, no más de los dos tercios de la fuerza de que disponía entonces? Sería irrazonable esperar, y yo no lo espero, que ahora pueda usted lograr mucho. Su mejor oportunidad ha desaparecido, y estoy indeciblemente angustiado a causa de ello."

¿Qué habrá hecho Meade al leer esta carta?

Meade no vio jamás esta carta. Lincoln no la despachó. Fue hallada entre los papeles de Lincoln después de su muerte.

Creo —y esto es sólo una opinión— que después de escribirla, Lincoln miró por la ventana y se dijo: "Un momento. Tal vez no debiera ser tan precipitado. Me es muy fácil, aquí sentado en la quietud de la Casa Blanca, ordenar a Meade que ataque; pero si hubiese estado en Gettysburg y hubiese visto tanta sangre como ha visto Meade en la última semana, y si mis oídos hubiesen sido horadados por los clamores los gritos de los heridos y moribundos, quizá no habría tenido tantas ansias de atacar. Si yo tuviese el tímido temperamento de Meade, quizá habría hecho lo mismo que él. De todos modos, es agua que ya ha pasado bajo el puente. Si envío esta carta, calmaré mis sentimientos, pero haré que Meade trate de justificar sus actos. Haré que él me censure a su vez. Despertaré resquemores, disminuiré su utilidad futura como comandante, y lo llevaré acaso a renunciar al ejército".

Y Lincoln dejó a un lado la carta, porque por amarga experiencia había aprendido que las críticas y reproches acerbos son casi siempre inútiles.

Theodore Roosevelt ha dicho que cuando, como presidente, se veía ante algún grave problema, solía reclinarse en su sillón y mirar un gran cuadro de Lincoln que había sobre su escritorio en la Casa Blanca, y preguntarse entonces: "¿Qué haría Lincoln si se viera en mi lugar? ¿Cómo resolvería este problema?"

La próxima vez que sintamos la tentación de reprocharle algo a alguien, saquemos un billete de cinco dólares del bolsillo, miremos el retrato de Lincoln y preguntemos: "¿Cómo resolvería Lincoln este problema si estuviera en mi lugar?"

Mark Twain solía perder la paciencia, y escribía cartas que quemaban el papel. Por ejemplo, una vez le escribió a un hombre que había despertado su ira: "Lo que usted necesita es un permiso de entierro. No tiene más que decirlo, y le conseguiré uno".

En otra ocasión le escribió a un editor sobre los intentos de un corrector de pruebas de "mejorar mi ortografía y puntuación". Ordenó lo siguiente: "Imprima de acuerdo con la copia que le envío, y que el corrector hunda sus sugerencias en las gachas de su cerebro podrido".

Mark Twain se sentía mejor después de escribir estas cartas hirientes. Le permitían descargar presión; y las cartas no hacían daño a nadie porque la esposa del escritor las desviaba secretamente. Nunca eran despachadas.

¿Conoce usted a alguien a quien desearía modificar, y regular, y mejorar? ¡Bien! Espléndido. Yo estoy en su favor. Pero, ¿por qué no empezar por usted mismo? Desde un punto de vista puramente egoísta, eso es mucho más provechoso que tratar de mejorar a los demás. Sí, y mucho menos peligroso.

"No te quejes de la nieve en el techo del vecino —sentenció Confucio— cuando también cubre el umbral de tu casa."

Cuando yo era aún joven y trataba empeñosamente de impresionar bien a los demás, escribí una estúpida carta a Richard Harding Davis, autor que por entonces se destacaba en el horizonte literario de los Estados Unidos. Estaba preparando yo un artículo sobre escritores, y pedí a Davis que me contara su método de trabajo. Unas semanas antes había recibido, de no sé quién, una carta con esta nota al pie: "Dictada pero no leída". Me impresionó mucho. Pensé que quien escribía debía ser un personaje importante y muy atareado. Yo no lo era; pero deseaba causar gran impresión a Richard Harding Davis, y terminé mi breve nota con las palabras: "Dictada pero no leída".

Él no se preocupó siquiera por responderme. Me devolvió mi nota con esta frase cruzada al pie: "Su mala educación sólo es superada por su mala educación". Es cierto que yo había cometido un error y quizá mereciera el reproche. Pero, por ser humano, me hirió. Me hirió tanto que diez años más tarde, cuando leí la noticia de la muerte de Richard Harding Davis, la única idea que persistía en mi ánimo —me avergüenza admitirlo— era el reproche que me había hecho.

Si usted o yo queremos despertar mañana un resentimiento que puede perdurar décadas y seguir ardiendo hasta la muerte, no tenemos más que hacer alguna crítica punzante. Con eso basta, por seguros que estemos de que la crítica sea justificada.

Cuando tratamos con la gente debemos recordar que no tratamos con criaturas lógicas. Tratamos con criaturas emotivas, criaturas erizadas de prejuicios e impulsadas por el orgullo y la vanidad.

Las críticas acerbas hicieron que el sensitivo Thomas Hardy, uno de los más notables novelistas que han enriquecido la literatura inglesa, dejara de escribir novelas para siempre. Las críticas llevaron a Thomas Chatterton, el poeta inglés, al suicidio.

41

Benjamin Franklin, carente de tacto en su juventud, llegó a ser tan diplomático, tan diestro para tratar con la gente, que se lo nombró embajador norteamericano en Francia. ¿El secreto de su éxito? "No hablaré mal de hombre alguno —dijo— y de todos diré todo lo bueno que sepa."

Cualquier tonto puede criticar, censurar y quejarse, y casi todos los tontos lo hacen.

Pero se necesita carácter y dominio de sí mismo para ser comprensivo y capaz de perdonar.

"Un gran hombre —aseguró Carlyle— demuestra su grandeza por la forma en que trata a los pequeños."

Bob Hoover, famoso piloto de pruebas y actor frecuente en espectáculos de aviación, volvía una vez a su casa en Los Ángeles de uno de estos espectáculos que se había realizado en San Diego. Tal como se describió el accidente en la revista *Operaciones de Vuelo,* a cien metros de altura los dos motores se apagaron súbitamente. Gracias a su habilidad, Hoover logró aterrizar, pero el avión quedó seriamente dañado, pese a que ninguno de sus ocupantes resultó herido.

Lo primero que hizo Hoover después del aterrizaje de emergencia fue inspeccionar el tanque de combustible. Tal como lo sospechaba, el viejo avión a hélice, reliquia de la Segunda Guerra Mundial, había sido cargado con combustible de jet, en lugar de la gasolina común que consumía.

Al volver al aeropuerto, pidió ver al mecánico que se había ocupado del avión. El joven estaba aterrorizado por su error. Le corrían las lágrimas por las mejillas al ver acercarse a Hoover. Su equivocación había provocado la pérdida de un avión muy costoso, y podría haber causado la pérdida de tres vidas.

Es fácil imaginar la ira de Hoover. Es posible suponer la tormenta verbal que podía provocar semejante descuido en este preciso y soberbio piloto. Pero Hoover no le reprochó nada; ni siquiera lo criticó. En lugar de eso, puso su brazo sobre los hombros del muchacho y le dijo:

—Para demostrarle que *estoy* seguro de que nunca volverá a hacerlo, quiero que mañana se ocupe de mi F-51.

Con frecuencia los padres se sienten tentados de criticar a sus hijos. Quizás el lector espera que yo le diga: "No lo haga". Pero no lo haré. Sólo voy a decirle que *antes* de criticarlos lea uno de los clásicos del periodismo norteamericano: "Papá olvida". Apareció por primera vez como editorial en el diario *People's Home Journal*. Lo volveremos a publicar con permiso del autor, tal como fuera condensado en la revista *Selecciones* del *Reader's Digest*.

"Papá olvida" es una de esas piecitas que —escritas en un momento de sentimiento sincero— da en la cuerda sentimental de tantos lectores que termina siendo un trozo favorito. Desde que apareció por primera vez hace unos quince años, ha sido reproducida, nos dice el autor, W. Livingston Larned, "en centenares de revistas y diarios del país entero; también se la ha publicado infinidad de veces en muchos idiomas extranjeros; he dado permiso para que se la leyera en aulas, iglesias y conferencias; se la ha transmitido muchas veces por radiotelefonía; ha aparecido en revistas y periódicos de colegios y escuelas".

PAPÁ OLVIDA
W. Livingston Larned

Escucha, hijo: voy a decirte esto mientras duermes, una manecita metida bajo la mejilla y los rubios rizos pegados a tu frente humedecida. He entrado solo a tu cuarto. Hace unos minutos, mientras leía mi diario en la biblioteca, sentí una ola de remordimiento que me ahogaba. Culpable, vine junto a tu cama.

Esto es lo que pensaba, hijo: me enojé contigo. Te regañé cuando te vestías para ir a la escuela, porque apenas te mojaste la cara con una toalla. Te regañé porque no te limpiaste los zapatos. Te grité porque dejaste caer algo al suelo.

Durante el desayuno te regañé también. Volcaste las cosas. Tragaste la comida sin cuidado. Pusiste los codos sobre la mesa. Untaste demasiado el pan con mantequilla. Y cuando te ibas a jugar y yo salía a tomar el tren, te volviste y me saludaste con la mano y dijiste: "¡Adiós, papito!" y yo fruncí el entrecejo y te respondí: "¡Ten erguidos los hombros!"

Al caer la tarde todo empezó de nuevo. Al acercarme a casa te vi, de rodillas, jugando en la calle. Tenías agujeros en las medias. Te humillé ante tus amiguitos al hacerte marchar a casa delante de mí. Las medias son caras, y si tuvieras que comprarlas tú, serías más cuidadoso. Pensar, hijo, que un padre diga eso.

¿Recuerdas, más tarde, cuando yo leía en la biblioteca y entraste tímidamente, con una mirada de perseguido? Cuando levanté la vista del diario, impaciente por la interrupción, vacilaste en la puerta. "¿Qué quieres ahora?", te dije bruscamente.

Nada respondiste, pero te lanzaste en tempestuosa carrera y me echaste los brazos al cuello y me besaste, y tus bracitos me apretaron con un cariño que Dios había hecho florecer en tu corazón y que ni aun el descuido ajeno puede agostar. Y luego te fuiste a dormir, con breves pasitos ruidosos por la escalera.

Bien, hijo; poco después fue cuando se me cayó el diario de las manos y entró en mí un terrible temor. ¿Qué estaba haciendo de mí la costumbre? La costumbre de encontrar defectos, de reprender; ésta era mi recompensa a ti por ser un niño. No era que yo no te amara; era que esperaba demasiado de ti. Y medía según la vara de mis años maduros.

Y hay tanto de bueno y de bello y de recto en tu carácter. Ese corazoncito tuyo es grande como el sol que nace entre las colinas. Así lo demostraste con tu espontáneo impulso de correr a besarme esta noche. Nada más que eso importa esta noche, hijo. He llegado hasta tu camita en la oscuridad, y me he arrodillado, lleno de vergüenza.

Es una pobre explicación; sé que no comprenderías estas cosas si te las dijera cuando estás despierto. Pero mañana seré un verdadero papito. Seré tu compañero, y sufriré cuando sufras, y reiré cuando rías. Me morderé la lengua cuando esté por pronunciar palabras impacientes.

No haré más que decirme, como si fuera un ritual: "No es más que un niño, un niño pequeñito".

Temo haberte imaginado hombre. Pero al verte ahora, hijo, acurrucado, fatigado en tu camita, veo que eres un bebé todavía. Ayer estabas en los brazos de tu madre, con la cabeza en su hombro. He pedido demasiado, demasiado.

En lugar de censurar a la gente, tratemos de comprenderla. Tratemos de imaginarnos por qué hacen lo que hacen. Eso es mucho más provechoso y más interesante que la crítica; y de ello surge la simpatía, la tolerancia y la bondad. "Saberlo todo es perdonarlo todo."

Ya dijo el Dr. Johnson: "El mismo Dios, señor, no se propone juzgar al hombre hasta el fin de sus días".

Entonces, ¿por qué hemos de juzgarlo usted o yo?

REGLA 1

No critique, no condene ni se queje.

2

EL GRAN SECRETO PARA TRATAR
CON LA GENTE

Sólo hay un medio para conseguir que alguien haga algo. ¿Se ha detenido usted alguna vez a meditar en esto? Sí, un solo medio. Y es el de hacer que el prójimo *quiera* hacerlo.

Recuerde que no hay otro medio.

Es claro que usted puede hacer que un hombre quiera entregarle su reloj, poniéndole un revólver en el pecho. Puede hacer también que un empleado le preste su cooperación —hasta que usted vuelva la espalda— si amenaza con despedirlo. Puede hacer que un niño haga lo que usted quiere si empuña un látigo o lo amenaza. Pero estos métodos tan crudos tienen repercusiones muy poco deseables.

La única manera de conseguir que usted haga algo es darle lo que usted quiere.

¿Qué es lo que quiere?

El famoso Dr. Sigmund Freud, uno de los más distinguidos psicólogos del siglo XX, decía que todo lo que usted y yo hacemos surge de dos motivos: el impulso sexual y el deseo de ser grande.

El profesor John Dewey, el más profundo filósofo de los Estados Unidos, formula la teoría con cierta diferencia. Dice el Dr. Dewey que el impulso más profundo de la naturaleza humana es "el deseo de ser importante". Recuerde esta frase: "el deseo de ser importante". Es muy significativa. La va a ver muy a menudo en este libro.

¿Qué es lo que quiere usted? No muchas cosas, pero

las pocas que desea son anheladas con una insistencia que no admite negativas. Casi todos los adultos normales quieren:

1.— La salud y la conservación de la vida.
2.— Alimento.
3.— Sueño.
4.— Dinero y las cosas que compra el dinero.
5.— Vida en el más allá.
6.— Satisfacción sexual.
7.— El bienestar de los hijos.
8.— Un sentido de propia importancia.

Casi todas estas necesidades se ven complacidas en la vida, todas, en verdad, menos una. Pero hay un anhelo casi tan profundo, casi tan imperioso como el deseo de alimentarse y dormir, y ese anhelo se ve satisfecho muy rara vez. Es lo que llama Freud "el deseo de ser grande". Es lo que llama Dewey "el deseo de ser importante".

Lincoln empezó una vez una carta con estas palabras: "A todo el mundo le agrada un elogio". William James dijo: "El principio más profundo del carácter humano es el anhelo de ser apreciado". Véase que no habló del "deseo", sino del anhelo de ser apreciado.

Ahí tenemos una sed humana infalible y persistente; y los pocos individuos que satisfacen honestamente esta sed del corazón podrán tener a los demás en la palma de la mano, y "hasta el sepulturero se apenará cuando mueran".

El deseo de sentirse importante es una de las principales diferencias que distinguen a los hombres de los animales. Demos un ejemplo: Cuando yo era niño, en una granja de Missouri, mi padre criaba cerdos Duroc-Jersey y vacas Hereford de pedigree. Solíamos exhibir nuestros cerdos y vacas en las ferias de los condados y en las exposiciones de ganadería de todo el Medio Oeste. Obteníamos primeros premios por veintenas. Mi padre fijaba las cintas azules en un trozo de muselina blanca, y cuando llegaban amigos o visitantes a nuestra casa sacaba esa muselina y entre él y yo mostrábamos los premios.

47

Los cerdos no se interesaban por las cintas que habían ganado. Pero mi padre sí. Estos premios le daban un sentido de importancia.

Si nuestros antepasados no hubiesen sentido este ardiente anhelo de ser importantes, la civilización habría sido imposible. Sin él seríamos iguales que los animales.

Este deseo de sentirse importante fue lo que llevó a un pobre empleado de una tienda de comestibles, un mozo sin recursos y sin educación, a estudiar unos libros de derecho que había encontrado en el fondo de un barril que, con otros restos de una casa deshecha, comprara por cincuenta centavos. Quizá haya oído el lector hablar de este mozo. Se llamaba Lincoln.

Este deseo de sentirse importante fue lo que inspiró a Dickens para escribir sus novelas inmortales. Este deseo inspiró a Sir Christopher Wren en el diseño de sus sinfonías de piedra. Este deseo hizo que Rockefeller reuniera millones y millones de dólares que jamás gastó. Y este mismo deseo hace que los hombres más ricos de cada ciudad construyan una casa demasiado amplia para sus necesidades.

Este deseo hace que todos pretendamos vestir de acuerdo con la última moda, conducir el automóvil más reciente y hablar de nuestros hijos tan inteligentes.

Este mismo deseo es lo que lleva a muchos jóvenes a ser pistoleros y bandoleros. "Casi todos los criminales jóvenes —dice E. P. Mulrooney, ex jefe de la Policía de Nueva York— tienen un excesivo egoísmo, y su primer pedido después de ser arrestados es que les lleven esos perniciosos periódicos en que se los pinta como héroes. La perspectiva de cumplir una condena parece remota en tanto el criminal puede extasiarse ante una fotografía suya que comparte las páginas con las de famosos deportistas, estrellas del cine y la televisión, y políticos."

Si usted me dice cómo satisface sus deseos de ser importante, le diré qué es usted. Eso es lo que determina su carácter. Es la cosa más significativa que hay en usted. Por ejemplo, John D. Rockefeller satisfacía su deseo de importancia dando dinero para que se levantara un hospital moderno en Pekín, China, a fin de atender a millones de pobres a quienes no había visto jamás ni jamás vería. Dillinger, en cambio, se sentía importante como bandido, asaltante de bancos y asesino. Cuando los agentes federales lo perseguían penetró en una granja de Minnesota y exclamó: "¡Soy Dillinger!" Estaba orgulloso de ser el Enemigo Público Número 1.

Sí, la diferencia significativa que se advierte entre Dillinger y Rockefeller es la forma en que satisfacían sus deseos de ser importantes.

La historia chispea con divertidos ejemplos de personas famosas que lucharon por dar satisfacción a sus deseos de importancia. El mismo George Washington quería ser llamado "Su Poderío, el Presidente de los Estados Unidos"; y Colón reclamaba el título de "Almirante del Océano y Virrey de las Indias". Catalina la Grande se negaba a abrir cartas que no estuvieran dirigidas a "Su Majestad Imperial"; y la Sra. de Lincoln, en la Casa Blanca, se volvió una vez hacia la Sra. de Grant, como una tigresa, y gritó: "¿Cómo se atreve usted a sentarse en mi presencia sin que la haya invitado a hacerlo?"

Nuestros millonarios ayudaron al almirante Byrd a financiar su expedición al Antártico en 1928 con la condición de que caletas y montañas heladas fuesen bautizadas con sus nombres; y Victor Hugo aspiraba a que la ciudad de París, nada menos, fuera rebautizada con su nombre. Hasta Shakespeare, grande entre los grandes, trató de agregar brillo a su nombre procurándose un estado de nobleza para su familia.

Hay personas que se convierten en inválidos para obtener simpatía y atención y satisfacer así sus deseos de importancia. Por ejemplo, tomemos a la Sra. McKinley. Se sentía importante al obligar a su esposo, el presidente de los Estados Unidos, a descuidar importantes asuntos de Estado para reclinarse junto a su cama, un brazo en torno a su cuerpo, hasta que la hiciera dormir. Alimentaba su deseo de ser atendida insistiendo en que el presidente permaneciera con ella mientras se hacía arreglar los dientes, y una vez provocó una tormentosa escena cuando McKinley tuvo que dejarla sola con el dentista para acudir a una cita con John Hay, su secretario de Estado.

La escritora Mary Roberts Rinehart me contaba una vez el caso de una mujer joven, inteligente, vigorosa, que quedó postrada en cama a fin de satisfacer sus deseos de sentirse importante. "Un día —relata la Sra. Rinehart— esta mujer se vio obligada a afrontar algo, acaso su edad y el hecho de que nunca se casaría. Contempló los años solitarios que tenía por delante, y en lo poco que le quedaba por esperar. Se metió en cama, y durante diez años su anciana madre subió y bajó escaleras para cuidarla, alimentarla, atenderla, en su habitación de un tercer piso. Por fin un día la madre, fatigada de tanto quehacer, enfermó y a poco murió. Durante unas semanas languideció la inválida; después se levantó, se vistió y volvió a vivir."

Algunas autoridades declaran que ciertas personas pueden llegar a la demencia a fin de encontrar, en sus sueños, el sentido de importancia que les ha sido negado en el áspero mundo de la realidad. Hay en los hospitales de los Estados Unidos más enfermos mentales que de todas las otras enfermedades juntas.

¿Cuáles son las causas de la demencia?

Nadie puede responder a una pregunta tan general, pero sabemos que ciertas enfermedades, como la sífilis, quebrantan y destruyen las células del cerebro, y producen la demencia como resultado. En rigor de verdad, aproximadamente la mitad de todas las enfermedades mentales puede atribuirse a causas físicas como son las lesiones cerebrales, alcohol, toxinas. Pero la otra mitad —y esto es lo terrible—, la otra mitad de la gente que pierde la cordura no sufre al parecer ninguna lesión en las células cerebrales. En las autopsias, cuando se estudian sus tejidos cerebrales con los más poderosos microscopios, se los encuentra tan sanos como los de un cerebro normal.

¿Por qué enloquecen estas personas?

Yo hice recientemente esta pregunta al médico jefe de uno de nuestros más importantes hospicios. Este médico, que ha recibido los más altos honores y las recompensas más codiciadas por sus conocimientos sobre la demencia, me confió francamente que no sabe por qué enloquece la gente. Nadie lo sabe de seguro. Pero me dijo que muchas personas que enloquecen encuentran en la demencia ese sentido de su importancia que no pudieron obtener en el mundo de la realidad. Después me narró lo siguiente:

"Tengo una paciente cuyo casamiento resultó una tragedia. Deseaba amor, satisfacción sexual, hijos y prestigio social; pero la vida destrozó todas sus esperanzas. Su esposo no la amaba. Hasta se negaba a comer con ella, y la obligaba a servirle las comidas en su cuarto, en el primer piso. No tenía hijos ni importancia social. Enloqueció; y, en su imaginación, se divorció y recuperó su nombre de soltera. Ahora cree que se ha casado con un aristócrata inglés, e insiste en que se llama Lady Smith. Y en cuanto a los hijos, se imagina que todas las noches da a luz a uno. Cada vez que la visito me dice: Doctor, anoche tuve un bebé."

La vida hizo naufragar todas las naves de sus sueños en los escollos de la realidad; pero en las islas fantásticas, llenas de sol, de la demencia, todas esas naves llegan ahora a puerto con las velas desplegadas.

¿Tragedia? Pues no lo sé. Su médico me dijo: "Si pudiese estirar una mano y devolverle la cordura, no lo haría. Es mucho más feliz tal como está".

Si algunas personas tienen tanta sed de importancia que llegan a la demencia, imaginemos los milagros que usted o yo podremos lograr si damos al prójimo una honrada apreciación de su importancia, del otro lado de la demencia.

Una de las primeras personas en el mundo norteamericano de los negocios a la que se le pagó un salario anual de más de un millón de dólares (cuando no había impuesto a los ingresos y una persona que ganaba cincuenta dólares a la semana podía vivir muy bien), fue Charles Schwab. Andrew Carnegie lo había elegido para ser el primer presidente de la recién formada United States Steel Company, en 1921, cuando Schwab tenía sólo treinta y ocho años de edad. (Posteriormente Schwab partió de U. S. Steel para hacerse cargo de la Bethlehem Steel Company, en ese momento cargada de problemas, y la reconstruyó hasta volverla una de las compañías de mejor balance en el país.)

¿Por qué pagaba Andrew Carnegie a Charles Schwab más de un millón de dólares por año, o sea unos tres mil dólares por día? ¿Por qué?

¿Acaso porque Schwab era un genio? No. ¿Porque sabía más que los otros técnicos acerca de la fabricación del acero? Tampoco. Charles Schwab me ha confesado que trabajaban con él muchos hombres que sabían considerablemente más que él acerca de la fabricación del acero.

Schwab aseguraba que se le pagaba ese sueldo sobre todo por su capacidad para tratar con la gente. Le pregunté cómo hacía. Voy a dar su secreto, en sus mismas palabras: palabras que deberían ser grabadas en bronce y fijadas en todos los hogares y escuelas, en todas las tiendas y oficinas del país; palabras que los niños deberían recordar de memoria, en lugar de esforzarse por saber la conjugación de verbos latinos o la cifra de la lluvia anual en el Brasil; palabras que transformarán su vida, lector, y la mía, por poco que las escuchemos:

"Considero —dijo Schwab— que el mayor bien que poseo es mi capacidad para despertar entusiasmo entre los hombres, y que la forma de desarrollar lo mejor que hay en el hombre es por medio del aprecio y el aliento.

"Nada hay que mate tanto las ambiciones de una persona como las críticas de sus superiores. Yo jamás critico a nadie. Creo que se debe dar a una persona un incentivo para que trabaje. Por eso siempre estoy deseoso de ensalzar, pero soy remiso para encontrar defectos. Si algo me gusta, *soy caluroso en mi aprobación y generoso en mis elogios.*"

Esto es lo que hacía Schwab. Pero, ¿qué hace la persona común? Precisamente lo contrario. Si alguna cosa no le gusta, arma un escándalo; si le gusta, no dice nada.

"En mi amplia relación con la vida, en mis encuentros con muchos grandes personajes en diversas partes del mundo —declaró Schwab—, no he encontrado todavía la persona, por grande que fuese o elevadas sus funciones, que no cumpliera mejor trabajo y realizara mayores esfuerzos dentro de un espíritu de aprobación que dentro de un espíritu de crítica."

Ésa fue, agregó francamente, una de las principales razones del notable éxito de Andrew Carnegie. Carnegie elogiaba a sus semejantes en público y en privado.

Carnegie quiso elogiar a sus ayudantes hasta después de muerto. Para su tumba escribió un epitafio que decía: "Aquí yace un hombre que supo cómo rodearse de hombres más hábiles que él".

La apreciación sincera fue uno de los secretos del buen éxito de Rockefeller en su trato con la gente. Por ejemplo, cuando uno de sus socios, Edward T. Bedford, cometió un error e hizo perder a la firma un millón de dólares con una mala compra en América del Sur, John D. pudo haberlo criticado; pero sabía que Bedford había procedido según sus mejores luces, y el incidente quedó en nada. Pero Rockefeller encontró algo que elogiar: felicitó a Bedford porque había podido salvar el sesenta por ciento del dinero invertido. "Espléndido —dijo Rockefeller—. No siempre nos va tan bien en mi despacho."

Tengo entre mis recortes una historia que sé que nunca sucedió, pero la repetiré porque ilustra una verdad.

Según esta fantasía, una mujer granjera, al término de una dura jornada de labor, puso en los platos de los hombres de la casa nada más que heno. Cuando ellos, indignados, le preguntaron si se había vuelto loca, ella replicó:

—¿Y cómo iba a saber que se darían cuenta? Hace veinte años que cocino para ustedes, y en todo ese tiempo nunca me dieron a entender que lo que comían no era heno.

Hace unos años se hizo un estudio sociológico entre esposas que habían abandonado sus hogares, ¿y cuál creen que fue la razón principal que dieron para haber tomado su decisión? "Falta de aprecio." Si se hiciera un estudio similar entre maridos que han huido de sus casas, creo que se llegaría a la misma conclusión. Con frecuencia damos tan por sentada la presencia de nuestro cónyuge, que nunca le manifestamos nuestro aprecio.

Un miembro de una de nuestras clases nos habló de un pedido que le había hecho su esposa. Ella y un grupo de mujeres de su parroquia habían iniciado un programa de automejoramiento. Le pidió a su marido que la ayudara haciéndole una lista de seis cosas que creyera que ella podía hacer para ser una mejor esposa. Nos dijo: "El pedido me sorprendió. Francamente, me habría sido fácil enumerar seis cosas que me habría gustado ver cambiar en ella (y estoy seguro de que ella podría haber hecho una lista de un millar de cosas que querría cambiar en mí), pero no lo hice. Le dije: 'Déjame pensarlo y te daré una respuesta mañana'.

"Al día siguiente me levanté muy temprano y llamé al florista, y le pedí que le mandara seis rosas rojas a mi esposa con una nota diciendo: 'No se me ocurren seis cosas que querría que cambies. Te amo tal como eres'.

"Cuando llegué a casa esa tarde, quién creen que me recibió en la puerta: exacto, mi esposa. Estaba al borde de las lágrimas. No necesito decir que me felicité por no haberla criticado como me lo había pedido.

"El domingo siguiente en la iglesia, después de que ella hubo informado del resultado de su tarea, varias mujeres del grupo se me acercaron y me dijeron: 'Fue el gesto más tierno del que tenga noticias'. Entonces comprendí cuál era el poder del aprecio."

Florenz Ziegfeld, el más espectacular de los empresarios teatrales que ha habido jamás en Broadway, conquistó su reputación gracias a su sutil habilidad para "glorificar a la joven norteamericana". Una vez tras otra elegía a alguna joven en quien nadie se fijaba y la transformaba en el escenario en una resplandeciente visión de misterio y seducción. Como conocía el valor del aprecio y la confianza, hacía que las mujeres *se sintieran* bellas por el solo poder de su galantería y su consideración. Era, además, un hombre práctico: aumentó el sueldo de las coristas desde treinta dólares por semana hasta una cifra que a veces llegaba a ciento setenta y cinco. Y también era caballeresco: en las noches de estreno en el Follies enviaba telegramas a las estrellas del reparto y hermosas rosas a todas las chicas del coro.

Yo sucumbí una vez a la moda del ayuno y pasé seis días y sus noches sin comer. No fue difícil. Tenía menos hambre al fin del sexto día que al fin del segundo. Pero yo y usted conocemos personas que pensarían haber cometido un crimen si dejaran a sus familias o sus empleados seis días sin comer; pero los dejan estar seis días, y seis semanas, y a veces sesenta años, sin darles jamás una muestra calurosa de esa apreciación que anhelan casi tanto como anhelan el alimento.

Cuando Alfred Lunt, uno de los grandes actores de su época, desempeñó el papel principal en *Reunión de Viena,* declaró: "Nada hay que yo necesite tanto como alimento para mi propia estima".

Alimentamos los cuerpos de nuestros hijos y amigos y empleados; pero muy raras veces alimentamos su propia estima. Les damos carne y papas para que tengan energía; pero descuidamos darles amables palabras de aprecio que cantarían durante años en su recuerdo.

Paul Harvey, en una de sus transmisiones radiales, *El Resto de la Historia,* cuenta cómo una apreciación sincera puede cambiar la vida de una persona. Contó que años atrás un maestro de Detroit le pidió a Stevie Morris que lo ayudara a encontrar un ratoncito que se había escapado en el aula de clases. El maestro apreciaba el hecho de que la naturaleza le había dado a Stevie algo que ningún otro alumno tenía. La naturaleza le había dado a Stevie un notable par de oídos, para compensar la ceguera de sus ojos. Pero ésta fue la primera ocasión en que Stevie sintió que se apreciaba la fineza de su oído. Ahora, años después, dice que ese acto de aprecio fue el comienzo de una nueva vida.

Desde aquel entonces desarrolló su don del oído hasta volverse, bajo el nombre artístico de Stevie Wonder, uno de los grandes músicos populares de la década de 1970.*

Algunos lectores están diciendo ahora mismo, al leer estas líneas: "¡Cosas viejas! ¡Elogios! ¡Adulación! Ya he hecho la prueba. No da resultado, al menos con personas inteligentes".

Es claro que la adulación no da resultados con la gente que discierne. Es algo hueco, egoísta y poco sincero. Su empleo debe conducir al fracaso, y así ocurre generalmente. Aunque no faltan personas tan hambrientas, tan sedientas de que se les muestre aprecio, que tragan cualquier cosa, así como un hombre hambriento puede comer hierbas y lombrices.

Hasta la Reina Victoria era susceptible a la adulación. El Primer Ministro Benjamin Disraeli confesó que cuando trataba con la Reina empleaba abundantemente esa adulación. Pero Disraeli era uno de los hombres más corteses, diestros y capaces que han gobernado jamás el extenso Imperio Británico. Era un genio. Lo que para él daba resultados quizá no lo dé para usted o para mí. A la larga, la adulación hace más mal que bien. La adulación es falsa y, como el dinero falso, nos pone eventualmente en aprietos si queremos hacerla circular.

La diferencia entre la apreciación y la adulación es muy sencilla. Una es sincera y la otra no. Una procede del corazón; la otra sale de la boca. Una es altruista; la otra egoísta. Una despierta la admiración universal; la otra es universalmente condenada.

Hace poco vi un busto del general Obregón en el palacio de Chapultepec, en México. Bajo el busto están grabadas estas sabias palabras de la filosofía del general Obregón: "No temas a los enemigos que te atacan. Teme a los amigos que te adulan".

¡No! ¡No! ¡No! ¡No recomiendo la adulación! Lejos de ello. Hablo de una nueva forma de vivir. Permítaseme repetirlo. *Hablo de una nueva forma de vivir.*

* Paul Aurandt, *Paul Harvey's the Rest of the Story* (New York: Doubleday, 1977). Compilado por Lynne Harvey.

El Rey Jorge V tenía un juego de seis máximas en las paredes de su estudio en el Palacio de Buckingham. Una de esas máximas rezaba: "Enséñame a no hacer ni recibir elogios baratos". Eso es la adulación: elogio barato. Una vez leí una definición de la adulación que vale la pena reproducir: "Adular es decir a la otra persona lo que se piensa de uno mismo".

"Emplea el lenguaje que quieras —dijo Ralph Waldo Emerson— y nunca podrás expresar sino lo que eres."

Si lo que debiéramos hacer fuera sólo emplear la adulación, el mundo entero aprendería a hacerlo en seguida y todos seríamos peritos en relaciones humanas.

Cuando no estamos dedicados a pensar acerca de algún problema específico, solemos pasar el 95 por ciento de nuestro tiempo pensando en nosotros mismos. Pero si dejamos de pensar en nosotros mismos por un rato y comenzamos a pensar en las buenas cualidades del prójimo, no tendremos que recurrir a la adulación, tan barata y tan falsa que se la conoce apenas sale de los labios.

Una de las virtudes más descuidadas de nuestra existencia cotidiana es la apreciación. De un modo u otro, descuidamos elogiar a nuestro hijo o hija cuando trae una buena nota de la escuela, y rara vez alentamos a nuestros hijos cuando logran hornear una torta o construir una casita para pájaros. Nada les agrada más a los niños que esta especie de interés y aprobación de sus padres.

La próxima vez que usted disfrute de una buena cena en su club, mándele sus felicitaciones al chef, y cuando un vendedor fatigado le muestre una cortesía inusual, no deje de agradecerla.

Todo sacerdote, conferencista u orador público sabe lo descorazonador que resulta entregarse a un público y no recibir de éste ningún comentario apreciativo. Y lo que se aplica a profesionales se aplica doblemente a obreros en oficinas, negocios y talleres, y entre nuestras familias y amigos. En nuestras relaciones interpersonales nunca deberíamos olvidar que todos nuestros interlocutores son seres humanos, y como tales hambrientos de apreciación. Es la ternura legal que disfrutan todas las almas.

Trate de dejar un rastro de pequeñas-chispas de gratitud en sus jornadas. Le sorprenderá ver cómo encienden pequeñas llamas de amistad que vuelven a brillar en su próxima visita.

Pamela Dunham, de New Fairfield, Connecticut, tenía entre las responsabilidades de su empleo la supervisión de un peón de limpieza que estaba haciendo un trabajo muy deficiente. Los otros empleados se burlaban de este joven, y descuidaban especialmente la limpieza de las instalaciones para demostrar qué mal hacía su trabajo. Las cosas habían llegado a un punto en que había empezado a perderse tiempo productivo.

Pamela probó varios modos de motivar a esta persona, sin éxito. Notó que en una ocasión hizo especialmente bien su trabajo. Entonces lo elogió en presencia de otra gente. A partir de ahí el trabajo empezó a mejorar, y muy pronto el joven cumplía eficientemente con sus tareas. Hoy día hace un excelente trabajo, y recibe el aprecio y reconocimiento que merece. La apreciación honesta logró resultados allí donde la crítica y el ridículo habían fallado.

Herir a la gente no sólo no la cambia, sino que es una tarea que nadie nos agradecerá. Hay un viejo dicho que yo he escrito en una hoja y pegado en el espejo del baño, donde lo veo todos los días:

"Pasaré una sola vez por este camino; de modo que cualquier bien que pueda hacer o cualquier cortesía que pueda tener para con cualquier ser humano, que sea ahora. No la dejaré para mañana, ni la olvidaré, porque nunca más volveré a pasar por aquí."

Emerson dijo: "Todo hombre que conozco es superior a mí en algún sentido. En ese sentido, aprendo de él".

Si así sucedía con Emerson, ¿no es probable que lo mismo sea cien veces más cierto en su caso, o en el mío? Dejemos de pensar en nuestras realizaciones y nuestras necesidades. Tratemos de pensar en las buenas cualidades de la otra persona. Olvidemos entonces la adulación. Demos prueba de una apreciación honrada, sincera, de esas cualidades. Seamos "calurosos en la aprobación y generosos en el elogio", y la gente acogerá con cariño nuestras palabras y las atesorará y las repetirá toda una vida, años después de haberlas olvidado nosotros.

REGLA 2

Demuestre aprecio honrado y sincero.

3

"QUIEN PUEDE HACER ESTO TIENE AL MUNDO ENTERO CONSIGO; QUIEN NO PUEDE, MARCHA SOLO POR EL CAMINO"

Yo iba a pescar al estado de Maine todos los veranos. Personalmente, me gustan sobremanera las fresas con crema; pero por alguna razón misteriosa los peces prefieren las lombrices. Por eso, como cuando voy de pesca no pienso en lo que me gusta a mí, sino en lo que prefieren los peces, no cebo el anzuelo con fresas y crema. En cambio, balanceo una lombriz o saltamontes frente al pez y le digo: "¿Te gustaría comer esto?"

¿Por qué no proceder con igual sentido común cuando se pesca a la gente?

Así procedía Lloyd George, Primer Ministro inglés durante la Primera Guerra Mundial. Cuando alguien le preguntó cómo había conseguido continuar en el poder después de que todos los demás jefes de la guerra —Wilson, Orlando, Clemenceau— habían desaparecido en el olvido, respondió que si se podía atribuir su permanencia en la cumbre a alguna cosa, era probablemente al hecho de que había aprendido que era necesario poner en el anzuelo el cebo capaz de satisfacer al pez.

¿Por qué hablar de lo que necesitamos o deseamos? Eso es infantil. Absurdo. Claro está que a usted le interesa lo que necesita o desea. Eso le interesa eternamente. Pero a nadie más le interesa. Los demás son como usted o como yo: les interesa lo que ellos desean o necesitan.

De modo que el único medio de que disponemos para

60

influir sobre el prójimo es hablar acerca de lo que él quiere, y demostrarle cómo conseguirlo.

Recuerde esa frase mañana, cuando trate de lograr que alguien haga algo. Si, por ejemplo, no quiere que su hijo fume, no le predique, y no hable de lo que usted quiere; muéstrele, en cambio, que los cigarrillos pueden impedirle formar parte del equipo deportivo del colegio, o ganar la carrera de cien metros.

Es bueno recordar esto, ya sea que se trate con niños o con terneros o con monos. Por ejemplo: Ralph Waldo Emerson y su hijo trataron un día de meter un ternero en el establo. Pero cometieron el error común de pensar solamente en lo que querían ellos: Emerson empujaba y su hijo tironeaba. Pero el ternero hacía como ellos: pensaba solamente en lo que quería; atiesó las patas, y se negó empecinadamente a salir del prado. Una criada irlandesa vio la dificultad en que estaban sus amos. No era capaz de escribir ensayos ni libros pero, al menos en esta ocasión, mostró más sentido común que Emerson. Pensó en lo que quería el ternero, puso un dedo maternal en la boca del ternero y lo dejó que chupara y chupara mientras lo conducía lentamente al establo.

Todos los actos que ha realizado usted desde que nació se deben a que quería algo. ¿Y aquella vez que entregó una donación a la Cruz Roja? No es una excepción a la regla. Hizo esa donación a la Cruz Roja porque quería prestar ayuda, porque quería realizar un acto hermoso, altruista, divino. "Por cuanto lo has hecho para uno de los menores de este mi rebaño, lo has hecho para mí."

Si no hubiera querido usted alentar ese sentimiento más de lo que quería guardar el dinero, no habría hecho la contribución. Es claro que puede haberla efectuado porque le avergonzaba negarse o porque un cliente le pidió que la hiciera. Pero lo cierto es que la hizo porque quería algo.

El profesor Henry A. Overstreet, en su ilustrativo libro *Influenciando el comportamiento humano,* dice: "La acción surge de lo que deseamos fundamentalmente... y el mejor consejo que puede darse a los que pretenden ser persuasivos, ya sea en los negocios, en el hogar, en la escuela o en la política es éste: primero, despertar en la otra persona un franco deseo. Quien puede hacerlo tiene al mundo entero consigo. Quien no puede, marcha solo por el camino".

Andrew Carnegie, el pequeñuelo escocés empobrecido que comenzó a trabajar con una paga de dos centavos por hora y finalmente donó trescientos sesenta y cinco millones de dólares, aprendió en sus primeros años que el único medio de influir sobre la gente es hablar acerca de lo que el otro quiere. Fue a la escuela durante cuatro años solamente, y sin embargo aprendió a tratar con los demás.

Para ilustrar: Su cuñada se hallaba preocupadísima por sus dos hijos, que estudiaban en Yale, pues tan ocupados estaban en sus cosas, que no escribían a casa y no prestaban atención a las frenéticas cartas de la madre.

Carnegie ofreció apostar cien dólares a que conseguiría una respuesta a vuelta de correo, sin pedirla siquiera. Alguien aceptó el reto. Carnegie escribió entonces a sus sobrinos una carta chacotona, en la que mencionaba como al pasar, en una posdata, el envío de cinco dólares para cada sobrino. Pero no adjuntó el dinero. A vuelta de correo llegaron respuestas que agradecían al "querido tío Andrew" su atenta carta y... ya sabe usted el resto.

Otro ejemplo de persuasión proviene de Stan Novak, de Cleveland, Ohio, un participante de nuestro curso. Una noche Stan volvió a casa del trabajo y encontró a su hijo menor, Tim, pataleando y gritando en el piso de la sala. Al día siguiente debía empezar el jardín de infantes, y ahora protestaba diciendo que no iría. La reacción normal de Stan habría sido ordenarle al niño que fuera a su cuarto, y recomendarle que se hiciera a la idea de ir de todos modos. No le habría dejado alternativa. Pero, al reconocer que esto no ayudaría a Tim a iniciar con la mejor disposición su carrera escolar, Stan se detuvo a pensar: "Si yo fuera Tim, ¿qué podría gustarme en el jardín de infantes?" Junto con su esposa, hicieron una lista de todas las cosas divertidas que haría Tim, como pintar con los dedos, cantar canciones, jugar con amigos nuevos, etc. Después pasó a la acción. "Todos empezamos a pintar con los dedos en la mesa de la cocina: mi esposa Lil, mi otro hijo Bob, y yo mismo, y nos divertimos mucho. Al poco rato asomó Tim a espiar. De inmediato, nos rogó que lo dejáramos participar. 'iOh, no, tienes que ir al jardín de infantes a aprender a pintar con los dedos!' Con todo el entusiasmo que pude reunir, seguí adelante con la lista, hablándole en términos que pudiera entender, explicándole todo lo bueno que haría en el jardín de infantes. A la mañana siguiente fui el primero en levantarme. Bajé y encontré a Tim profundamente dormido en el sillón de la sala. '¿Qué estás haciendo aquí?' le pregunté. 'Estoy esperando para ir al jardín de infantes. No quiero llegar tarde.'" El entusiasmo de toda la familia había despertado en Tim la ansiedad por iniciar las clases, mucho más de lo que podría haber hecho la más persuasiva de las conversaciones.

Mañana querrá usted persuadir a alguien de que haga algo. Antes de hablar, haga una pausa y pregúntese: "¿Cómo puedo lograr que quiera hacerlo?"

Esa pregunta impedirá que nos lancemos impetuosamente a hablar inútilmente de todos nuestros deseos.

En una época yo arrendaba el gran salón de baile de cierto hotel de Nueva York veinte noches por temporada, a fin de realizar una serie de conferencias.

Al comenzar una temporada se me informó repentinamente que tendría que pagar casi el triple de alquiler. Esta noticia me llegó después de impresas y distribuidas las entradas, y hechos todos los anuncios.

Naturalmente, yo no quería pagar ese aumento, pero ¿de qué me valdría hablar a la gerencia del hotel de lo que yo quería? Sólo les interesaba lo que querían ellos. Un par de días más tarde fui a ver al gerente.

—Quedé algo sorprendido cuando recibí su carta —dije— pero no me quejo. Si yo hubiera estado en su situación, es probable que habría escrito una carta similar. Su deber, como gerente del hotel, es realizar todos los beneficios posibles. Si no procede así, lo despedirán, como es lógico. Pero tomemos un papel y escribamos las ventajas y desventajas que resultarán para el hotel si insiste en este aumento del alquiler.

Tomé entonces una hoja de papel, tracé una línea por el medio, y encabecé una columna con la palabra "Ventajas" y la otra con "Desventajas".

Bajo el título de "Ventajas" escribí estas palabras: "Salón de baile libre". Luego dije:

—Tendrán ustedes la ventaja de quedarse con el salón de baile para alquilarlo para bailes y convenciones. Es una gran ventaja, porque esas funciones le rendirán mucho más dinero del que pueden conseguir con una serie de conferencias. Si comprometen el salón por veinte noches en el curso de la temporada, es casi seguro que perderán algunos negocios muy provechosos.

"Ahora —agregué— consideremos las desventajas. Primero, en lugar de aumentar sus ingresos por lo que yo les pague, verán ustedes que disminuyen. En realidad, los van a perder del todo, porque no puedo pagar el alquiler que me piden. Me veré obligado a efectuar estas conferencias en algún otro local.

"Hay además otra desventaja para ustedes. Estas conferencias atraen multitudes de personas educadas y cultas. Se trata, pues, de una buena propaganda, ¿verdad? Lo cierto es que si gastaran ustedes cinco mil dólares en anuncios periodísticos no conseguirían atraer al hotel tanta gente como la que viene a estas conferencias. Esto vale mucho para el hotel, ¿verdad?"

Mientras hablaba escribí estas dos "desventajas" bajo el título correspondiente, y entregué la hoja de papel al gerente, diciéndole:

—Deseo que estudie cuidadosamente las ventajas y las desventajas que van a resultar para el hotel de esta decisión, y que después me haga conocer su resolución definitiva.

Al día siguiente recibí una carta en que se me informaba que mi alquiler aumentaría sólo en cincuenta por ciento en lugar del trescientos por ciento.

Recuérdese que obtuve esta reducción sin decir una palabra de lo que yo quería. No hablé más que de lo que quería el hotel, y cómo podría lograrlo.

Supongamos que yo hubiese procedido en la forma humana, natural; que hubiera entrado violentamente en la oficina del gerente para decirle:

—¿Qué es esto de aumentarme el alquiler en trescientos por ciento cuando sabe que ya se han impreso y repartido las entradas, y efectuado todos los anuncios? ¡Trescientos por ciento! ¡Absurdo! ¡No lo voy a pagar!

¿Qué habría ocurrido entonces? Sencillamente, que habría comenzado una discusión, y ya se sabe cómo terminan las discusiones. Aunque yo hubiese convencido al gerente de su error, su orgullo habría hecho difícil que cediera.

Veamos uno de los mejores consejos que jamás se han dado en cuanto al arte de las relaciones humanas. "Si hay un secreto del éxito —dijo Henry Ford— reside en la capacidad para apreciar el punto de vista del prójimo y ver las cosas desde ese punto de vista así como del propio."

Tan bueno es el consejo, que quiero repetirlo: "Si hay un secreto del éxito, reside en la capacidad para apreciar el punto de vista del prójimo y ver las cosas desde ese punto de vista así como del propio".

Es tan sencillo, tan evidente, que cualquiera debería apreciar a primera vista la verdad que encierra; sin embargo el noventa por ciento de la gente de la tierra lo ignora el noventa por ciento de las veces.

¿Un ejemplo? Estudie las cartas que llegan a su escritorio mañana por la mañana y verá que casi todas ellas violan esta norma de sentido común. Veamos esta carta, escrita por el jefe del departamento de radio de una agencia de publicidad que tiene sucursales en todo el continente. Esta carta fue enviada a los gerentes de estaciones locales de radio en todo el país. (He fijado, entre paréntesis, mis reacciones ante cada párrafo.)

"Sr. Fulano de Tal
 Ciudad de Cual,
  Indiana, 46070

Estimado Sr. Fulano:
La compañía Tal desea conservar su posición como principal agencia publicitaria en el terreno radiotelefónico."

(¿A quién le interesa lo que desea su compañía? A mí me preocupan mis problemas. El banco va a ejecutar la hipoteca sobre mi casa, el jardín está lleno de plagas, el mercado de valores bajó ayer, perdí el tren de las 8.15 esta mañana, no me invitaron anoche al baile de los Pérez, el médico me dijo que tengo mucha presión arterial y neuritis y caspa. Y bien, ¿qué ocurre? Llego esta mañana a la oficina, preocupado, abro mi correspondencia, y me encuentro con un señor engreído que desde Nueva York se dedica a cacarear sobre lo que desea su compañía. ¡Bah! Si se diera cuenta de la impresión que hace esta carta, abandonaría el ramo de publicidad y se dedicaría a criar ovejas.)

"Los contratos nacionales de publicidad de esta agencia fueron el baluarte de la primera cadena radiotelefónica. En los años sucesivos hemos ocupado en todas las estaciones más tiempo publicitario que cualquier otra agencia."

(Son ustedes ricos y poderosos y están en la cima, ¿verdad? ¿Y qué? A mí no me interesa para nada que sean ustedes tan grandes como la General Motors y la General Electric y el estado mayor del ejército, todos juntos. Si usted, señor, tuviera un asomo de sentido común habría comprendido que a mí me interesa cuán grande soy yo, y no ustedes. Toda esta charla sobre sus enormes triunfos me hace sentir pequeño y carente de importancia.)

"Deseamos atender a nuestros clientes con la última palabra sobre información relativa a estaciones radiotelefónicas."

(¡*Ustedes* desean! ¡Ustedes! ¡Borrico! No me interesa lo que desea usted, ni lo que desea el Presidente de los Estados Unidos. Escuche de una vez por todas: me interesa lo que yo deseo, y de eso no ha dicho una sola palabra en toda la carta.)

"Se servirá usted, por lo tanto, poner a la Compañía Tal en su lista de preferencia para el envío de informaciones semanales sobre su estación, todos los detalles que pueden resultar útiles para una agencia de nuestro carácter."

("Lista de preferencia." ¡Qué desfachatez! Me hace sentir insignificante con toda esa referencia a su grandeza, y luego me pide que ponga a la compañía en la lista de preferencia, sin emplear siquiera una cortesía al pedirlo.)

"Una pronta contestación de esta carta, con los últimos datos de esa estación, será mutuamente beneficiosa."

(¡Estúpido! Me envía usted una circular barata, una copia mimeografiada que se reparte por el país entero como las hojas de otoño, y tiene la osadía de pedirme, cuando estoy preocupado por la hipoteca y el jardín y mi presión, que me siente a dictar una nota personal en respuesta a su circular mimeografiada, y que la responda pronto. ¿Qué es eso de "pronto"? ¿No sabe usted que yo estoy tan ocupado como usted, o al menos me gusta pensar que lo estoy? Y, ya que estamos en esto, ¿quién le dio derecho a impartirme órdenes?... Dice usted que será mutuamente beneficiosa. Al fin, al fin empieza usted a ver mi punto de vista. Pero, de todos modos, no me explica cómo puede ser beneficioso para mí.)

Su seguro servidor,
J. Zutano.
Gerente del Departamento de Radio.

"P. D.— La copia adjunta del 'Diario de Cual' será de interés para usted y quizá quiera transmitirla por su estación."

(Finalmente, allí a lo último, en una posdata, menciona usted algo que puede ayudarme a resolver uno de mis problemas. ¿Por qué no empezó su carta por allí? Pero es inútil. Un hombre dedicado a publicidad, culpable de perpetrar tantas tonterías como me ha enviado usted, debe de padecer algo en la médula oblongada. Usted no necesita una carta con nuestras últimas novedades. Lo que necesita usted es un litro de yodo en la glándula tiroides.)

Pero si un hombre que dedica su vida a la publicidad, y que se hace pasar por perito en el arte de influir sobre el público para que compre, si un hombre así escribe una carta de este tipo, ¿qué podemos esperar del carnicero o el panadero?

Aquí hay otra carta, escrita por el superintendente de una gran estación ferroviaria de cargas a un estudiante de este curso, Sr. Edward Vermylen. ¿Qué efecto tuvo esta carta en el hombre a quien fue dirigida? Leámosla y después lo diré.

"A. Zerega's Sons, Inc.,
    28 Front Street,
        Brooklyn, N. Y. 11201
            Atención: Sr. Edward Vermylen.

Muy señores nuestros:
Las operaciones en nuestra estación receptora de fletes para afuera presentan dificultades porque una amplia proporción del movimiento total se nos entrega muy avanzada la tarde. Eso tiene por resultado congestiones, trabajo extraordinario por nuestro personal, retraso de los camiones y, en algunos casos, retraso del despacho de las consignaciones. El 10 de noviembre reci-

bimos de esa compañía un lote de 510 piezas, que llegó aquí a las 16.20.

Solicitamos su cooperación para impedir los efectos indeseables que surgen de la recepción tardía de consignaciones. Nos permitimos solicitar que, en los días en que envíen ustedes un volumen de mercadería como el que se recibió en la fecha mencionada, realicen ustedes un esfuerzo para hacer llegar más temprano el camión o entregarnos parte de la carga por la mañana.

Ustedes obtendrían de tal cooperación la ventaja de una descarga más rápida de sus camiones, y la seguridad de que sus consignaciones serían despachadas en el día de su entrega en la estación.

Su seguro servidor,
J. B., Superintendente."

Después de leer esta carta, el Sr. Vermylen, gerente de ventas de la casa A. Zerega's Sons, Inc., me la envió con el siguiente comentario: "Esta carta tuvo el efecto contrario del que se deseaba. La carta comienza describiendo las dificultades de la estación, que, en general, no nos interesan. Se pide luego nuestra cooperación, sin pensar en los inconvenientes que eso puede causarnos, y por fin, en el último párrafo, se menciona el hecho de que si cooperamos podremos obtener la descarga más rápida de nuestros camiones, y la seguridad de que nuestros envíos serán despachados en la fecha de su entrega en la estación.

"En otras palabras, lo que más nos interesa es lo mencionado al final, y el efecto total de la carta es el de despertar un espíritu de antagonismo, más que de cooperación."

Veamos si podemos escribir mejor esta carta. No perdamos tiempo hablando de nuestros problemas. Según aconseja Henry Ford, comprendamos el punto de vista de la otra persona y veamos las cosas desde ese punto de vista así como del nuestro. Demos una muestra de la carta revisada. Quizá no sea la mejor pero, ¿no es mejor que el original?

"Sr. Edward Vermylen
  c/o A. Zerega's Sons, Inc.,
    28 Front Street,
      Brooklyn, N. Y. 11201

Estimado Sr. Vermylen:
Su compañía es uno de nuestros buenos clientes desde hace catorce años. Naturalmente, agradecemos sobremanera ese patrocinio y ansiamos darle el servicio veloz y eficiente que merece. Lamentamos decir, sin embargo, que no nos es posible hacerlo cuando sus camiones nos hacen llegar una gran partida de mercadería en las últimas horas de la tarde, como ocurrió el 10 de noviembre. Sucede así porque muchos otros clientes hacen también sus entregas en las últimas horas de la tarde y, naturalmente, esto produce una congestión. Como resultado de ello, sus camiones quedan inevitablemente detenidos en la estación, y a veces hasta se retrasa el envío de las mercancías al interior.

Ésta es una grave dificultad. ¿Cómo se la puede evitar? Haciendo sus entregas en la estación por la mañana cuando les sea posible. Eso facilitará el movimiento de sus camiones, sus envíos obtendrán inmediata atención, y nuestro personal podrá retirarse temprano a gozar una comida con los deliciosos productos que ustedes fabrican.

Cualquiera sea el momento en que lleguen sus envíos, haremos siempre todo lo posible por servirles con rapidez.

Sé que usted está muy ocupado. Sírvase no molestarse en contestar esta nota.

Lo saluda atte.
J... B..., Superintendente."

70

Barbara Anderson, empleada de un banco en Nueva York, deseaba mudarse a Phoenix, Arizona, en busca de mejor clima para la salud delicada de su hijo. Usando los principios que había aprendido en nuestro curso, escribió la siguiente carta a doce bancos de Phoenix:

Estimado señor:
Mis diez años de experiencia bancaria podrían resultar de interés para un banco en crecimiento como el suyo.
En distintos puestos de la operatoria bancaria con la Bankers Trust Company de Nueva York, hasta llegar a mi puesto actual de gerente de área, he adquirido conocimiento de todas las fases del mundo bancario, incluyendo relaciones entre depositantes, créditos, préstamos y administración interna.
En mayo me trasladaré a Phoenix, y estoy segura de que si se me da la oportunidad podré contribuir al crecimiento de su institución. Llegaré a esa ciudad el 3 de abril, y le agradeceré que me permita mostrarle cómo puedo ayudar a su banco a alcanzar sus objetivos.
Sinceramente
Barbara L. Anderson

¿Recibió alguna respuesta a esta carta la señora Anderson? Once de los doce bancos la invitaron a presentarse para una entrevista, y posteriormente tuvo para elegir entre diversas ofertas de empleo. ¿Por qué? Porque la señora Anderson no les comunicó lo que ella quería; les escribió exclusivamente sobre cómo podía serles de utilidad a ellos; se concentró en los deseos de los bancos, no en los suyos.

Miles de vendedores recorren hoy las calles, cansados, decepcionados, sin buena paga. ¿Por qué? Porque sólo piensan en lo que ellos quieren. No comprenden que ni usted ni yo queremos comprar nada. Si quisiéramos, saldríamos a comprarlo. Pero a usted y a mí nos interesa siempre resolver nuestros problemas. Y si un vendedor puede demostrarnos que sus servicios o sus productos nos ayudarán a resolver nuestros problemas, no tendrá que esforzarse por vendernos nada. Ya lo compraremos nosotros. Y un cliente desea creer que él es quien compra, no que hay quien le vende.

Sin embargo, muchos hombres se pasan la vida como corredores de venta sin ver las cosas desde el punto de vista del cliente. Por ejemplo, yo viví durante muchos años en Forest Hills, pequeña comunidad de casas particulares en el centro del distrito de Nueva York. Un día, cuando iba de prisa hacia la estación, me encontré casualmente con un vendedor de terrenos que durante muchos años había comprado y vendido propiedades en Long Island. Conocía muy bien Forest Hills, y sabiéndolo le pregunté apresuradamente si mi casa estaba construida con vigas de metal. Me dijo que no lo sabía, y agregó algo que yo sabía ya: que podía averiguarlo telefoneando a la Asociación Forest Hills Gardens. A la mañana siguiente recibí una carta de él. ¿Me daba la información que yo quería? La podía haber conseguido en un minuto, mediante un llamado telefónico. Pero no lo hizo. Me decía otra vez cómo podía averiguarlo yo, y después me pedía que lo dejara encargarse de mi seguro.

No le interesaba ayudarme. Le interesaba ayudarse a sí mismo.

J. Howard Lucas, de Birmingham, Alabama, cuenta cómo manejaron una misma situación dos vendedores de la misma compañía:

"Hace varios años yo estaba en el equipo de administración de una pequeña compañía. Teníamos cerca las oficinas distritales de una gran compañía de seguros. Sus agentes tenían asignados territorios, y nuestra compañía estaba encomendada a dos agentes, a los que llamaré Carl y John.

"Una mañana apareció Carl en nuestra oficina y mencionó, al pasar, que su compañía había introducido un nuevo seguro de vida para ejecutivos, y creía que podría interesarnos, por lo que volvería cuando tuviera más información al respecto.

"El mismo día nos vio John en la calle, cuando volvíamos de almorzar, y gritó:

"—Eh, Lucas, esperen, tengo una gran noticia para ustedes. —Corrió hacia nosotros, y, muy excitado, nos habló de un nuevo seguro de vida que su compañía había puesto en actividad ese mismo día. (Era el mismo que había mencionado Carl al pasar.) Nos había reservado las primeras planillas que habían llegado. Nos hizo un esbozo del sistema y terminó diciendo: 'Este seguro es algo tan novedoso, que mañana haré venir a alguien de la oficina central a que lo explique. Mientras tanto, llenemos y firmemos estas planillas, así él tendrá material más sólido para dar sus explicaciones'. Su entusiasmo despertó en nosotros un anhelo ardiente de tener esos seguros, aun cuando carecíamos de los detalles. Cuando los supimos, confirmaron la apreciación inicial de John, quien no sólo nos vendió una póliza a cada uno, sino que posteriormente duplicó la cobertura.

"Carl podría haber hecho esas ventas, pero no hizo ningún esfuerzo por despertar en nosotros el deseo de comprar."

El mundo está lleno de personas egoístas, aprovechadoras. De manera que los pocos individuos que sin egoísmo tratan de servir a los demás tienen enormes ventajas. No hay competencia contra ellos. Owen D. Young dijo: "El hombre que se puede poner en el lugar de los demás, que puede comprender el funcionamiento de la mente ajena, no tiene por qué preocuparse por el futuro".

Si por leer este libro gana usted una sola cosa: una creciente tendencia a pensar siempre según el punto de vista de la otra persona, y ver las cosas desde ese ángulo; si usted consigue tan sólo eso de este libro, bien podrá decir que ha subido un peldaño más en su carrera.

Ver desde el punto de vista de la otra persona, y despertar en esa persona un deseo ferviente de algo, no debe confundirse con manipular a esa persona de modo que haga algo en detrimento de sus propios intereses. Ambos partidos deben salir ganando en la negociación. En las cartas al señor Vermylen, tanto el remitente como el receptor de la correspondencia ganaron al implementarse lo sugerido. Tanto el banco como la señora Anderson ganaron gracias a la carta de ella, porque el banco ganó una empleada valiosa, y la señora Anderson un buen empleo.

73

Y en el ejemplo de la venta del seguro que hizo John al señor Lucas, ambos ganaron con la transacción.

Otro ejemplo en el que ganan todos usando este principio de despertar un interés, viene de Michael E. Whidden, de Warwick, Rhode Island, que es vendedor distrital de la empresa Shell Oil. Mike quería llegar a ser el vendedor número uno de su distrito, pero había una estación de servicio que se retraía en sus servicios. La administraba un hombre anciano, a quien era imposible motivar para que aseara y pusiera en condiciones la estación. Estaba en tan mal estado que las ventas declinaban significativamente.

Este administrador no quiso prestar oídos a ninguna de las súplicas de Mike para jerarquizar la estación de servicio. Después de muchas exhortaciones y discusiones privadas, en ninguna de las cuales obtuvo el menor resultado, Mike decidió invitar al anciano a visitar la estación de servicio Shell más nueva del territorio.

El hombre quedó tan impresionado por las instalaciones de la nueva estación, que cuando Mike lo visitó la vez siguiente, la suya estaba limpia, pintada, y las ventas habían vuelto a subir. Esto le permitió a Mike alcanzar su tan ansiado puesto de Número Uno en su distrito. Todas sus súplicas habían fallado, pero al despertar un anhelo en el administrador, al mostrarle una estación de servicio moderna, logró su objetivo y ambos se beneficiaron.

Casi todos los hombres van al colegio y aprenden a leer a Virgilio y a dominar los misterios del cálculo, sin descubrir jamás cómo funciona su mente. Por ejemplo: yo daba una vez un curso sobre oratoria para los jóvenes graduados en diversos colegios que entraban como empleados de la empresa Carrier Corporation, la organización que refrigera edificios y que instala aire acondicionado en todas partes. Uno de los estudiantes quiso persuadir a los demás de que jugaran al básquetbol, y éste fue, más o menos, su argumento: "Quiero que ustedes vengan a jugar al básquetbol. Me gusta jugar, pero las últimas veces que fui al gimnasio no había bastantes muchachos para organizar un partido. Dos o tres nos pusimos a arrojarnos la pelota uno al otro, y quedé con un ojo negro.

Deseo que ustedes vengan conmigo mañana por la noche. Quiero jugar al básquetbol".

¿Habló acaso de lo que querían los demás? A nadie le gusta ir a un gimnasio al que nadie va, ¿verdad? Los otros no se interesaban por lo que deseaba este mozo. Y no querían salir con un ojo negro.

¿Pudo haber demostrado que al ir al gimnasio los demás obtendrían algo que querían? Es claro. Más actividad. Mejor apetito. Cerebro más despejado. Diversión.

Repitamos el sabio consejo del profesor Overstreet: *Primero, despertar en la otra persona un franco deseo. Quien puede hacerlo tiene al mundo entero consigo. Quien no puede, marcha solo por el camino.*

Uno de los estudiantes que asistía a mi curso se hallaba preocupado por su hijito. El niño estaba muy flaco y se negaba a comer lo debido. Los padres recurrían al método acostumbrado. Lo regañaban y retaban. "Mamita quiere que comas esto y aquello." "Papito quiere que crezcas y seas un hombre."

Pero el niño no prestaba atención alguna a estas requisitorias. Quien tenga un adarme de sentido común no puede esperar que un niño de tres años reaccione según el punto de vista de un padre que tiene treinta. Pero era eso precisamente lo que esperaba el padre. Resultaba absurdo. Por fin lo comprendió, y se dijo: "¿Qué quiere este niño? ¿Cómo puedo vincular lo que yo quiero con lo que quiere él?"

Era fácil, una vez que se puso a pensar. Su hijito tenía un triciclo en el que le gustaba pedalear por la acera, frente a su casa. Unas casas más lejos vivía un "matón": un niño algo mayor, que le quitaba el triciclo al niñito y empezaba a pedalear. Naturalmente, el niñito corría hasta su madre, que tenía que ir a quitar el triciclo al "matón" y devolverlo a su hijito. Esto ocurría casi todos los días.

¿Qué quería, pues, el niño? No se necesitaba ser Sherlock Holmes para saberlo. Su orgullo, su ira, su deseo de sentirse importante —las emociones más fuertes en su composición mental—, le instaban a la venganza, a dar un buen puñetazo en la nariz al "matón". Y cuando el padre le dijo que algún día podría cerrar los ojos del "matón" a puñetazos, si comía las cosas que la madre le recomendaba, cuando el padre le prometió esto, ya no hubo problema dietético. Aquel niño comía espinacas, coles, cualquier cosa, a fin de poder castigar al "matón" que tantas veces lo había humillado.

Después de resolver este problema, el padre encaró otro: el niño tenía la mala costumbre de empapar la cama. Dormía con su abuela. Por la mañana, la abuela se despertaba, tocaba la sábana y decía:

—Mira, Johnny, lo que hiciste anoche.

—No —respondía el niño—; yo no fui. Fuiste tú.

Retos, castigos, intentos de avergonzarlo, reiteración de que la madre no quería que hiciera eso: por ningún medio se conseguía tener seca la cama. Entonces se preguntaron los padres: "¿Cómo podríamos hacer que este niño *quiera* dejar de mojar la cama?"

¿Qué era lo que quería el niño? Primero, quería usar pijama como su papito, y no un camisón como la abuela. La abuela se estaba hartando de los inconvenientes nocturnos, de manera que de muy buen grado ofreció comprar unos pijamas para el niño, siempre que se corrigiera. Segundo, el pequeño quería una cama para él solo... la abuela no se opuso.

La madre lo llevó consigo a una mueblería de Brooklyn, guiñó un ojo a la vendedora y dijo: —Aquí hay un caballerito que desea hacer unas compras.

La vendedora hizo que el niño se sintiera importante:

—Joven, ¿qué cosas desearía ver?

Se irguió el niño en toda su altura, y contestó:

—Quiero comprar una cama para mí solo.

Cuando le mostraron la camita que la madre quería que comprara, la vendedora lo supo por un guiño de la madre, y persuadió al niño de que ésa era la cama que debía comprar.

Al día siguiente fue entregada la cama; y por la noche, cuando el padre volvió a su casa, su hijo corrió a la puerta gritando:

—¡Papito! ¡Papito! Ven arriba a ver mi cama, la que yo compré.

El padre, ante la camita, obedeció la recomendación de Charles Schwab: fue caluroso en su aprobación y generoso en el elogio.

—¿No vas a mojar esta cama, verdad? —preguntó.

—¡Ah, no, no! No voy a mojar esta cama.

El niño cumplió su promesa, porque su orgullo estaba en juego. Era su cama. Él, y sólo él la había comprado. Y ahora usaba pijama como un hombrecito. Quería portarse como un hombre. Y así fue.

Otro padre, K. T. Dutschmann, ingeniero telefónico, no podía conseguir que su hijita, de tres años de edad, comiera lo debido en el desayuno. Los regaños, pedidos, promesas de costumbre fueron inútiles. Los padres se preguntaron entonces: "¿Cómo podemos hacer para que *quiera* comer?"

La niñita gustaba imitar a su madre, sentirse grande; una mañana la sentaron en una silla y la dejaron que preparara su desayuno. En el momento psicológico, el padre entró en la cocina, donde la niña preparaba su comida, y la pequeña le dijo: "Mira, papito; estoy haciendo el cereal esta mañana".

Comió dos porciones de cereal esa mañana, sin que nadie se lo pidiera, porque estaba interesada personalmente. Había satisfecho su sentido de la importancia; había hallado, en la preparación del desayuno, un camino para expresar su yo.

William Winter señaló una vez que la "expresión del yo es la necesidad dominante en el carácter humano" ¿Por qué no hemos de recurrir a la misma psicología en los negocios? Cuando tenemos una idea brillante, en lugar de hacer que la otra persona piense que es nuestra, ¿por qué no dejarle que prepare esa idea por sí mismo, como preparó el desayuno aquella niñita? Entonces considerará que esa idea es suya; le gustará, y quizá se sirva dos porciones.

Recordemos: "Primero, despertar en el prójimo un fran-

77

co deseo. Quien puede hacerlo tiene al mundo entero consigo. Quien no puede, marcha solo por el camino".

REGLA 3

Despierte en los demás un deseo vehemente.

EN POCAS PALABRAS

TÉCNICAS FUNDAMENTALES PARA TRATAR CON EL PRÓJIMO

REGLA 1
No critique, no condene ni se queje.

REGLA 2
Demuestre aprecio honrado y sincero.

REGLA 3
Despierte en los demás un deseo vehemente.

Segunda Parte

SEIS MANERAS DE AGRADAR A LOS DEMÁS

1

HAGA ESTO Y SERÁ BIENVENIDO
EN TODAS PARTES

¿Por qué hay que leer este libro para saber cómo ganar amigos? ¿Por qué no estudiar la técnica del más grande conquistador de amigos que ha conocido jamás el mundo? ¿Quién es? Tal vez lo encuentre usted mañana por la calle. Cuando esté a cinco metros de él lo verá agitar la cola. Si se detiene usted a acariciarlo, saltará como enloquecido para mostrarle lo mucho que lo quiere. Y usted sabe que detrás de esa muestra de afecto no hay motivos ulteriores: no quiere venderle un terreno, ni una póliza de seguro, ni quiere casarse con usted.

¿Se ha detenido usted alguna vez a pensar que el perro es el único animal que no tiene que trabajar para ganarse el sustento? La gallina tiene que poner huevos, la vaca dar leche y el canario cantar. Pero el perro se gana la vida sólo con demostrar su cariño por el dueño.

Cuando yo tenía cinco años, mi padre compró un cachorrito de pelo amarillo por cincuenta centavos. Fue la alegría y la luz de mi niñez. Todas las tardes a las cuatro y media se sentaba frente a mi casa, mirando fijamente al camino con sus hermosos ojos, y tan pronto como oía mi voz o me veía venir agitando mi lata de comida entre los árboles, salía disparando como una bala, corría sin aliento colina arriba para recibirme con brincos de júbilo y ladridos de puro éxtasis.

Tippy fue mi constante compañero durante cinco años. Por fin, una noche trágica —jamás la olvidaré—, murió a tres metros de mi cabeza, murió alcanzado por un rayo. La muerte de Tippy fue la tragedia de mi niñez.

Tippy nunca leyó un libro de psicología. No lo necesitaba. Sabía, por algún instinto divino, que usted puede ganar más amigos en dos meses interesándose de verdad en los demás, que los que se pueden ganar en dos años cuando se trata de interesar a los demás en uno mismo. Permítaseme repetir la idea. *Se pueden ganar más amigos en dos meses si se interesa uno en los demás, que los que se ganarían en dos años si se hace que los demás se interesen por uno.*

Pero usted y yo conocemos personas que van a los tumbos por la vida porque tratan de forzar a los demás a que se interesen por ellas.

Es claro que eso no rinde resultado. Los demás no se interesan en usted. No se interesan en mí. Se interesan en sí mismas, mañana, tarde y noche.

La Compañía Telefónica de Nueva York realizó un detallado estudio de las conversaciones por teléfono y comprobó cuál es la palabra que se usa con mayor frecuencia en ellas. Sí, ya ha adivinado usted: es el pronombre personal "yo". Fue empleado 3.990 veces en quinientas conversaciones telefónicas. Yo. Yo. Yo. Yo. Yo.

Cuando usted mira la fotografía de un grupo en que está usted, ¿a quién mira primero?

Si nos limitamos a tratar de impresionar a la gente y de hacer que se interese por nosotros, no tendremos jamás amigos verdaderos, sinceros. Los amigos, los amigos leales, no se logran de esa manera.

Napoleón lo intentó, y en su último encuentro con Josefina dijo: "Josefina, he tenido tanta fortuna como cualquiera en este mundo; y sin embargo, en esta hora, eres tú la única persona de la tierra en quien puedo confiar". Y los historiadores dudan de que pudiera confiar aun en ella.

Alfred Adler, el famoso psicólogo vienés, escribió un libro titulado: *Qué debe significar la vida para usted*. En ese libro dice así: "El individuo que no se interesa por sus semejantes es quien tiene las mayores dificultades en la vida y causa las mayores heridas a los demás. De esos individuos surgen todos los fracasos humanos".

Es posible leer veintenas de eruditos tomos sobre psicología sin llegar a una declaración más significativa, para usted o para mí. No me agradan las repeticiones, pero esta afirmación de Adler está tan rica de significado que voy a repetirla en bastardilla:

El individuo que no se interesa por sus semejantes es quien tiene las mayores dificultades en la vida y causa las mayores heridas a los demás. De esos individuos surgen todos los fracasos humanos.

Yo seguí cierta vez en la Universidad de Nueva York un curso sobre redacción de cuentos cortos, y durante ese curso el director de una importante revista habló ante nuestra clase. Dijo que era capaz de tomar cualquiera de las docenas de cuentos que cruzaban por su escritorio todos los días y, después de leer unos párrafos, decir si su autor gustaba o no de la gente. "Si el autor gusta de la gente —añadió—, la gente gustará de sus cuentos."

Este director, acostumbrado a tratar con la vida, se detuvo dos veces en el curso de su conferencia sobre la forma de escribir, y pidió excusas por predicarnos un sermón. "Les estoy diciendo —expresó— las mismas cosas que diría un predicador. Pero recuerden que deben tener interés por la gente si quieren atraer interés como cuentistas."

Si así ocurre con los cuentistas, puede tenerse la seguridad de que lo mismo es triplemente cierto en cuanto a las relaciones con la gente.

Yo pasé una noche en el camarín de Howard Thurston la última vez que se presentó en Broadway: Thurston, el decano de los magos; Thurston el rey de la prestidigitación. Durante cuarenta años viajó por el mundo entero una y otra vez, creando ilusiones, engañando con sus tretas al público, y haciendo que la gente quedara boquiabierta de asombro. Más de sesenta millones de personas pagaron entrada por verlo actuar, y así consiguió ganar casi dos millones de dólares.

En esa ocasión pedí al Sr. Thurston que me confiara el secreto de sus triunfos. Su instrucción no tenía nada que ver con ellos, porque huyó de su casa siendo niño, fue vagabundo por los caminos, viajó en trenes de carga, durmió en pajares, pidió comida de puerta en puerta, y aprendió a leer gracias a los carteles que desde un vagón de carga veía junto al ferrocarril.

¿Tenía extraordinarios conocimientos como prestidigitador? No: me dijo que se han escrito centenares de libros sobre pruebas de magia, y que muchísimas personas saben tanto como él. Pero Thurston tenía dos cosas de que carecían los demás. Primero, la capacidad necesaria para que su personalidad llegara al otro lado de las candilejas. Conocía la naturaleza humana. Todo lo que hacía, cada gesto, cada entonación de la voz, cada elevación de una ceja había sido cuidadosamente ensayado con anterioridad, y sus actos respondían a una perfecta noción del tiempo. Pero, además, Thurston tenía verdadero interés por el público. Me refirió que muchos prestidigitadores miraban al público y decían para sus adentros: "Bien, ya tenemos otro montón de tontos: qué bien los engañaré". Pero el método de Thurston era del todo diferente. Confesóme que cada vez que entraba al escenario se decía: "Estoy agradecido a toda esta gente que ha venido a verme. Son ellos quienes me permiten ganarme la vida en forma tan agradable. Por ellos haré esta noche todo lo mejor que pueda".

Declaró que jamás se acercaba a las candilejas sin decirse primero, una vez tras otra: "Adoro a mi público. Adoro a mi público". ¿Ridículo? ¿Absurdo? Tiene usted derecho a pensar lo que quiera. Yo no hago más que repetir, sin comentarios, una receta utilizada por uno de los magos más famosos de todos los tiempos.

George Dyke, de North Warren, Pennsylvania, se vio obligado a retirarse de su negocio de estación de servicio, después de trabajar en él durante treinta años, cuando se construyó una nueva autopista por el sitio que ocupaba su establecimiento. Al poco tiempo, los días ociosos de un jubilado empezaron a aburrirlo, por lo que trató de ocupar el tiempo tocando en su viejo violín. Pronto empezó a viajar por toda su área, asistiendo a conciertos y visitando a consumados violinistas. En su estilo humilde y amistoso, se interesó por conocer el pasado y las ideas de todos los músicos que conocía. Aunque él mismo no era un gran violinista, hizo muchos amigos en el mundo de la música. Asistió a toda clase de eventos musicales, y los aficionados a la música country de todo el este de los Estados Unidos llegaron a conocerlo como "el Tío George, el Rascador de Violín del Condado Kinzua". Cuando conocimos al Tío George, tenía 72 años y disfrutaba de cada minuto de su vida. Gracias a su interés en otras personas, logró crearse una nueva vida en un momento en que la mayoría de la gente considera terminados sus años productivos.

Ese mismo era uno de los secretos de la asombrosa popularidad de Theodore Roosevelt. Hasta sus sirvientes lo adoraban. Su valet James E. Amos, escribió acerca de él un libro titulado *Theodore Roosevelt, héroe de su valet*. En ese libro narra Amos este ilustrativo incidente:

Mi mujer preguntó una vez al presidente qué era una codorniz. Jamás había visto una, y el presidente se la describió detalladamente. Algún tiempo después sonó el teléfono de nuestra casita. (Amos y su esposa vivían en una casita alejada del edificio principal, en la finca que Roosevelt tenía en Oyster Bay.) Mi mujer respondió al llamado. Era el Sr. Roosevelt. Dijo que había llamado para decirle que frente a la ventana había una codorniz, y que si mi mujer se asomaba podría verla. Estas cositas eran características de él. Cada vez que pasaba frente a nuestra casita, aunque no nos viera, lo oíamos llamar: "¡Uhú, Annie!" o " ¡Uhú, James!"

¿Cómo es posible que los empleados no gustaran de un hombre así? ¿Cómo podría dejar de gustar a nadie?

Roosevelt fue a la Casa Blanca un día en que su sucesor, el presidente Taft, y su esposa no estaban. Su auténtica simpatía por la gente humilde quedó demostrada por el hecho de que saludó uno por uno a todos los sirvientes de la Casa Blanca, hasta los peones de la cocina.

"Cuando vio a Alice, ayudante de cocina —escribe Archie Butt—, le preguntó si todavía hacía pan de maíz. Alice le respondió que a veces lo hacía para el personal de servicio, pero que nadie lo comía entre los amos.

"—Muestran muy mal gusto —repuso Roosevelt—, y ya se lo diré al presidente cuando lo vea.

"Alice le llevó un trozo de pan de maíz, y Roosevelt fue hasta el despacho principal comiendo y saludando a jardineros y criados al pasar...

"Hablaba con cada uno como lo había hecho en el pasado. Ike Hoover, que había sido ujier en la Casa Blanca durante cuarenta años, me dijo con los ojos llenos de lágrimas:

"—Es el único día feliz que hemos tenido en casi dos años, y ninguno de nosotros lo cambiaría por un billete de cien dólares."

El mismo interés por la gente al parecer sin importancia, ayudó al representante de ventas Edward M. Sykes, hijo, de Chatham, Nueva Jersey, a conservar una cuenta.

—Hace muchos años —nos dijo—, visité a clientes de la empresa Johnson y Johnson en el área de Massachusetts. Una cuenta era la de una farmacia en Hingham. Cada vez que iba a este negocio, siempre hablaba con el empleado de refrescos y el del mostrador unos minutos, antes de hablar con el dueño para recibir la orden. Un día el dueño me dijo que no tenía interés en comprar productos de Johnson y Johnson porque consideraba que esta firma estaba concentrando sus actividades en los supermercados, en detrimento de las farmacias chicas como la suya. Salí muy decaído y di vueltas por el pueblo varias horas. Al fin decidí volver a la farmacia y tratar de explicarle nuestra posición al dueño.

"Cuando volví a entrar, como siempre saludé a los empleados. Al verme el dueño, me sonrió y me dio la bienvenida. Me dio una orden de compras que superaba las suyas habituales. Lo miré, sorprendido, y le pregunté qué había sucedido para hacerle cambiar de opinión, desde mi visita anterior apenas unas horas antes. Me señaló al muchacho que atendía el mostrador de refrescos y dijo que cuando yo había salido antes, este joven había venido a decirle que yo era uno de los pocos vendedores que venían a la farmacia que se molestaba en saludarlo, a él y a los otros empleados. Le dijo al dueño que si había un vendedor que se merecía hacer buenos negocios, era yo. El dueño estuvo de acuerdo, y siguió siendo un buen cliente. Nunca olvidé que un genuino interés en la otra persona es la cualidad más importante que pueda tener un vendedor, o, en realidad, cualquier persona."

Por experiencia personal he descubierto que se puede lograr la atención y la cooperación hasta de las personas más ocupadas de los Estados Unidos, si uno se interesa debidamente en ellas. Un ejemplo:

Hace años yo dirigía un curso de literatura en el Instituto de Artes y Ciencias de Brooklyn, y quisimos que escritores tan importantes y ocupados como Kathleen Norris, Fanny Hurst, Ida Tarbell, Albert Payson Terhune y Rupert Hughes fueran al Instituto y nos hicieran conocer sus experiencias. Les escribimos, pues, diciendo que admirábamos sus obras y que nos interesaba profundamente obtener sus consejos y conocer los secretos de sus triunfos.

Cada una de estas cartas estaba firmada por unos ciento cincuenta estudiantes. Decíamos comprender que los destinatarios estaban ocupados, demasiado ocupados para preparar una conferencia. Por ese motivo acompañábamos una lista de preguntas para que las respondieran con referencias acerca de ellos y de sus métodos de trabajo. A todos les gustó la carta. Aquellos escritores famosos dejaron sus tareas y fueron hasta Brooklyn a ayudarnos.

Con el mismo método persuadí a Leslie M. Shaw, secretario del Tesoro en el gabinete de Theodore Roosevelt, a George W. Wickersham, procurador general en el gabinete de Taft, a William Jennings Bryan, a Franklin D. Roosevelt y a muchos otros hombres prominentes de que acudieran a hablar ante los estudiantes de uno de mis cursos de oratoria.

Todos nosotros, seamos obreros en una fábrica, empleados en una oficina, o incluso reyes, gustamos de la gente que nos admira. Recordemos al Káiser Guillermo II, por ejemplo. Al terminar la guerra mundial era quizás el hombre más universal y brutalmente despreciado de la tierra. Hasta su misma nación se volvió contra él cuando huyó a Holanda para salvar la cabeza. Era tan intenso el odio contra él, que millones de personas habrían querido despedazarlo o quemarlo en la hoguera. En medio de esta furia general, un niño escribió al Káiser una carta sencilla y sincera, que mostraba gran bondad y admiración. Este niño decía que, cualquiera fuese la idea de los demás, él siempre amaría a su Emperador Guillermo. El Káiser se sintió conmovido e invitó al niño a que fuera a visitarlo. Así lo hizo el pequeño, acompañado de su madre, y con ella contrajo enlace el Káiser. Aquel niño no necesitaba leer un libro como éste. Ya sabía instintivamente cómo hacerlo.

Si queremos obtener amigos, dediquémonos a hacer cosas para los demás, cosas que requieren tiempo, energía, altruismo. Cuando el Duque de Windsor era Príncipe de Gales tuvo que hacer una gira por la América del Sur, y antes de emprenderla pasó varios meses estudiando español, para poder hablar en el idioma de los países que visitaba; y los habitantes de América del Sur lo tuvieron en gran estima por eso.

Durante años me he preocupado por conocer los cumpleaños de mis amigos. ¿Cómo? Aunque no tengo el menor asomo de fe en la astrología, empiezo por preguntar a un amigo si cree que la fecha de nacimiento tiene algo que ver con el carácter y la disposición de cada uno. Luego le pido que me diga el día y el mes de su nacimiento. Si me dice 24 de noviembre, por ejemplo, no hago más que repetir para mis adentros "24 de noviembre, 24 de noviembre". En cuanto mi amigo vuelve la espalda escribo su nombre y su cumpleaños, y después, en casa, paso el dato a un libro especial. Al comienzo de cada año escribo estas fechas y nombres en las hojas de mi calendario, de modo que les presto atención automáticamente. Cuando llega el día, envío una carta o telegrama. ¡Qué buena impresión causa! A veces soy la única persona del mundo que ha recordado un cumpleaños de esos.

90

Si queremos hacer amigos, saludemos a los demás con animación y entusiasmo. Cuando llama alguien por teléfono, empleemos la misma psicología. Digamos: "Hola" con un tono que revele cuán complacidos estamos por escuchar a quien llama. Muchas compañías dan instrucciones a sus operadores telefónicos de saludar a todos los llamados en un tono de voz que irradie interés y entusiasmo. El que llama siente así que la compañía se interesa en él. Recordémoslo cuando respondamos mañana al teléfono.

Mostrar un interés genuino en los demás no sólo le reportará amigos, sino que también puede crear lealtad a la compañía por parte de los clientes. En un número de la publicación del National Bank of North America de Nueva York se publicó la siguiente carta de Madeline Rosedale, una depositante*:

"Quiero que sepan cuánto aprecio a su personal. Todos son tan corteses, tan amables y serviciales. Es un placer que, después de hacer una larga cola, el cajero la salude a una con una sonrisa.

"El año pasado mi madre estuvo hospitalizada durante cinco meses. Cada vez que visité el banco, Marie Petrucello, una cajera, se interesó por la salud de mi madre, y se alegró de su recuperación."

¿Puede haber alguna duda de que la señora Rosedale seguirá usando los servicios de este banco?

Charles R. Walters, empleado en uno de los grandes bancos de Nueva York, fue encargado de preparar un informe confidencial sobre cierta empresa. Sólo sabía de un hombre dueño de los hechos que necesitaba con tanta urgencia. El Sr. Walters fue a ver a ese hombre, presidente de una gran empresa industrial. Cuando el Sr. Walters era acompañado al despacho del presidente, una secretaria asomó la cabeza por una puerta y dijo al presidente que no podía darle ese día ningún sello de correos.

—Colecciono estampillas para mi hijo, que tiene doce años —explicó el presidente al Sr. Walters.

* *Eagle,* publicación del National Bank of North America, New York, March 31, 1978.

El Sr. Walters expuso su misión y comenzó a hacer preguntas. El presidente se mostró vago, general, nebuloso. No quería hablar, y aparentemente nada podía persuadirlo de que hablara. La entrevista fue muy breve e inútil.

"Francamente, no sabía qué hacer —dijo el Sr. Walters al relatar este episodio ante nuestra clase—. Pero entonces recordé a la secretaria, las estampillas, y el hijo... Y también recordé que el departamento extranjero de nuestro banco coleccionaba estampillas llegadas con las cartas que se reciben de todos los países del mundo.

"A la tarde siguiente visité a este hombre y le hice decir que llevaba algunas estampillas para su hijo. ¿Me recibió con entusiasmo? Pues, señor, no me habría estrechado la mano con más fruición si hubiese sido candidato a legislador. Era todo sonrisas y buena voluntad.

"—A mi George le encantará ésta —decía mientras examinaba las estampillas—. ¡Y mire ésta! Ésta es un tesoro.

"Pasamos media hora hablando de estampillas y mirando retratos de su hijo, y después dedicó más de una hora de su valioso tiempo a darme todos los informes que yo quería, y sin que tuviese yo que pedírselo siquiera. Me confió todo lo que sabía, y después llamó a sus empleados y los interrogó en mi presencia. Telefoneó a algunos de sus socios. Me abrumó con hechos, cifras, informes y correspondencia. Como dirían los periodistas, tenía yo una primicia."

Veamos otro ejemplo:

C. M. Knaphle, Jr., de Filadelfia, había tratado durante años de vender combustible a una gran cadena de tiendas. Pero la compañía seguía comprando el combustible a un comerciante lejano, y lo hacía pasar, en tránsito, frente a la oficina del Sr. Knaphle. Éste pronunció una noche ante una de mis clases un discurso en el que volcó toda su ira contra las cadenas de tiendas, a las que calificó de maldición del país.

Y todavía se preguntaba por qué no podía vender su carbón.

Le sugerí que intentara otra táctica. En resumen, lo que sucedió fue esto. Organizamos entre los miembros del curso un debate sobre: "Está decidido que la propagación de las cadenas de tiendas hace al país más mal que bien".

Por indicación mía, Knaphle asumió el bando negativo: convino en defender a las cadenas de tiendas, y fue a ver derechamente a un director de la misma organización que él despreciaba.

—No he venido —le dijo— a tratar de venderle combustible. He venido a pedirle un favor. —Le informó luego sobre el debate y agregó:— He venido a pedirle ayuda porque no conozco otra persona que sea tan capaz de hacerme conocer los hechos que quiero. Deseo ganar este debate, y le agradeceré sobremanera que me ayude.

Oigamos el resto del episodio en las propias palabras del Sr. Knaphle:

"Había pedido a este hombre exactamente un minuto de tiempo. Con esa condición consintió en verme. Después de exponer yo mi situación, me invitó a sentarme y me habló durante una hora y cuarenta y siete minutos. Llamó a otro director que había escrito un libro sobre el tema. Escribió a la Asociación Nacional de Cadenas de Tiendas y me consiguió un ejemplar de un folleto. Este hombre entiende que las cadenas de tiendas prestan un verdadero servicio a la humanidad. Está orgulloso de lo que hace en centenares de comunidades. Le brillaban los ojos al hablar; y he de confesar que me abrió los ojos sobre cosas que yo jamás había soñado. Cambió toda mi actitud mental.

"Cuando me marchaba, fue conmigo hasta la puerta, me puso un brazo alrededor de los hombros, me deseó felicidad en el debate, y me pidió que fuera a verlo otra vez para hacerle saber cómo me había ido. Las últimas palabras que me dirigió fueron:

"—Haga el favor de verme dentro de unos días. Me gustaría hacerle un pedido de combustible.

"Para mí, aquello era casi un milagro. Ofrecía comprarme el combustible sin haberlo mencionado yo siquiera. Conseguí más en dos horas, interesándome honradamente en él y en sus problemas, que en mu-

93

chos años de bregar porque se interesara en mí y en mi producto."

No ha descubierto usted, Sr. Knaphle, una verdad nueva, porque hace mucho tiempo, cien años antes de que naciera Jesucristo, un famoso poeta romano, Publilio Syro, señaló: "Nos interesan los demás cuando se interesan por nosotros".

El interés, lo mismo que todo lo demás en las relaciones humanas, debe ser sincero. Debe dar dividendos no sólo a la persona que muestra el interés, sino también a la que recibe la atención. Es una vía de dos manos: las dos partes se benefician.

Martin Ginsberg, que siguió nuestro curso en Long Island, Nueva York, nos contó cómo el interés especial que había tomado una enfermera en él había afectado profundamente su vida.

"Era el Día de Acción de Gracias, y yo tenía diez años. Estaba en una sala de beneficencia de un hospital, y al día siguiente se me haría una importante operación de ortopedia. Sabía que lo único que me esperaba eran meses de confinamiento, convalecencia y dolor. Mi padre había muerto; mi madre y yo vivíamos solos en un pequeño departamento y dependíamos de la asistencia social. Mi madre no podía visitarme ese día porque no era día de visitas en hospital.

"A medida que transcurría el día, me abrumaba cada vez más el sentimiento de soledad, desesperación y miedo. Sabía que mi madre estaba sola en casa preocupándose por mí, sin compañía alguna, sin nadie con quien cenar y sin el dinero siquiera para permitirse una cena de Día de Acción de Gracias.

"Me subían las lágrimas, y terminé metiendo la cabeza bajo la almohada y tapándome todo con las frazadas. Lloré en silencio, pero con tanta amargura que me dolía el cuerpo entero.

"Una joven estudiante de enfermería oyó mis sollozos y vino hacia mi cama. Me hizo asomar la cabeza y comenzó a secarme las lágrimas. Me contó lo sola que estaba,

94

pues debía trabajar todo el día y no podía pasarlo con su familia. Me preguntó si quería cenar con ella. Trajo dos bandejas de comida: pavo, puré de papas, salsa de fresas y helado de crema, de postre. Me habló y trató de calmar mis temores. Aun cuando su hora de salida eran las cuatro de la tarde, se quedó conmigo hasta casi las once de la noche. Jugó a varios juegos conmigo, y no se marchó hasta que me quedé dormido.

"Desde entonces, han pasado muchos días de Acción de Gracias, pero nunca paso uno sin recordar aquél, y mis sentimientos de frustración, miedo, soledad y la calidez y ternura de la desconocida que me lo hizo soportable."

Si usted quiere gustar a los otros, si quiere tener amigos de verdad, si quiere ayudar a los otros, al mismo tiempo que se ayuda a usted mismo, no olvide esto:

REGLA 1

Interésese sinceramente por los demás.

2

UNA MANERA SENCILLA DE CAUSAR UNA
BUENA PRIMERA IMPRESIÓN

En una comida en Nueva York, uno de los invitados, una mujer que acababa de heredar dinero, ansiaba causar una impresión agradable en todos. Había despilfarrado una fortuna en pieles, diamantes y perlas. Pero no había hecho nada con la cara. Irradiaba acidez y egoísmo. No había comprendido esta mujer lo que sabe todo el mundo: que la expresión de un rostro es más importante, mucho más, que la ropa que nos ponemos.

Charles Schwab me dijo que su sonrisa le ha valido un millón de dólares. Y es probable que haya pecado por defecto más que por exceso en ese cálculo. Porque la personalidad de Schwab, su encanto, su capacidad para gustar a los demás fueron casi la única causa de su extraordinario éxito; y uno de los factores más deliciosos de su personalidad es su cautivadora sonrisa.

Las acciones dicen más que las palabras, y una sonrisa expresa: "Me gusta usted. Me causa felicidad. Me alegro tanto de verlo".

Por eso es que los perros tienen tantos amigos. Se alegran tanto cuando nos ven, que brincan como locos. Y nosotros, naturalmente, nos alegramos de verlos.

La sonrisa de un bebé tiene el mismo efecto.

¿Ha estado usted alguna vez en la sala de espera de un médico, y ha visto a su alrededor las caras sombrías de la gente impaciente por entrar al consultorio? El Dr. Stephen K. Sproul, veterinario de Raytown, Missouri, nos contó de un típico día de primavera, con su sala de espera llena de clientes que esperaban para hacer vacunar a sus animalitos mascota. Nadie hablaba con nadie, y probablemente estaban pensando en una docena de cosas que preferirían estar haciendo antes que "perder tiempo" en ese consultorio. Nos contó lo siguiente en una de nuestras clases: "Había seis o siete clientes esperando cuando entró una joven con una criatura de nueve meses y su gatito. La suerte quiso que se sentara justo al lado del caballero que más malhumorado parecía por lo prolongado de la espera. El niñito lo miró con esa gran sonrisa tan característica de las criaturas. ¿Qué hizo el caballero? Lo que habríamos hecho ustedes o yo, por supuesto: le sonrió a su vez al niñito. No tardó en iniciar una conversación con la mujer, sobre el niño, y sobre los nietos de él, y todos los demás pacientes se unieron a la conversación, y el aburrimiento y la tensión se convirtieron en una experiencia agradable".

¿Una sonrisa poco sincera? No. A nadie engañaremos. Sabemos que es una cosa mecánica y nos causa enojo. Hablo de una verdadera sonrisa, que alegre el corazón, que venga de adentro, que valga buen precio en el mercado.

El profesor James V. McConnel, psicólogo de la Universidad de Michigan, expresó sus sentimientos sobre una sonrisa:

—La gente que sonríe —dijo— tiende a trabajar, enseñar y vender con más eficacia, y a criar hijos más felices. En una sonrisa hay mucha más información que en un gesto adusto. Es por eso que en la enseñanza es mucho más eficaz el estímulo que el castigo.

El jefe de personal de una gran tienda de Nueva York me confiaba que prefería emplear a una vendedora sin instrucción, siempre que poseyera una hermosa sonrisa, que a un doctor en filosofía con cara de pocos amigos.

El efecto de una sonrisa es poderoso... aun cuando no se la ve. Las compañías de teléfono de los EE.UU. tienen un programa llamado "poder telefónico" que se le ofrece a compañías que usan el teléfono para vender sus servicios o productos. En este programa sugieren que uno sonría cuando habla por teléfono. Su "sonrisa" es transmitida, por la voz, al interlocutor.

Robert Cryer, gerente del departamento de computación de una compañía de Cincinnati, Ohio, contó cómo había logrado conseguir la persona justa para un puesto difícil:

—Trataba desesperadamente de encontrar un licenciado en Computación para mi departamento. Al fin localicé a un joven con los antecedentes ideales, que estaba a punto de graduarse en la Universidad de Purdue. Después de varias conversaciones telefónicas me enteré de que tenía diversas ofertas de otras compañías, muchas de ellas más grandes y más conocidas que la mía. Me encantó oír que había aceptado mi oferta. Cuando ya estaba trabajando, le pregunté por qué nos había preferido a los otros. Quedó un momento en silencio, y después me dijo: "Creo que fue porque los ejecutivos de las otras compañías hablaban por teléfono de un modo frío, que me hacía sentir como si yo fuera una transacción comercial más para ellos. Su voz en cambio sonaba como si usted se alegrara de oírme... como si realmente quisiera que yo fuera parte de su organización". Puedo asegurarles que hasta el día de hoy sigo respondiendo al teléfono con una sonrisa.

El presidente del directorio de una de las mayores industrias del caucho de los Estados Unidos me dijo que, según sus observaciones, rara vez triunfa una persona en cualquier cosa a menos que le divierta hacerla. Este jefe industrial no tiene mucha fe en el viejo adagio de que solamente el trabajo nos da la llave para la puerta de nuestros deseos. "He conocido personas —agregó— que triunfaron porque disfrutaron efectuando sus trabajos. Después vi a las mismas personas cuando se dedicaban a lo mismo como a una tarea. Se aburrían. Perdieron así todo interés en la tarea y fracasaron."

Tiene usted que disfrutar cuando se encuentra con la gente, si espera que los demás lo pasen bien cuando se encuentran con usted.

He pedido a miles de gente de negocios que sonrían a toda hora del día, durante una semana, y que vuelvan después a informar a la clase sobre los resultados obtenidos. Veamos cómo ha resultado esto... Aquí tenemos una carta de William B. Steinhardt, miembro de la Bolsa de Valores de Nueva York. No es un caso aislado. Por cierto que es típico de centenares de otros casos.

"Hace dieciocho años que me casé —escribe el Sr. Steinhardt— y en todo ese lapso pocas veces he sonreído a mi mujer, o le he dicho dos docenas de palabras desde el momento de levantarme hasta la hora de ir a trabajar. Yo era uno de los hombres más antipáticos que jamás ha habido en la ciudad.

"Desde que me pidió usted que diera un informe oral a la clase sobre mi experiencia con la sonrisa, pensé que debía hacer la prueba durante una semana. A la mañana siguiente, cuando me peinaba, me miré el seco semblante en el espejo y me dije: hoy vas a quitarte el ceño de esa cara de vinagre. Vas a sonreír. Y ahora mismo vas a empezar. Así me dije, y cuando me senté a tomar el desayuno saludé a mi esposa con un 'Buen día, querida', y una sonrisa.

"Ya me advirtió usted que seguramente mi mujer se sorprendería. Bien. Eso fue poco. Quedó atónita. Le dije que en el futuro mi sonrisa iba a ser de todos los días, y ya hace dos meses que la mantengo todas las mañanas.

"Este cambio de actitud en mí ha producido en nuestro hogar más felicidad en estos dos meses que durante todo el año anterior.

"Ahora, al ir a mi oficina, saludo al ascensorista de la casa de departamentos en que vivo con un 'Buen día' y una sonrisa. Saludo al portero con una sonrisa. Saludo al cajero del subterráneo cuando le pido cambio. Y en el recinto de la Bolsa sonrío a muchos hombres que jamás me habían visto sonreír.

"Bien pronto advertí que todos me respondían con sonrisas. A quienes llegan a mí con quejas o protestas atiendo con buen talante. Sonrío mientras los escucho, y compruebo que es mucho más fácil arreglar las cosas. He llegado a la conclusión de que las sonrisas me producen dinero, mucho dinero por día.

"Comparto una oficina con otro corredor de bolsa. Uno de sus empleados es un joven muy simpático, y tan encantado estaba yo de los resultados que iba obteniendo, que hace poco le referí mi nueva filosofía para las relaciones humanas. Entonces me confesó que cuando empecé a ir a la oficina me creyó un antipático, y sólo últimamente cambió de idea. Agregó que yo era humano solamente cuando sonreía.

"También he eliminado las críticas de mi sistema. Expreso apreciación y elogio ahora, en lugar de censurar. He dejado de hablar de lo que yo quiero. Trato de ver el punto de vista de los demás. Y estas cosas han revolucionado del todo mi vida. Soy un hombre diferente, más feliz, más rico, más rico en amistades y en felicidad, las únicas cosas que importan, al fin y al cabo."

¿No tiene usted ganas de sonreír? Bien, ¿qué hacer? Dos cosas. Primero, esforzarse en sonreír. Si está solo, silbe o tararee o cante. Proceda como si fuera feliz y eso contribuirá a hacerlo feliz. Veamos la forma en que lo dijo el extinto profesor William James:

"La acción parece seguir al sentimiento, pero en realidad la acción y el sentimiento van juntos; y si se regula la acción, que está bajo el control más directo de la voluntad, podemos regular el sentimiento, que no lo está.

"De tal manera, el camino voluntario y soberano hacia la alegría, si perdemos la alegría, consiste en proceder con alegría, actuar y hablar con alegría, como si esa alegría estuviera ya con nosotros..."

Todo el mundo busca la felicidad, y hay un medio seguro para encontrarla. Consiste en controlar nuestros pensamientos. La felicidad no depende de condiciones externas, depende de condiciones internas.

No es lo que tenemos o lo que somos o donde estamos o lo que realizamos, nada de eso, lo que nos hace felices o desgraciados. Es lo que pensamos acerca de todo ello. Por ejemplo, dos personas pueden estar en el mismo sitio, haciendo lo mismo; ambas pueden tener sumas iguales de dinero y de prestigio, y sin embargo una es feliz y la otra no. ¿Por qué? Por una diferente actitud mental. He visto tantos semblantes felices entre los campesinos que trabajan y sudan con sus herramientas primitivas bajo el calor agobiante de los trópicos como los he visto en las oficinas con aire acondicionado en Nueva York, Chicago, Los Ángeles y otras ciudades.

"Nada es bueno o malo —dijo Shakespeare—, sino que el pensamiento es lo que hace que las cosas sean buenas o malas."

Abraham Lincoln señaló una vez que "casi todas las personas son tan felices como deciden serlo". Tenía razón. Hace poco conocí un notable ejemplo de esa verdad. Subía las escaleras de la estación de Long Island, en Nueva York. Frente a mí, treinta o cuarenta niños inválidos, con bastones y muletas, salvaban trabajosamente los escalones. Uno de ellos tenía que ser llevado en brazos. Me asombró la alegría y las risas de todos ellos, y hablé al respecto con uno de los hombres a cargo de los niños. "Ah, sí —me dijo—. Cuando un niño comprende que va a ser inválido toda la vida, queda asombrado al principio; pero, después de transcurrido ese asombro, se resigna generalmente a su destino y llega a ser más feliz que los niños normales."

Sentí deseos de quitarme el sombrero ante aquellos niños. Me enseñaron una lección que espero no olvidar.

Trabajar solo en un cuarto cerrado no sólo lo hace sentir a uno solitario, sino que no da oportunidad de hacer amistades entre los demás empleados de la compañía. La señora María González, de Guadalajara, México, tenía un trabajo así. Envidiaba la camaradería de las demás empleadas cada vez que oía sus charlas y risas. Durante sus primeras semanas en el trabajo, cuando las cruzaba en los pasillos, miraba tímidamente en otra dirección.

Al cabo de unas semanas, se dijo a sí misma: "María, no debes esperar que esas mujeres vengan a ti. Tienes que ir tú hacia ellas". Cuando volvió a salir al pasillo para tomar un vaso de agua, puso su mejor sonrisa y saludó con un "hola, qué tal" a todas las empleadas que encontró. El efecto fue inmediato. Las sonrisas y saludos fueron correspondidos, el pasillo pareció más luminoso, el trabajo más cálido. Se hizo de conocidas, y algunas de ellas llegaron a ser amigas.

Estudie estos consejos de Elbert Hubbard, pero recuerde que ningún provecho le dará su estudio si no los aplica en la vida:

Cada vez que salga al aire libre, retraiga el mentón, lleve erguida la cabeza y llene los pulmones hasta que no pueda más; beba el sol; salude a sus amigos con una sonrisa, y ponga el alma en cada apretón de manos. No tema ser mal comprendido y no pierda un minuto en pensar en sus enemigos. Trate de determinar firmemente la idea de lo que desearía hacer; y entonces, sin cambiar de dirección, irá directamente a la meta. Tenga fija la atención en las cosas grandes y espléndidas que le gustaría hacer, pues, a medida que pasen los días, verá que, inconscientemente, aprovecha todas las oportunidades requeridas para el cumplimiento de su deseo, tal como el zoófito del coral obtiene de la marea los elementos que necesita. Fórjese la idea de la persona capaz, empeñosa, útil, que desea ser, y esa idea lo irá transformando hora tras hora en tal individuo... El pensamiento es supremo. Observe una actitud mental adecuada: la actitud del valor, la franqueza y el buen talante. Pensar bien es crear. Todas las cosas se producen a través del deseo y todas las plegarias sinceras tienen respuesta. Llegamos a identificarnos con aquello en que se fijan nuestros corazones. Lleve, pues, retraído el mentón y erguida la cabeza: Todos somos dioses en estado de crisálida.

Los chinos eran hombres sabios, sabios en las cosas de este mundo, y tenían un proverbio que usted y yo deberíamos recortar y pegar en el tafilete del sombrero. Dice más o menos así: "El hombre cuya cara no sonríe no debe abrir una tienda".

Su sonrisa es una mensajera de bondad. Su sonrisa ilumina la vida de aquellos que la ven. A pesar de haber visto a docenas de personas fruncir el entrecejo, de mal

102

humor o apáticas, su sonrisa sigue siendo como el sol que rompe a través de las nubes. Especialmente cuando alguien se encuentra bajo la presión del patrón, los clientes o maestros, de sus padres o de sus hijos, una sonrisa puede ayudar a comprender que no todo es en vano, que aún hay alegría en el mundo.

Unos años atrás, un gran almacén de la ciudad de Nueva York, reconociendo la presión de trabajo durante la temporada de Navidad por la que pasaban sus empleados, decidió exponer esta filosofía casera en su publicidad a los clientes.

EL VALOR DE LA SONRISA

No cuesta nada, pero crea mucho.

Enriquece a quienes reciben, sin empobrecer a quienes dan.

Ocurre en un abrir y cerrar de ojos, y su recuerdo dura a veces para siempre.

Nadie es tan rico que pueda pasarse sin ella, y nadie tan pobre que no pueda enriquecer por sus beneficios.

Crea la felicidad en el hogar, alienta la buena voluntad en los negocios y es la contraseña de los amigos.

Es descanso para los fatigados, luz para los decepcionados, sol para los tristes, y el mejor antídoto contra las preocupaciones.

Pero no puede ser comprada, pedida, prestada o robada, porque es algo que no rinde beneficio a nadie a menos que sea brindada espontánea y gratuitamente.

Y si en la extraordinaria afluencia de último momento de las compras de Navidad alguno de nuestros vendedores está demasiado cansado para darle una sonrisa, ¿podemos pedirle que nos deje usted una sonrisa suya?

Porque nadie necesita tanto una sonrisa como aquel a quien no le queda ninguna que dar.

REGLA 2

Sonría.

3

SI NO HACE USTED ESTO, VA
A PASARLO MAL

Allá por 1898, en Rockland County, Nueva York, ocurrió un hecho trágico. Había muerto un niño, y ese día los vecinos se preparaban para ir a los funerales. Jim Farley fue al establo para enganchar su caballo en el coche. El suelo estaba cubierto de nieve, el aire era frío; no se ejercitaba al caballo desde hacía días, y cuando se lo llevaba al abrevadero se encabritó juguetonamente, tiró un par de coces al aire, y mató a Jim Farley. La aldehuela de Stony Point tuvo, pues, aquella semana, dos funerales en lugar de uno.

Jim Farley dejó en el mundo a su viuda y tres hijos, y unos centenares de dólares de seguro.

Su hijo mayor, Jim, tenía entonces diez años, y fue a trabajar en un horno de ladrillos, a acarrear arena y volcarla en los moldes, y dar vuelta los ladrillos para secarlos al sol. Este niño Jim no tuvo jamás oportunidad de educarse. Pero con su humor de irlandés poseía especial talante para gustar a la gente, de modo que entró en la política y al pasar los años logró una pasmosa capacidad para recordar nombres ajenos.

Jamás asistió a una escuela secundaria; pero antes de cumplir los 46 años de edad cuatro universidades le habían acordado grados honorarios, había asumido la presidencia del comité nacional del Partido Demócrata, y el cargo de Director General de Correos de los Estados Unidos.

Yo entrevisté una vez a Jim Farley, y le pedí el secreto

de sus triunfos. "Trabajar mucho", me dijo, y le contesté: "No haga bromas".

Entonces me preguntó cuál era, a mi juicio, la razón de sus triunfos. "Entiendo —respondí— que recuerda usted el nombre de pila de diez mil personas."

"No. Se equivoca usted —repuso Farley—. Recuerdo el nombre de pila de cincuenta mil personas."

Es preciso tener presente esto. Tal habilidad ayudó al Sr. Farley a llevar a Franklin D. Roosevelt a la Casa Blanca.

Durante los años en que Jim Farley trabajaba como vendedor viajero y durante los años en que ocupó un cargo municipal en Stony Point, perfeccionó un sistema para recordar nombres.

Al principio era muy sencillo. Cada vez que conocía a una persona averiguaba su nombre completo, su familia, sus ocupaciones, y el matiz de sus opiniones políticas. Tenía todos estos hechos en la memoria, y cuando volvía a encontrarse con el mismo hombre, aunque fuera al cabo de un año, podía darle una palmada en la espalda, preguntarle por su esposa e hijos, y por las plantas de su jardín. No extraña, pues, que consiguiera muchos partidarios.

Durante varios meses, antes de empezar la campaña presidencial del Sr. Roosevelt, Jim Farley escribió centenares de cartas por día a personas residentes en toda la extensión de los estados del oeste y del noroeste. Luego subió a un tren y durante diecinueve días recorrió doce mil millas en veinte estados, viajando en tren, coche, automóvil y canoa. Solía llegar a una aldea, reunirse con un grupo de personas para el desayuno, el almuerzo, el té o la comida, y conversar con ellas, francamente, llanamente. Luego emprendía otra etapa de su viaje.

Tan pronto como estuvo de regreso en el este escribió a un hombre de cada población que había visitado, para pedirle una lista de todas las personas con quienes había hablado en cada ocasión. La lista final tenía miles y miles de nombres; y a cada persona de esta lista Farley rindió el sutil agasajo de enviarle una carta personal. Una carta personal del gran personaje, que la dirigía a "Querido Bill" o "Querida Jane", y firmaba simplemente "Jim".

Jim Farley descubrió al principio de su vida que el común de los hombres se interesa más por su propio nombre que por todos los demás de la tierra. Si se recuerda ese nombre y se lo pronuncia con frecuencia, se ha rendido a su dueño un halago sutil y muy efectivo. Pero si se olvida o se escribe mal ese nombre, queda uno en gran desventaja. Por ejemplo, yo organicé cierta vez en París un concurso de oratoria, y envié circulares a todos los norteamericanos que residían en la ciudad. Las dactilógrafas francesas, con poco conocimiento de inglés, escribieron los nombres, y, naturalmente, cometieron muchos errores. Un hombre, gerente de un gran banco norteamericano en París, me escribió una carta furiosa porque su nombre estaba mal escrito.

A veces es difícil recordar un nombre, en especial si es extranjero y difícil. Hay personas que en lugar de tomarse el trabajo de intentar aprenderlo, deciden ignorarlo, o llaman a esa persona por un apodo más fácil. Sid Levy visitaba a un cliente cuyo nombre era Nicodemus Papadoulos. Todos lo llamaban "Nick". Levy nos contó:

—Hice el esfuerzo especial de aprender el nombre, y pronunciarlo varias veces a solas, antes de ir a verlo. Cuando lo saludé llamándolo por su nombre completo: "Buenas tardes, señor Nicodemus Papadoulos", el hombre quedó asombrado. Durante lo que parecieron varios minutos no me respondió nada. Por último, con lágrimas corriéndole por las mejillas, me dijo: "Señor Levy, en los quince años que llevo viviendo en este país, nadie había hecho nunca el esfuerzo de llamarme por mi nombre completo".

¿Cuál fue la razón del triunfo de Andrew Carnegie?

Se lo llamaba el Rey del Acero; pero poco era lo que sabía de la fabricación del acero. A sus órdenes trabajaban centenares de personas que conocían de ese tema mucho más que él.

Pero sabía cómo manejar a las personas, y esto fue lo que lo enriqueció. Al comenzar su vida demostró sus dones para la organización, su genio como dirigente. Cuando tenía diez años ya había descubierto la asombrosa importancia que atribuye la gente a sus propios nombres.

Y utilizó ese descubrimiento para obtener cooperación. Por ejemplo: De niño, allá en Escocia, cazó una coneja. Bien pronto tuvo toda una cría de conejitos... y nada con que alimentarlos. Pero se le ocurrió una idea brillante. Dijo a los niños de la vecindad que si le llevaban trébol y hierbas para alimentar a los conejos bautizaría a los animalitos en honor de quienes cooperaban. El plan rindió mágicos resultados; y Carnegie jamás lo olvidó.

Años después ganó millones aplicando la misma psicología a los negocios. Por ejemplo, quería vender rieles de acero al Ferrocarril de Pennsylvania. J. Edgar Thomson era entonces presidente de ese ferrocarril. Y Andrew Carnegie construyó en Pittsburgh una enorme planta de altos hornos a la que puso el nombre de "Edgar Thomson Trabajos de Acero".

No es difícil adivinar a quién se hizo el pedido cuando el Ferrocarril de Pennsylvania necesitó rieles de acero.

Cuando Carnegie y George Pullman trabajaban por lograr la supremacía en la venta de vagones dormitorios, el Rey del Acero volvió a recordar la lección de los conejos.

La empresa Central de Transportación en la cual dominaba Andrew Carnegie, luchaba contra la compañía en que dominaba Pullman. Las dos empresas pugnaban por proveer de vagones dormitorios al Ferrocarril Unión Pacífico: rebajaban los precios, y destruían toda probabilidad de beneficio para la firma que obtuviera el negocio. Carnegie y Pullman habían ido a Nueva York para ver, cada uno por su cuenta, al directorio del ferrocarril. Una noche se encontraron en el Hotel St. Nicholas y Carnegie dijo:

—Buenas noches, Sr. Pullman. ¿No le parece que estamos procediendo como un par de tontos?

—¿Por qué?

Entonces Carnegie expresó las ideas que tenía: una fusión de las dos empresas. Habló con enorme optimismo de las ventajas mutuas que se desprenderían de la cooperación, en lugar de la pugna, entre los dos intereses. Pullman escuchó atentamente, pero no quedó del todo convencido. Por fin preguntó:

—¿Qué nombre tendría la nueva firma?

—Pues, la Pullman Palace Car Company, por supuesto.

Se le iluminó el rostro a Pullman.

—Venga a mi habitación —dijo—. Vamos a conversar del asunto.

Esa conversación hizo historia en la industria de los Estados Unidos.

Esta política de Andrew Carnegie, de recordar y honrar los nombres de sus amigos y allegados, fue uno de sus secretos mejores. Señalaba con orgullo el hecho de que recordaba y llamaba por su nombre de pila a muchos de sus obreros; y se vanagloriaba de que, cuando tuvo personalmente a su cargo los altos hornos, jamás se declaró en ellos una huelga.

Benton Love, presidente del Banco Texas Commerce Bancshares, cree que cuanto mayor es una corporación, más fría se vuelve.

—Un modo de darle calidez —dice—, es recordar los nombres de la gente. El ejecutivo que me dice que no puede recordar nombres, me está diciendo que no puede recordar una parte importante de su trabajo, y está operando sobre arenas movedizas.

Karen Kirsch, de Ranchos Palos Verdes, California, asistente de vuelo de la TWA, se hizo la costumbre de aprender la mayor cantidad posible de nombres de los pasajeros a los que debía atender, y usar esos nombres al servirles. Esto dio por resultado muchas felicitaciones a su servicio, tanto a ella como a su aerolínea. Un pasajero escribió: "Desde hace un tiempo no usaba la TWA para mis viajes, pero en adelante no pienso viajar por otra compañía. Me han hecho sentir que son una compañía muy personalizada, y eso es importante para mí".

Las personas sienten tanto orgullo por sus apellidos, que tratan de perpetuarlos a cualquier costa. Hasta el viejo P. T. Barnum, tan mundano, tan rudo, decepcionado porque no tenía hijos que conservaran su apellido, ofreció a su nieto, C. H. Seeley, veinticinco mil dólares si se agregaba el nombre de Barnum.

Durante siglos los nobles y magnates mantuvieron a artistas, músicos y escritores, con tal que éstos les dedicaran sus creaciones.

Bibliotecas y museos deben sus más ricas colecciones a personas que no pueden allanarse a pensar que sus nombres desaparezcan del recuerdo de la humanidad. La Biblioteca Pública de Nueva York tiene colecciones Astor y Lenox. El Museo Metropolitano perpetúa los nombres de Benjamin Altman y J. P. Morgan. Y casi todas las iglesias se ven embellecidas por ventanales que conmemoran los nombres de los donantes. Muchos de los edificios en la mayoría de las universidades llevan los nombres de quienes contribuyeron con donaciones para su construcción.

La mayoría de la gente no recuerda nombres por la sencilla razón de que no dedican el tiempo y la energía necesarios para concentrar y repetir y fijar nombres indeleblemente en la memoria. Se disculpan diciendo que están demasiado ocupados.

Pero seguramente no lo están más que Franklin D. Roosevelt, quien dedicaba mucho tiempo a recordar hasta los nombres de los mecánicos con quienes entraba en contacto.

Un ejemplo. La organización Chrysler construyó un automóvil especial para el Sr. Roosevelt, que no podía usar un auto corriente por tener paralizadas las piernas. W. F. Chamberlain y un mecánico lo entregaron en la Casa Blanca. Tengo a la vista una carta del Sr. Chamberlain que relata su experiencia.

"Enseñé al Sr. Roosevelt —dice la carta— cómo se maneja un automóvil, con muchos detalles inusitados; pero él me enseñó mucho acerca del arte de tratar con la gente.

"Cuando lo visité en la Casa Blanca, el presidente se mostró muy simpático y animoso. Me llamó por mi nombre, me hizo sentir cómodo, y me impresionó particularmente por el hecho de que estaba vitalmente interesado en las cosas que yo le mostraba y de las que le hablaba. El automóvil estaba construido de manera que se lo pudiera manejar exclusivamente con las manos. Una multitud se reunió para mirar el coche, y el presidente dijo: 'Creo que es maravilloso. Todo lo que hay que hacer es tocar un botón y empieza a andar, y se lo puede dirigir sin esfuerzo. Es notable. No sé cómo lo han podido hacer. Me encantaría tener tiempo para desarmarlo y ver cómo funciona'.

"Cuando los amigos y allegados del presidente admiraron la máquina, el Sr. Roosevelt dijo en mi presencia: 'Sr. Chamberlain, le aseguro que aprecio sobremanera todo el tiempo y los esfuerzos que ha dedicado usted a producir este coche. Es espléndido'. Admiró el radiador, el espejo retrospectivo especial, el reloj, el faro especial, el tapizado, la posición del asiento del conductor, las valijas especiales en el compartimiento de equipajes, con sus iniciales en cada una. En otras palabras, notó todos los detalles que, según sabía él, me habían preocupado más. Se esforzó por hacer notar todos esos detalles a la Sra. de Roosevelt, a la secretaria de Trabajo, Srta. Perkins, y a su secretario. Hasta hizo participar del episodio al viejo portero de la Casa Blanca, a quien comunicó: 'George, tendrás que cuidar especialmente esas valijas'.

"Terminada la lección que le di para manejar el coche, el presidente se volvió hacia mí y dijo: 'Bueno, Sr. Chamberlain, hace treinta minutos que hago esperar a la Junta de Reserva Federal. Creo que haría bien en volver a mi trabajo'.

"Yo había llevado un mecánico a la Casa Blanca, y al llegar lo presenté al Sr. Roosevelt. No habló con el presidente, quien sólo una vez oyó pronunciar su nombre. Era un mozo tímido, y se mantuvo alejado de los demás. Pero antes de retirarse el presidente buscó al mecánico, le dio la mano, lo llamó por su nombre, y le agradeció haber ido a Washington. Su agradecimiento no tenía nada de una falsa cortesía. Decía lo que sentía.

"Pocos días después de regresar a Nueva York recibí una fotografía del presidente Roosevelt, con su autógrafo y una cartita de agradecimiento. No sé cómo tiene tiempo para estas cosas."

Franklin D. Roosevelt sabía que uno de los medios más

sencillos, más evidentes y más importantes para conquistar buena voluntad es el de recordar nombres y hacer que los demás se sientan importantes. Pero, ¿cuántos de nosotros hacemos lo mismo?

Cuando nos presentan a un extraño, conversamos con él unos minutos y generalmente no recordamos ya su nombre cuando nos despedimos.

Una de las primeras lecciones que aprende un político es ésta: "Recordar el nombre de un elector es cualidad de estadista. Olvidarlo equivale a ir al olvido político".

Y la capacidad para recordar nombres es casi tan importante en los negocios y los contactos sociales como en la política.

Napoleón III, emperador de Francia y sobrino del gran Napoleón, se envanecía de que, a pesar de todos sus deberes reales, recordaba el nombre de todas las personas a quienes conocía.

¿Su técnica? Muy sencilla. Si no oía claramente el nombre, decía: "Lo siento. No oí bien". Después, si el nombre era poco común, preguntaba cómo se escribía.

Durante la conversación se tomaba el trabajo de repetir varias veces el nombre, y trataba de asociarlo en la mente con las facciones, la expresión y el aspecto general del interlocutor.

Si la persona era alguien de importancia, Napoleón se tomaba más trabajo aun. Tan pronto como quedaba a solas escribía ese nombre en un papel, lo miraba, se concentraba en él, lo fijaba con seguridad en la mente, y rompía después el papel. De esta manera se formaba la impresión visual, además de la impresión auditiva, del nombre.

Todo esto requiere tiempo, pero "los buenos modales —dijo Emerson— se hacen de pequeños sacrificios".

La importancia de recordar y usar nombres no es sólo prerrogativa de reyes y ejecutivos de corporaciones. Nos puede servir a todos. Ken Nottingham, un empleado de la General Motors en Indiana, solía almorzar en la cafetería de la compañía. Notó que la mujer que trabajaba en el mostrador siempre tenía mal ceño.

—Hacía dos horas que estaba haciendo emparedados,

y yo no era sino un emparedado más para ella. Pesó el jamón en una pequeña balanza, agregó una hoja de lechuga y un plato con un puñado de papas fritas.

"Al día siguiente, hice la misma cola. La misma mujer, el mismo mal ceño. La única diferencia fue que me fijé en la etiqueta con su nombre en el delantal. Le sonreí y le dije: 'Hola, Eunice', y después le pedí el emparedado que quería. Pues bien, la mujer se olvidó de la balanza, puso una pila de fetas de jamón, tres hojas de lechuga, y una montaña de papas fritas que se me caían del plato."

Deberíamos tener presente la magia que hay en un nombre, y comprender que es algo propio exclusivamente de esa persona, y de nadie más. El nombre pone aparte al individuo; lo hace sentir único entre todos los demás. La información que damos, o la pregunta que hacemos, toma una importancia especial cuando le agregamos el nombre de nuestro interlocutor. Desde la camarera hasta el principal ejecutivo de una empresa, el nombre obrará milagros cuando tratamos con la gente.

REGLA 3

Recuerde que para toda persona, su nombre
es el sonido más dulce e importante
en cualquier idioma.

4

FÁCIL MANERA DE CONVERTIRSE
EN UN BUEN CONVERSADOR

Hace poco fui invitado a jugar al bridge en casa de unos amigos. Yo no juego, y había allí una señora rubia que tampoco jugaba. Descubrió que trabajé con Lowell Thomas, antes de que éste se dedicara a la radiotelefonía, que he viajado por Europa en muchas ocasiones mientras le ayudaba a preparar las conferencias sobre viajes que por entonces pronunciaba.

—¡Oh, Sr. Carnegie! —me dijo esta dama—. Quiero que me hable de todos esos lugares que ha visitado usted.

Al sentarnos en un sofá me hizo saber que acababa de regresar de un largo viaje por África, efectuado en compañía de su esposo.

—¡África! —exclamé—. ¡Qué interesante! Siempre he querido ver África, pero, salvo una vez que estuve veinticuatro horas en Argel, no lo he conseguido jamás. Dígame, ¿visitaron la región de la caza mayor? ¿Sí? ¡Qué hermosura! ¡Cómo la envidio! Háblame de África.

Cuarenta y cinco minutos habló la dama. Ya no volvió a preguntarme por dónde había estado yo ni qué había visto. No quería oírme hablar de viajes. Todo lo que quería era un oyente interesado, para poder revelar su yo y narrar todas sus experiencias.

¿Era una mujer extraordinaria? No. Hay muchas personas como ella.

Por ejemplo, hace poco encontré a un conocido botánico durante una comida dada en casa de un editor de Nueva York. Jamás había hablado con un botánico, y me pareció sumamente interesante. Me senté, literalmente, al borde de la silla, y escuché absorto mientras hablaba de plantas exóticas, experimentos en el desarrollo de formas nuevas de vida vegetal y jardines de interior y de cosas asombrosas acerca de la humilde papa. Yo tengo en casa un huerto interior, y tuvo este hombre la bondad de indicarme cómo debía resolver alguno de mis problemas.

He dicho que estábamos en una comida. Debe de haber habido otros doce invitados; pero violé todos los cánones de la cortesía e ignoré a todos los demás, y hablé horas y horas con el botánico.

Llegó la medianoche. Me despedí de todos y me marché. El botánico se volvió entonces a nuestro huésped y tuvo referencias muy elogiosas para mí. Yo era "muy estimulante". Yo era esto y aquello; y terminó diciendo que yo era un "conversador muy inteligente".

¿Un conversador inteligente? ¿Yo? ¿Por qué, si apenas había insinuado una palabra? No podría haberla pronunciado sin cambiar de tema, porque no sé de botánica más de lo que sé sobre anatomía del pingüino. Pero había escuchado con atención. Había escuchado porque tenía profundo interés en lo que decía mi interlocutor. Y él lo sabía. Naturalmente, estaba complacido. Esa manera de escuchar es uno de los más altos cumplimientos que se pueden rendir. "Pocos seres humanos —escribió Jack Woodford en *Extraños en el amor*— se libran de la implícita adulación que hay en el oyente absorto." Yo hice más que presentarme como oyente absorto. Fui "caluroso en mi aprobación y generoso en mis elogios".

Le dije que me había entretenido e instruido inmensamente, y así era. Le dije que deseaba tener sus conocimientos, y así era. Le dije que me gustaría recorrer los campos con él, y así era. Le dije que debía verlo de nuevo, y así era.

Y, de tal modo, le hice pensar que yo era un buen conversador cuando, en realidad, no había sido más que un buen oyente y lo había alentado a hablar.

¿Cuál es el misterio, el secreto de una feliz entrevista de negocios? Según Charles W. Eliot, que fue presidente de Harvard, "no hay misterios en una feliz conversación de negocios... Es muy importante prestar atención exclusiva a la persona que habla. Nada encierra tanta lisonja como eso".

El mismo Eliot era un maestro en el arte de escuchar. Henry James, uno de los primeros grandes novelistas norteamericanos y miembro de la facultad de Harvard, recordaba: "La escucha del Dr. Eliot no era mero silencio, sino una forma de actividad. Sentado muy erguido, con las manos unidas en el regazo, sin hacer otro movimiento que el de los pulgares girando uno alrededor del otro más rápido o más lento, enfrentaba a su interlocutor y parecía escuchar con los ojos tanto como con los oídos. Escuchaba con la mente y consideraba atentamente lo que uno tenía que decir, mientras lo decía... Al final de una entrevista con él, la persona que había hablado sentía que sus palabras habían llegado a su destino".

¿Evidente, verdad? No hay necesidad de estudiar cuatro años en Harvard para descubrirlo. Sin embargo, usted y yo conocemos comerciantes que alquilan costosos locales, que compran sus mercaderías económicamente, que adornan sus vidrieras con sapiencia, que gastan mucho dinero en publicidad, y emplean después personal sin el sentido común necesario para ser buenos oyentes, personal que interrumpe a los clientes, los contradice, los irrita, y los echa casi de la tienda.

Una tienda de Chicago estuvo a punto de perder un viejo cliente que hacía compras por varios miles de dólares anuales en esa tienda, por culpa de un empleado que no escuchaba. La señora Henrietta Douglas, que siguió nuestro curso en Chicago, había comprado un abrigo en una liquidación. Cuando llegó con el abrigo a su casa, notó que el forro tenía un desgarrón. Volvió al día siguiente y le pidió a la empleada de ventas que le cambiaran la prenda. La empleada se negó a escuchar su queja.

—Usted lo compró en una liquidación —dijo. Señaló

un cartel en la pared—. Lea eso —exclamó—: *"No hay devoluciones".* Si lo compró, tendrá que llevárselo como está. Cosa usted misma el forro.

—Pero es una mercadería fallada —se quejó la señora Douglas.

—No importa —la interrumpió la empleada—. Si no hay devoluciones, no hay devoluciones.

La señora Douglas estaba a punto de marcharse, indignada, jurando no volver nunca más a esa tienda, cuando se le acercó la gerente de la sección, que la conocía por sus muchos años de comprar allí. La señora Douglas le contó lo que había sucedido.

La mujer escuchó con atención toda la historia, examinó el abrigo, y después dijo:

—Las compras hechas en liquidaciones son "sin devolución", porque es el modo en que nos sacamos de encima toda la mercadería al terminar la temporada. Pero esta política no puede aplicarse a mercadería fallada. Le repararemos o reemplazaremos el forro, o si usted prefiere le devolveremos el dinero.

¡Qué diferencia de tratamiento! Si esa gerente no hubiera aparecido a tiempo para escuchar a la cliente, la tienda habría perdido para siempre a una compradora fiel.

Escuchar es tan importante en la vida cotidiana de uno como en el mundo de los negocios. Millie Espósito, de Croton-on-Hudson, Nueva York, se había propuesto escuchar cuidadosamente cuando alguno de sus hijos quisiera hablarle. Una noche estaba sentada en la cocina con su hijo Robert, y después de una breve exposición de algo que tenía en mente, Robert dijo:

—Mamá, yo sé que tú me quieres mucho.

La señora Espósito, conmovida, dijo:

—Por supuesto que te quiero mucho. ¿Acaso lo dudabas?

—No —respondió Robert—, pero sé que realmente me quieres porque cada vez que deseo hablarte sobre cualquier cosa, tú dejas de hacer aquello que estás haciendo, y me escuchas.

El protestador crónico, aun el crítico más violento, se

117

suavizará y apaciguará frecuentemente en presencia de un oyente que muestre paciencia y simpatía: un oyente que guarde silencio en tanto el iracundo protestador se dilate como una cobra y suelte el veneno de su sistema. Un ejemplo: La compañía telefónica de Nueva York descubrió hace pocos años que tenía que vérselas con un cliente furioso y amigo de maldecir a las telefonistas. Y cómo las maldecía. Insultaba. Amenazaba hacer pedazos el teléfono. Se negaba a pagar ciertas cuentas que decía eran falsas. Escribía cartas a los diarios. Formuló quejas numerosas a la Comisión de Servicios Públicos e inició varios juicios contra la compañía.

Por fin, uno de los más hábiles "francotiradores" de la empresa fue enviado a entrevistar al cliente. El "francotirador" escuchó y dejó que el iracundo gozara en la expresión de sus quejas. El empleado escuchó y dijo "sí" y demostró su simpatía.

"Siguió gritando y yo escuchando durante casi tres horas —relataba el 'francotirador' ante nuestra clase—. Volví a verlo y seguí escuchando. Lo entrevisté cuatro veces y antes de terminar la cuarta visita me había convertido en socio de una organización que iba a iniciar. Era la Asociación Protectora de Abonados Telefónicos. Todavía soy miembro de la organización y, por cuanto he podido saber, soy el único, fuera del Sr. X.

"Yo lo escuché y le di la razón en cada uno de los puntos que suscitó en esas conversaciones. Hasta entonces ningún empleado telefónico lo había entrevistado en esa forma, y por fin se hizo muy amigo mío. Durante la primera visita no se mencionó el asunto por el cual lo iba a ver, lo mismo ocurrió en la segunda y en la tercera, pero en la cuarta entrevista dejé completamente resuelto el caso, cobré todas las cuentas y, por primera vez en la historia de sus dificultades con la compañía telefónica, lo convencí de que retirara sus quejas ante la Comisión."

Es indudable que el Sr. X se consideraba el iniciador de una santa cruzada en defensa de los derechos del público contra la explotación inicua. Pero, en realidad, lo que quería era sentirse importante. Lo conseguía protestando y

118

quejándose. Pero tan pronto como su deseo de importancia fue satisfecho por un representante de la empresa, sus presuntos inconvenientes se desvanecieron del todo.

Una mañana, hace años, un furioso cliente penetró en la oficina de Julian F. Detmer, fundador de la Detmer Woolen Company, que después llegó a ser la empresa más grande dedicada a la distribución de tejidos de lana a sastrerías.

"Este hombre —me explicaba el Sr. Detmer— nos debía quince dólares. El cliente lo negaba, pero nosotros sabíamos que estaba errado. Nuestro departamento de crédito insistía, pues, en que pagara. Después de recibir una cantidad de cartas de ese departamento, hizo su equipaje, viajó hasta Chicago y corrió a mi oficina para informarnos, no solamente de que no iba a pagar esa cuenta, sino que jamás lo veríamos comprar una sola cosa más en la Detmer Woolen Company.

"Escuché pacientemente todo lo que dijo. Sentí tentaciones de interrumpirlo, pero comprendí que eso sería una mala política. Lo dejé hablar y hablar, pues, hasta que se agotó. Cuando por fin se calmó y pareció de mejor talante, le dije:

"—Quiero agradecerle que haya venido a Chicago para decirme esto. Me ha hecho un gran favor, porque si nuestro departamento de crédito lo molesta es posible que también moleste a otros buenos clientes, y tal cosa nos perjudicaría. Créame: estoy más contento de oír esto que usted de decirlo.

"Aquello era lo último que esperaba que le dijera. Creo que quedó un poco decepcionado, porque había ido a Chicago para decirme unas cuantas verdades, y se encontraba con que yo le estaba agradecido, en lugar de enojado. Le aseguré que dejaríamos sin efecto la presunta deuda, porque el cliente era un hombre muy cuidadoso, con una sola cuenta que vigilar, en tanto que nuestros empleados tenían que vigilar miles de cuentas. Por lo tanto, era muy probable que él tuviera razón y nosotros nos equivocáramos.

"Le dije que comprendía exactamente su punto de vista y que, en su lugar, yo habría procedido indudablemente igual que él. Y como no quería comprarnos más mercancías, le recomendé otras fábricas de tejidos.

"En ocasiones anteriores habíamos almorzado juntos cuando iba a Chicago, y esta vez lo invité a almorzar. Aceptó de mala gana, pero cuando volvimos a la oficina nos hizo un pedido mayor que en cualquier ocasión anterior. Volvió a su ciudad mucho más tranquilo y, por el deseo de ser tan justo como habíamos sido nosotros, revisó sus libros, encontró una boleta extraviada, y nos envió un cheque, con una nota en que pedía disculpas.

"Posteriormente, cuando su mujer le dio un hijito, lo bautizó con el nombre de Detmer, y siguió siendo amigo y cliente de nuestra casa hasta que murió, veintidós años más tarde."

Hace años, un pobre niño, un inmigrante holandés, lavaba las ventanas de una panadería, después de ir a la escuela, por cincuenta centavos a la semana, y su familia era tan pobre, que solía salir todos los días a la calle con una cesta a recoger trozos de carbón caídos en las calles. Aquel niño, Edward Bok, no se educó en escuelas más que durante seis años de su vida; pero con el tiempo llegó a ser uno de los más prósperos directores de revistas que ha registrado la historia del periodismo norteamericano. ¿Cómo lo consiguió? La historia es larga, pero se puede referir brevemente la forma en que se inició. Se inició por medio de los principios que se recomiendan en este capítulo.

Salió de la escuela cuando tenía trece años, para emplearse como cadete de oficina de la Western Union, con un sueldo de seis dólares y veinticinco centavos por semana; pero no abandonó por un instante la idea de educarse. Empezó a educarse solo. Ahorró el dinero que debía emplear en transportes, y se pasó muchos días sin almorzar hasta que tuvo suficiente dinero para comprar una enciclopedia de biografías norteamericanas... y entonces hizo una cosa inusitada. Leyó las vidas de hombres famosos, y les escribió pidiéndoles información adicional. Era un buen oyente. Alentaba a personas famosas a hablar de sí mismas. Escribió al general James A. Garfield, que era entonces candidato a presidente, y le preguntó si era cierto que había sido peón de remolque en un canal; y Garfield le respondió. Escribió al general Grant para inquirir sobre determinada batalla; y Grant le envió un mapa dibujado por él, y lo invitó a comer con él y a pasar la noche charlando. Bok tenía entonces catorce años.

Escribió a Emerson y lo alentó a hablar de su persona. Este mensajero de la Western Union mantenía bien pronto correspondencia con muchas de las personas más famosas del país: Emerson, Phillips Brooks, Oliver Wendell Holmes, Longfellow, la Sra. de Abraham Lincoln, Louisa May Alcott, el general Sherman y Jefferson Davis.

No solamente cruzaba cartas con ellas, sino que tan pronto como obtuvo vacaciones visitó a muchas de estas personas, y fue recibido como un huésped predilecto. Tal experiencia le dio una confianza que fue de valor incalculable para su vida ulterior. Estos hombres y estas mujeres de fama le inculcaron una visión y una ambición que revolucionaron su vida. Y permítaseme repetir que todo esto sólo fue posible por la aplicación de los principios de que hablamos aquí.

Isaac F. Marcosson, que es probablemente el campeón mundial de las entrevistas de celebridades, declaraba que muchas personas no logran causar una impresión favorable porque no escuchan con atención. "Están tan preocupados por lo que van a decir, que no escuchan nada... Hombres famosos me han dicho que prefieren buenos oyentes a buenos conversadores, pero que la habilidad para escuchar parece más rara que cualquier otra cualidad humana."

Y no solamente los grandes hombres desean tener buenos oyentes, sino que también ocurre lo mismo con la gente común. Ya lo dijo la revista *Selecciones* del *Reader's Digest* cierta vez: "Muchas personas llaman a un médico, cuando lo que necesitan es alguien que los escuche".

Durante las horas más sombrías de la Guerra Civil, Lincoln escribió a un viejo amigo de Springfield, Illinois, pidiéndole que fuera a Washington. Lincoln decía que tenía algunos problemas que tratar con él. El viejo vecino fue a la Casa Blanca y Lincoln le habló durante horas acerca de la conveniencia de dar una proclama de liberación de los esclavos. Lincoln recorrió todos los argumentos en favor y en contra de tal decisión, y luego leyó artículos periodísticos y cartas, algunos de los cuales lo censuraban por no liberar a los esclavos, en tanto que otros lo censuraban por el temor de que los liberara. Después de hablar y hablar durante horas, Lincoln estrechó la mano de su viejo amigo, se despidió de él y lo envió de regreso a Illinois, sin pedirle siquiera una opinión. Lincoln era el único que había hablado. Esto pareció despejarle la mente: "Pareció sentirse mucho más a sus anchas después de la conversación", relataba después el amigo. Lincoln no quería consejo. Sólo quería un oyente amigo, comprensivo, ante quien volcar sus ideas. Eso es todo lo que nos hace falta cuando nos vemos en dificultades. Eso es, frecuentemente, lo que quiere el cliente irritado, o el empleado insatisfecho, o el amigo disgustado.

Uno de los más grandes en el arte de escuchar, en los tiempos modernos, fue el famoso psicólogo Sigmund Freud. Un hombre que conoció a Freud describió su modo de escuchar: "Me impresionó tanto que no lo olvidaré jamás. Tenía cualidades que nunca he visto en ningún otro hombre. Yo nunca había visto una atención tan concentrada. Y no se trataba en absoluto de una mirada penetrante y agresiva. Sus ojos eran cálidos y simpáticos. Su voz era grave y bondadosa. Gesticulaba poco. Pero la atención que me prestó, su captación de lo que yo decía, aun cuando me expresara mal, eran extraordinarias. *Es indescriptible lo que se siente cuando uno es escuchado así*".

Si quiere usted que la gente lo eluda y se ría de usted apenas le vuelve la espalda, y hasta lo desprecie, aquí tiene la receta: jamás escuche mientras hablen los demás. Hable incesantemente de sí mismo. Si se le ocurre una idea cuando su interlocutor está hablando, no lo deje terminar. No es tan vivo como usted. ¿Por qué ha de perder el tiempo escuchando su estúpida charla? Interrúmpalo en medio de una frase.

¿Conoce usted a alguien que proceda así? Yo sí, desgraciadamente; y lo asombroso es que algunos de ellos figuran destacadamente en la sociedad.

Majaderos, esto es lo que son: majaderos embriagados por su propio yo, ebrios por la idea de su propia importancia.

La persona que sólo habla de sí, sólo piensa en sí. Y la "persona que sólo piensa en sí mismo —dice el Dr. Nicholas Murray Butler, presidente de la Universidad de Columbia— carece de toda educación". "No es educado —dice el Dr. Butler—, por mucha instrucción que tenga."

De manera que si aspira usted a ser un buen conversador, sea un oyente atento. Para ser interesante, hay que interesarse. Pregunte cosas que su interlocutor se complacerá en responder. Aliéntelo a hablar de sí mismo y de sus experiencias.

Recuerde que la persona con quien habla usted está cien veces más interesada en sí misma y en sus necesidades y sus problemas que en usted y sus problemas. Su dolor de muelas le importa más que una epidemia que mate a un millón de personas en China. Un forúnculo en el cuello significa para él una catástrofe mayor que cuarenta terremotos en África. Piense en eso la próxima vez que inicie una conversación.

REGLA 4

Sea un buen oyente. Anime a los demás
a que hablen de sí mismos.

5

CÓMO INTERESAR A LA GENTE

Todos los que visitaron a Theodore Roosevelt en Oyster Bay quedaron asombrados por la profundidad y la diversidad de sus conocimientos. Fuese un vaquero o un soldado de caballería, un político de Nueva York o un diplomático quien lo visitaba, Roosevelt sabía de qué hablar. ¿Cómo lo lograba? Muy sencilla es la respuesta. Siempre que Roosevelt esperaba a un visitante se quedaba hasta muy tarde, la noche anterior a su llegada, instruyéndose en el tema sobre el cual sabía que se interesaba particularmente el huésped esperado.

Porque Roosevelt no ignoraba, como los grandes líderes, que *el camino real hasta el corazón es hablarle de las cosas que más preciadas le son.*

El cordial William Lyon Phelps, ensayista y profesor de Literatura en Yale, aprendió esta lección al comenzar la vida.

"Cuando tenía ocho años y me encontraba un fin de semana de visita en casa de mi tía Libby Linsley, en Stratford, sobre el Housatonic —escribe Phelps en su ensayo sobre 'Human Nature'—, llegó una noche un hombre maduro, y después de una cortés escaramuza verbal con mi tía volcó su atención en mí. Por aquel entonces me entusiasmaban los botes y los barcos, y el visitante trató este tema de una manera que me pareció sumamente interesante. Cuando se retiró, hablé de él con entusiasmo. ¡Qué hombre! ¡Y cómo se interesaba por la navegación! Mi tía me informó que era un abogado de Nueva York; que no tenía interés alguno en botes ni en barcos. Pero, ¿por qué no hizo más que hablar de botes?

"*—Porque es un caballero* —respondió mi tía—. *Advirtió que te interesaban los botes, y habló de las cosas que sabía te interesarían y agradarían. Quiso hacerse agradable.*

"Nunca olvidé las palabras de mi tía."

Al escribir este capítulo tengo a la vista una carta de Edward L. Chalif, quien se dedicó activamente a la obra de los boy-scouts.

"Un día —escribía el Sr. Chalif— comprobé que necesitaba un favor. Se estaba por realizar una gran convención de boy-scouts en Europa, y quería que el presidente de una de las más grandes empresas del país pagara los gastos de viaje de uno de nuestros niños.

"Afortunadamente, poco antes de ir a ver a este hombre, supe que había extendido un cheque por un millón de dólares y que, después de pagado, y cancelado, le había sido devuelto para que lo pusiera en un marco.

"Lo primero que hice cuando entré a su despacho fue pedirle que me mostrara ese cheque. ¡Un cheque por un millón de dólares! Le dije que no sabía de otra persona que hubiera extendido un cheque por esa suma, y que quería contar a mis niños que había visto un cheque por un millón. Me lo mostró de buena gana; yo lo admiré y le pedí que me dijera cómo había llegado a extenderlo."

Ya habrá notado usted, ¿verdad?, que el Sr. Chalif no empezó a hablar de los boy-scouts ni de la convención en Europa, ni de lo que él quería. Habló sobre lo que interesaba al interlocutor. Veamos el resultado:

"Por fin, el hombre a quien entrevistaba me dijo:

"—Ah, ahora que recuerdo. ¿Para qué vino a verme?

"Se lo dije. Y con gran sorpresa mía, no solamente accedió inmediatamente a lo que le solicitaba, sino que concedió mucho más. Yo le pedía que enviara un solo niño a Europa, y en cambio él decidió enviar a cinco niños, y a mí mismo; me entregó una carta de crédito por mil dólares y me pidió que nos quedáramos siete semanas en Europa. Además, me dio cartas de presentación para los jefes de sus sucursales, a fin de que se pusieran a nuestro servicio; y él mismo nos recibió en París y nos mostró la ciudad. Desde entonces ha dado empleo a algunos de nuestros niños cuyos padres estaban necesitados; y no ha dejado de favorecer jamás a nuestro grupo.

"Pero bien sé que si yo no hubiese descubierto primero el interés principal de este hombre, y no le hubiera hablado de ello, no lo habría encontrado tan fácil de convencer."

¿Es valiosa esa técnica para emplearla en los negocios? Veamos. Tomemos el ejemplo de Henry G. Duvernoy, de la empresa Duvernoy & Sons, una de las mejores panaderías de Nueva York.

El Sr. Duvernoy quería vender pan a cierto hotel de la ciudad. Durante cuatro años había visitado al cliente todas las semanas. Asistía a las mismas fiestas que el gerente. Le hablaba en todas partes. Hasta tomó habitaciones en el hotel y vivió allí para tratar de hacer el negocio. Pero todo sin resultado.

"Entonces —nos dijo el Sr. Duvernoy— estudié relaciones humanas y resolví cambiar de táctica. Decidí investigar qué interesaba a este hombre, qué despertaba su entusiasmo.

"Descubrí que pertenecía a una sociedad de hoteleros llamada Hotel Greeters. No solamente pertenecía a ella sino que, merced a su gran entusiasmo, se le había llevado a la presidencia de la organización, y también a la de la entidad internacional. En cualquier parte donde se efectuaran las convenciones, este hombre asistía siempre, aunque tuviese que volar sobre montañas o cruzar desiertos y mares.

"Así pues, apenas lo vi, al día siguiente, empecé a hablarle de la entidad. ¡Qué respuesta obtuve! Me habló durante media hora acerca de aquel tema, vibrante de entusiasmo. Advertí fácilmente que esta sociedad era su pasatiempo, la pasión de su vida. Antes de salir de su oficina ya me había 'convencido' de que fuera socio de su organización.

"Pero yo no había hablado una palabra del pan. Y unos días más tarde un empleado del hotel me habló por teléfono para que enviara muestras y precios de nuestro producto.

"—No sé —me dijo el empleado— qué ha hecho con el gerente. Pero lo cierto es que está encantado con usted.

"¡Imagínense! Durante cuatro años había perseguido a aquel gerente procurando que me comprara nuestros productos, y todavía lo seguiría buscando si por fin no me hubiese tomado el leve trabajo de saber qué le interesaba y de qué le gustaba hablar."

Edward E. Harriman, de Hagerstown, Maryland, decidió vivir en el hermoso Valle Cumberland de Maryland después de completar su servicio militar. Lamentablemente, en aquel momento había pocos empleos disponibles en la zona. Una pequeña investigación sacó a luz el hecho de que muchas empresas de la región eran propiedad de un hombre que había triunfado espectacularmente en el mundo de los negocios, R. J. Funkhouser, cuyo ascenso de la pobreza a la opulencia intrigó al señor Harriman. No obstante, este empresario tenía fama de inaccesible para la gente que buscaba empleo. El señor Harriman nos escribió:

"Entrevisté a bastante gente, y descubrí que todos los intereses de Funkhouser estaban concentrados en su actividad tras el poder y el dinero. Como se protegía de la gente como yo por medio de una secretaria leal y severa, estudié los intereses y objetivos de ella, y recién entonces hice una visita sin anuncio previo a su oficina. Desde hacía unos quince años esta mujer había sido el satélite que giraba en la órbita del señor Funkhouser. Cuando le dije que tenía una proposición para él que podía resultar en un crédito financiero y político, se interesó. También conversé con ella sobre su participación constructiva en el éxito de su patrón. Después de esta conversación, me concedió una cita con Funkhouser.

"Entré en su enorme e impresionante oficina decidido a no pedir directamente un empleo. El hombre estaba sentado detrás de un gigantesco escritorio, y no bien me vio, tronó:

"—¿Qué pasa con usted, jovencito?

"—Señor Funkhouser —le dije—, creo que puedo hacerle ganar dinero.

"Inmediatamente se levantó y me invitó a sentarme en uno de los sillones. Le hice una lista de mis ideas y también de los antecedentes personales que me ponían en condiciones de hacer realidad esas ideas, subrayando los aspectos en que podrían contribuir a su éxito personal y al de sus empresas.

"'R. J.', como llegué a conocerlo después, me contrató al instante, y durante veinte años he trabajado para él, y he prosperado junto con sus empresas."

Hablar en términos de los intereses de la otra persona es beneficioso para las dos partes. Howard Z. Herzig, líder en el campo de las comunicaciones empresariales, siempre ha seguido este principio. Cuando se le preguntó qué obtenía de ello, el señor Herzig respondió que recibía una recompensa diferente de cada persona, y que esas recompensas siempre habían dado por resultado una ampliación en su vida.

REGLA 5

Hable siempre de lo que interese a los demás.

6

CÓMO HACERSE AGRADABLE ANTE LAS PERSONAS INSTANTÁNEAMENTE

Estaba yo en una cola esperando registrar una carta en la oficina de correos de la calle 33 y la octava avenida, en Nueva York. Noté que el empleado de la ventanilla se hallaba aburrido de su tarea: pesar sobres, entregar los sellos, dar el cambio, escribir los recibos, la misma faena, monótonamente, año tras año. Me dije, pues: "Voy a tratar de agradar a este hombre. Evidentemente, para conseguirlo, debo decir algo agradable, no de mí, sino de él. ¿Qué hay en él que se pueda admirar honradamente?" A veces es difícil responder a esto, especialmente cuando se trata de extraños; pero en este caso me resultó fácil. Instantáneamente vi algo que no pude menos que admirar sobremanera.

Mientras el empleado pesaba mi sobre, exclamé con entusiasmo:

—¡Cuánto me gustaría tener el cabello como usted!

Alzó la mirada, sorprendido, pero con una gran sonrisa.

—Sí. Pero ahora no lo tengo tan bien como antes —contestó modestamente.

Le aseguré que si bien podía haber perdido algo de su gloria prístina, era de todos modos un cabello magnífico. Quedó inmensamente complacido. Conversamos agradablemente un rato, y su última frase fue:

—Mucha gente ha admirado mi cabello.

Apuesto a que aquel hombre fue a almorzar encantado de la vida. Apuesto a que fue a su casa y contó el episodio a su esposa. Apuesto a que se miró en un espejo y se dijo: "Es un cabello muy hermoso".

Una vez relaté este episodio en público, y un hombre me preguntó:

—¿Qué quería usted de aquel empleado?

¡Qué quería yo de él!

Si somos tan despreciables, por egoístas, que no podemos irradiar algo de felicidad y rendir un elogio honrado, sin tratar de obtener algo en cambio; si nuestras almas son de tal pequeñez, iremos al fracaso, a un fracaso merecido.

Pero es cierto. Yo quería algo de aquel empleado. Quería algo inapreciable. Y lo obtuve. Obtuve la sensación de haber hecho algo por él, sin que él pudiera hacer nada en pago. Ésa es una sensación que resplandece en el recuerdo mucho tiempo después de transcurrido el incidente.

Hay una ley de suma importancia en la conducta humana. Si obedecemos esa ley, casi nunca nos veremos en aprietos. Si la obedecemos, obtendremos incontables amigos y constante felicidad. Pero en cuanto quebrantemos esa ley nos veremos en interminables dificultades. La ley es ésta: *Trate siempre de que la otra persona se sienta importante.* El profesor John Dewey, como ya lo hemos señalado, dice que el deseo de ser importante es el impulso más profundo que anima al carácter humano; y el profesor William James: "El principio más profundo en el carácter humano es el anhelo de ser apreciado". Como ya lo he señalado, ese impulso es lo que nos diferencia de los animales. Es el impulso que ha dado origen a la civilización misma.

Los filósofos vienen haciendo conjeturas acerca de las reglas de las relaciones humanas desde hace miles de años, y de todas esas conjeturas ha surgido solamente un precepto importante. No es nuevo. Es tan viejo como la historia. Zoroastro lo enseñó a sus discípulos en el culto del fuego, en Persia, hace tres mil años. Confucio lo predicó en China hace veinticuatro siglos. Laotsé, el fundador del taoísmo, lo inculcó a sus discípulos en el valle del Han. Buda lo predicó en las orillas del Ganges quinientos años antes. Jesús lo enseñó entre las pétreas montañas de Judea hace diecinueve siglos. Jesús lo resumió en un pensamiento que es probablemente la regla más importante del mundo: "Haz al prójimo lo que quieras que el prójimo te haga a ti".

Usted quiere la aprobación de todos aquellos con quienes entra en contacto. Quiere que se reconozcan sus méritos. Quiere tener la sensación de su importancia en su pequeño mundo. No quiere escuchar adulaciones baratas, sin sinceridad, pero anhela una sincera apreciación. Quiere que sus amigos y allegados sean, como dijo Charles Schwab, "calurosos en su aprobación y generosos en su elogio". Todos nosotros lo deseamos.

Obedezcamos, pues, la Regla de Oro, y demos a los otros lo que queremos que ellos nos den.

¿Cuándo? ¿Dónde? ¿Cómo? La respuesta es: siempre, en todas partes.

David G. Smith, de Eau Claire, Wisconsin, contó en una de nuestras clases cómo manejó una situación delicada cuando le pidieron que se hiciera cargo del puesto de refrescos en un concierto de caridad.

"La noche del concierto llegué al parque y descubrí que me esperaban dos damas mayores, bastante malhumoradas, junto al puesto de refrescos. Al parecer, ambas creían estar a cargo del proyecto. Mientras yo estaba indeciso, preguntándome qué hacer, se me acercó uno de los miembros del comité organizador y me entregó una caja con cambio, al tiempo que me agradecía haber aceptado dirigir el puesto. A continuación me presentó a Rose y a Jane, que serían mis ayudantes, y se marchó.

"Siguió un largo silencio. Al comprender que esa caja con el cambio para las ventas era un símbolo de autoridad, se la di a Rose diciéndole que yo no podría ocuparme de la parte monetaria, pues no sabía hacerlo, y me sentiría mejor si ella se hacía cargo. De inmediato le sugerí a Jane que se ocupara de dar órdenes a las dos jovencitas que nos habían asignado para atender al público; le pedí que les enseñara a servir y la dejé a cargo de esa parte del asunto.

"Pasamos una velada perfecta, con Rose muy feliz contando el dinero, Jane supervisando a las muchachas, y yo disfrutando del concierto."

No es preciso esperar a que nos elijan embajador en Francia o presidente de la sociedad a que pertenecemos, para emplear esta filosofía del aprecio de los demás. Casi todos los días se pueden obtener resultados mágicos con ella.

Si, por ejemplo, la camarera nos trae puré de papas cuando hemos pedido papas fritas a la francesa, digámosle: "Siento tener que molestarla, pero prefiero las papas a la francesa". Ella responderá: "No es molestia", y se complacerá en satisfacernos, porque hemos demostrado respeto por ella.

Frases insignificantes, como "Lamento molestarlo", "Tendría usted la bondad de...", "Quiere hacer el favor de...", "Tendría usted la gentileza", o "Gracias"; pequeñas cortesías como éstas sirven para aceitar las ruedas del monótono mecanismo de la vida diaria y, de paso, son la seña de la buena educación.

Busquemos otro ejemplo. Las novelas de Hall Caine fueron grandes best-sellers en las primeras décadas del siglo. Millones de personas las han leído. Era hijo de un herrero. No fue a la escuela más que ocho años, y sin embargo cuando murió era el literato más rico de su época.

Su historia es así: Hall Caine tenía predilección por los sonetos y baladas, y devoraba toda la poesía de Dante Gabriel Rossetti. Hasta escribió un artículo en que formulaba el elogio de las realizaciones artísticas del poeta, y envió una copia al mismo Rossetti. Rossetti quedó encantado, y lo probable es que se dijera: "Un joven que tiene tan elevada opinión de mis condiciones debe de ser un joven brillante". Rossetti invitó, pues, al hijo del herrero a que fuese a Londres y trabajara como secretario suyo. Fue aquel el vuelco mayor en la vida de Hall Caine; porque, en su nuevo cargo, conoció a los artistas literarios del momento. Siguiendo sus consejos e inspirado por sus recomendaciones, se lanzó a una carrera que hizo lucir su nombre en el cielo de la literatura.

Su hogar, Greeba Castle, en la Isla del Hombre, llegó a ser la Meca de los turistas de todo el mundo; y cuando murió dejó una herencia de muchos millones de dólares. Pero quizás habría muerto pobre y desconocido si no hubiese expresado su admiración por un hombre famoso.

Tal es el poder, el poder estupendo, de la apreciación sincera.

Rossetti se consideraba importante. Y esto no es extraño, pues casi todos nos consideramos importantes, muy importantes.

Para que la vida de una persona cambie totalmente, puede bastar que alguien la haga sentir importante. Ronald J. Rowland, que es uno de los instructores de nuestro curso en California, es también maestro de artes y oficios. Nos escribió sobre un estudiante de su clase introductora de artesanías, llamado Chris.

"Chris era un chico muy callado y muy tímido, desprovisto de toda confianza en sí mismo; la clase de estudiante que suele no recibir la atención que merece. Yo doy también una clase avanzada que se ha transformado en una especie de símbolo de status, pues es un privilegio muy especial que un estudiante se gane el derecho de asistir a ella.

"Un miércoles, Chris estaba trabajando con mucho empeño en su mesa. Yo sentía, auténticamente, que dentro de él ardía un fuego oculto. Le pregunté si no le gustaría asistir a la clase avanzada. Cómo me gustaría que hubieran visto la cara de Chris en ese momento, las emociones que embargaban a ese tímido muchachito de catorce años, cómo trataba de contener las lágrimas.

"—¿En serio, señor Rowland? ¿Haré buen papel?

"—Sí, Chris, eres muy bueno.

"En ese momento tuve que alejarme, porque sentía lágrimas en mis propios ojos. Cuando Chris salió de la clase ese día, parecía diez centímetros más alto; me miró con ojos brillantes y me dijo, con voz firme:

"—Gracias, señor Rowland.

"Chris me enseñó una lección que no olvidaré nunca: que en todos nosotros existe un deseo profundo de sentirnos importantes. Para ayudarme a no olvidarlo nunca, hice un cartel que dice: ERES IMPORTANTE. Tengo este cartel colgado en el aula, donde todos lo vean, para recordarme a mí mismo que cada uno de los estudiantes que tengo enfrente es igualmente importante."

La verdad sin ambages es que casi todos los hombres con quienes tropieza usted se sienten superiores a usted en algún sentido; y un camino seguro para llegarles al corazón es hacerles comprender, de algún modo muy sutil, que usted reconoce su importancia, y la reconoce sinceramente.

Recordemos que Emerson dijo: "Todos los hombres que encuentro son superiores a mí en algún sentido; y en tal sentido puedo aprender de todos".

Y lo patético es que frecuentemente las personas con menos razones para sentirse importantes tratan de apagar el sentimiento de insignificancia mediante una clamorosa y tumultuosa muestra exterior de envanecimiento, que es ofensiva y vergonzosa.

En palabras de Shakespeare: "¡Hombre, prodigio de soberbia! investido de su fugaz autoridad, realiza proezas tan fantásticas a la vista de los altos cielos, que los ángeles lloran de pena".

Voy a narrar ahora cómo varios hombres de negocios que seguían mis cursos han aplicado estos principios con notables resultados. Tomemos primero el caso de un abogado de Connecticut, que prefiere que no mencionemos su nombre, a causa de sus parientes. Lo llamaremos señor R.

Poco después de iniciar nuestro curso fue en automóvil con su esposa a visitar a algunos parientes de ésta en Long Island. La esposa lo dejó en casa de una anciana tía, y se fue sola a visitar a otros parientes más jóvenes. Como nuestro hombre tenía que pronunciar en el curso una conferencia sobre la forma en que aplicaba el principio de apreciar la importancia de las otras personas, consideró que podría empezar con la anciana. Miró, pues, a su alrededor, para ver qué podía admirar honradamente.

—Esta casa fue construida alrededor de 1890, ¿verdad? —preguntó.

—Sí —respondió la anciana—. Precisamente en ese año la construyeron.

—Me recuerda mucho la casa en que nací. Es hermosa. Bien construida. Amplia. Bien sabemos que ya no construyen casas así.

—Tiene razón. La gente de hoy no tiene interés por las casas hermosas. Todo lo que quieren es un departamentito y una heladera eléctrica; nunca están en casa. Siempre paseando en sus automóviles.

—Ésta es una casa de ensueño —prosiguió la anciana, con voz vibrante por los recuerdos—. Fue construida con amor. Mi marido y yo soñábamos con ella mucho antes de construirla. No llamamos a un arquitecto. La planeamos por nuestra cuenta.

Le mostró después toda la casa, y nuestro amigo expresó su calurosa admiración por todos los tesoros que la anciana había recogido en sus viajes durante toda su vida: mantillas de encaje, un viejo juego de té inglés, porcelana de Wedwood, camas y sillas francesas, pinturas italianas, y cortinados de seda que habían pertenecido a un castillo francés.

Después de mostrarle toda la casa, la anciana llevó al Sr. R. al garaje. Allí, colocado sobre tacos de madera, había un automóvil Packard, casi nuevo.

—Mi marido compró ese coche poco antes de morir —dijo dulcemente la anciana—. No se lo ha usado después de su muerte... Usted aprecia las cosas bellas, y le voy a regalar este automóvil.

—Pero tía —protestó el Sr. R.—, me abruma usted. Es claro que agradezco su generosidad, pero no podría aceptarlo. No soy siquiera pariente suyo. Tengo un automóvil nuevo, y usted tiene muchos parientes a quienes les gustaría ese Packard.

—¡Parientes! —exclamó la anciana—. Sí, tengo parientes que sólo esperan mi muerte para conseguir ese automóvil. Pero no se los voy a dejar.

—Si no quiere dejarlo a nadie, le será fácil venderlo.

135

—¡Venderlo! ¿Cree usted que podría vender este coche? ¿Cree que podría admitir que algún extraño recorriera las calles en ese automóvil que mi marido compró para mí? No puedo ni pensar en venderlo. Se lo voy a regalar. Usted aprecia las cosas bellas.

El Sr. R. trató de disuadirla, pero no pudo sin herir sus sentimientos.

Aquella anciana, sola en su casona, con sus tesoros y sus recuerdos, anhelaba un poco de admiración. Había sido joven y hermosa. Había construido una casa entibiada por el amor y había comprado cosas en toda Europa para embellecerla más. Ahora, en la aislada soledad de los años, anhelaba un poco de tibieza humana, un poco de auténtica apreciación, y nadie se la daba. Cuando la encontró, como un manantial en el desierto, su gratitud no podía tener otra expresión adecuada que el obsequio de un automóvil Packard.

Tomemos otro caso. Donald M. McMahon, superintendente de Lewis & Valentine, empresa de jardinería y de arquitectura panorámica de Rye, Nueva York, nos relató este incidente:

"Poco después de escuchar la conferencia sobre 'Cómo ganar amigos e influir sobre las personas', estaba yo dedicado a trazar los jardines en la finca de un famoso abogado. El propietario salió a darme algunas indicaciones sobre los sitios donde quería que se plantaran los rododendros y las azaleas.

"—Juez —le dije—, tiene usted un hermoso pasatiempo. He podido admirar los espléndidos perros que cría usted. Sé que todos los años ganan muchos premios en la exposición canina de Madison Square Garden.

"Fue sorprendente el efecto de esta pequeña muestra de apreciación.

"—Sí —respondió el juez—. Me entretengo mucho con los perros. ¿Le gustaría ver la perrera?

"Pasó casi una hora mostrándome los perros y los premios conquistados. Hasta buscó sus 'pedigrees' y explicó las líneas de sangre que daban por resultado tanta belleza e inteligencia canina. Por fin se volvió a mí y preguntó:

"—¿No tiene usted un hijito?

"—Sí.

"—Bien, ¿no le gustaría tener un perrito?

"—Oh, es claro. Estaría encantado.

"—Bien. Le voy a regalar uno.

"Empezó a decirme cómo debía alimentarlo, pero luego se interrumpió.

"—Se va a olvidar usted —dijo—, si se lo digo. Le voy a escribir todo lo necesario.

"Entró en su casa, escribió a máquina el 'pedigree' y las instrucciones para el cuidado del perrito y me regaló un cachorro que valía cientos de dólares, además de una hora y quince minutos de su valioso tiempo, exclusivamente porque yo había admirado honradamente su pasatiempo."

George Eastman, famoso en relación con las cámaras Kodak, inventó la película transparente, que hizo posible la cinematografía actual, reunió una fortuna de cien millones de dólares, y llegó a ser uno de los más famosos hombres de negocios de la tierra. A pesar de todo esto, anhelaba que se reconocieran sus méritos, tanto como usted o yo.

Un ejemplo. Hace muchos años, Eastman decidió construir la Escuela de Música Eastman, en Rochester, además del Kilbourn Hall, un teatro en homenaje a su madre. James Adamson, presidente de la empresa Superior Seating Company, de Nueva York, quería obtener el pedido de las butacas para los dos edificios. Después de comunicarse telefónicamente con el arquitecto encargado de los planos, el Sr. Adamson fijó una entrevista con el Sr. Eastman en Rochester.

Cuando llegó allí, el arquitecto le dijo:

—Sé que usted quiere obtener este pedido; pero desde ahora le advierto que no tendrá ni un asomo de probabilidad si hace perder más de cinco minutos de tiempo al Sr. Eastman. Está muy ocupado. Diga rápidamente, pues, lo que quiere y márchese.

Adamson estaba dispuesto a seguir el consejo.

Cuando se le hizo entrar en el despacho, notó al Sr. Eastman doblado sobre una pila de papeles que tenía encima del escritorio. En seguida el Sr. Eastman alzó la vista, se quitó los anteojos y caminó hacia el arquitecto y el Sr. Adamson, diciendo:

—Buen día, caballeros, ¿qué puedo hacer por ustedes? El arquitecto hizo la presentación, y entonces el Sr. Adamson inició la conversación:

—Mientras esperábamos que usted se desocupara, Sr. Eastman, he podido admirar esta oficina. Le aseguro que no me importaría trabajar si tuviera para ello una oficina así. Ya sabe usted que me dedico a los trabajos de decoración interior en madera, y jamás he visto una oficina más hermosa.

—Me hace recordar usted algo que casi tenía olvidado. ¿Es hermosa, verdad? Me gustaba cuando recién construida. Pero ahora llego con muchas cosas en la cabeza y no me fijo siquiera en la oficina durante muchas semanas —respondió Eastman.

Adamson se acercó a una pared y pasó la mano por un panel.

—Esto es roble inglés, ¿verdad? La textura es algo diferente del roble italiano.

—Sí. Es roble inglés importado. Fue elegido especialmente por un amigo que se especializa en maderas finas.

Luego Eastman le mostró toda la habitación, señalando las proporciones, los colores, las tallas a mano y otros efectos que había contribuido a proyectar y ejecutar personalmente.

Mientras andaban por la habitación, admirando el ambiente, se detuvieron junto a una ventana y George Eastman, con su voz suave, modesta, señaló algunas de las instituciones por cuyo intermedio trataba de ayudar a la humanidad: la Universidad de Rochester, el Hospital General, el Hospital Homeopático, el Hogar Amigo, el Hospital de Niños. El Sr. Adamson lo felicitó calurosamente por la forma idealista en que empleaba su riqueza con el fin de aliviar los sufrimientos humanos. Poco después George Eastman abrió una caja de cristal y sacó la primera cámara de que había sido dueño: un invento adquirido a un inglés.

Adamson lo interrogó largamente acerca de sus primeras luchas para iniciarse en los negocios, y el señor Eastman habló con franqueza de la pobreza de su niñez, relató cómo su madre viuda había atendido una casa de pensión mientras él trabajaba en una compañía de seguros. El temor a la pobreza lo perseguía día y noche, hasta que resolvió ganar dinero suficiente para que su madre no tuviera que trabajar tan duramente en la casa de pensión. Adamson le hizo nuevas preguntas y escuchó, absorto, mientras el famoso inventor relataba la historia de sus experimentos con placas fotográficas secas. Contó Eastman cómo trabajaba en una oficina todo el día y a veces experimentaba toda la noche, durmiendo solamente a ratos, mientras operaban los productos químicos, hasta el punto de que a veces no se quitó la ropa durante setenta y dos horas seguidas.

James Adamson había entrado en la oficina de Eastman a las 10.15, con la advertencia de que no debía estar más de cinco minutos; pero pasó una hora, pasaron dos horas, y seguían hablando.

Por fin, George Eastman se volvió a Adamson y le dijo:

—La última vez que estuve en el Japón compré unas sillas, las traje y las puse en la galería del sol. Pero el sol ha despellejado la pintura, y el otro día fui a la ciudad, compré pintura y pinté yo mismo las sillas. ¿Le gustaría ver qué tal soy como pintor? Bueno. Venga a casa a almorzar y se las mostraré.

Después del almuerzo el Sr. Eastman mostró a Adamson las sillas que había comprado en el Japón. No valían más que unos pocos dólares, pero George Eastman, que había ganado cien millones en los negocios, estaba orgulloso de sus sillas, porque él mismo las había pintado.

El pedido de butacas representaba una suma de noventa mil dólares. ¿Quién les parece que lo consiguió, James Adamson o un competidor?

Desde aquel día hasta la muerte del Sr. Eastman, James Adamson fue un íntimo amigo suyo.

Claude Marais, dueño de un restaurante en Rouen, Francia, usó esta regla y salvó a su restaurante de la pérdida de un empleado importante. Se trataba de una mujer, que hacía cinco años que trabajaba para él y era un enlace esencial entre Marais y sus veintidós empleados. Quedó muy perturbado al recibir el telegrama de ella anunciándole su renuncia. El señor Claude Marais nos contó:

"Me sentía no sólo sorprendido sino, más aun, decepcionado, porque sabía que había sido justo con ella, y la había tratado bien. Pero, al ser una amiga además de una empleada, era posible que yo la hubiera descuidado un poco y le hubiera exigido más que a mis otros empleados.

"Por supuesto, no podía aceptar su renuncia así como así. La llevé aparte y le dije:

"—Paulette, debe entender que no puedo aceptar su renuncia. Usted significa mucho para mí y para la compañía, y es tan responsable como lo soy yo mismo del éxito de nuestro restaurante.

"Después repetí lo mismo delante de todo el personal, y la invité a mi casa y le reiteré mi confianza, con toda mi familia presente.

"Paulette retiró su renuncia, y hoy puedo confiar en ella más que nunca antes. Y me tomo el trabajo de expresarle periódicamente mi aprecio por lo que hace, y reiterarle lo importante que es para mí y para el restaurante."

"Hábleles a las personas de ellas mismas —dijo Disraeli, uno de los hombres más astutos que han gobernado el Imperio Británico— y lo escucharán por horas."

REGLA 6

Haga que la otra persona se sienta importante, y hágalo *sinceramente*.

EN POCAS PALABRAS

SEIS MANERAS DE AGRADAR A LOS DEMÁS

REGLA 1
Interésese sinceramente por los demás.

REGLA 2
Sonría.

REGLA 3
Recuerde que para toda persona,
su nombre es el sonido
más dulce e importante en cualquier idioma.

REGLA 4
Sea un buen oyente. Anime a los demás
a que hablen de sí mismos.

REGLA 5
Hable siempre de lo que interese a los demás.

REGLA 6
Haga que la otra persona se sienta importante
y hágalo *sinceramente*.

Tercera Parte

LOGRE QUE LOS DEMÁS PIENSEN COMO USTED

1

NO ES POSIBLE GANAR UNA DISCUSIÓN

Poco después de terminada la guerra aprendí una lección inolvidable. Estaba entonces en Londres, como apoderado de Sir Ross Smith. Durante la guerra, Sir Ross había sido el as australiano en Palestina; y, poco después de lograda la paz, dejó atónito al mundo con un vuelo de treinta días sobre la mitad de su circunferencia terrestre. Jamás se había intentado una hazaña así. El gobierno australiano lo premió con cincuenta mil dólares; el Rey de Inglaterra lo nombró caballero del Imperio; y por un tiempo fue el hombre de quien más se hablaba en todo ese Imperio. Una noche concurrí a un banquete que se servía en honor de Sir Ross; durante la comida, el comensal sentado a mi lado narró un relato humorístico basado en la cita: "Hay una divinidad que forja nuestros fines, por mucho que queramos alterarlos".

El comensal dijo que esta cita era de la Biblia. Se equivocaba. Yo lo sabía. Lo sabía positivamente. No me cabía ni asomo de duda. Y así, pues, para satisfacer mis deseos de importancia y exhibir mi superioridad, me designé corrector honorario, sin que nadie me lo pidiera y con evidente desgano por parte del interesado. Éste insistió en su versión. ¿Qué? ¿De Shakespeare? ¡Imposible! ¡Absurdo! Esa cita era de la Biblia. ¡Bien lo sabía él!

El narrador estaba sentado a mi derecha; y el Sr. Frank Gammond, viejo amigo mío, a mi izquierda. Gammond había dedicado muchos años al estudio de Shakespeare. El narrador y yo convinimos en someter la cuestión al señor Gammond. Éste escuchó, me dio un puntapié por debajo de la mesa, y dijo:

—Dale, este señor tiene razón. La cita es de la Biblia.

En camino a casa aquella noche dije al Sr. Gammond:

—Frank, bien sabes que esa cita era de Shakespeare.

—Sí, es claro. Hamlet, acto V, escena 2. Pero estábamos allí como invitados a una fiesta, querido Dale. ¿Por qué demostrar a un hombre que se equivoca? ¿Has de agradarle con eso? ¿Por qué no dejarle que salve su dignidad? No te pidió una opinión. No le hacía falta. ¿Por qué discutir con él? Hay que evitar siempre el ángulo agudo.

"Hay que evitar siempre el ángulo agudo." Ha muerto ya el hombre que dijo esto, pero la lección que me dio sigue su curso.

Era una lección muy necesaria para mí, un discutidor inveterado. En mi juventud había discutido de todo con mi hermano. En el colegio estudié lógica y argumentación, y participé en torneos de debate. Posteriormente, en Nueva York, dicté cursos sobre debate y argumentación; y una vez, me avergüenza confesarlo, pensé escribir un libro sobre el tema. Desde entonces he escuchado, criticado, participado y estudiado los efectos de miles de discusiones. Como resultado de todo ello he llegado a la conclusión de que sólo hay un modo de sacar la mejor parte de una discusión: evitarla. Evitarla como se evitaría una víbora de cascabel o un terremoto.

Nueve veces de cada diez, cuando termina la discusión cada uno de los contendientes está más convencido que nunca de que la razón está de su parte.

No se puede ganar una discusión. Es imposible porque, si se pierde, ya está perdida; y si se gana, se pierde. ¿Por qué? Pues, suponga usted que triunfa sobre el rival, que destruye sus argumentos y demuestra que es *non compos mentis*. ¿Y qué? Se sentirá usted satisfecho. Pero, ¿y él? Le ha hecho sentirse inferior. Ha lastimado su orgullo. Ha hecho que se duela de ver que usted triunfa. Y "un hombre convencido contra su voluntad sigue siendo de la misma opinión".

146

Hace años, un belicoso irlandés llamado Patrick J. O'Haire ingresó en una de mis clases. Tenía poca instrucción pero ¡cómo le gustaba discutir! Había sido chofer y se inscribió en mis cursos porque trataba por entonces, sin mucho resultado, de vender camiones. Unas pocas preguntas permitieron destacar el hecho de que no hacía más que discutir y pelear con las personas a quienes quería vender sus camiones. Si un presunto comprador decía algo en contra de los camiones que vendía, Pat se enceguecía y se lanzaba al ataque. Él mismo nos lo contaba:

—A menudo he salido de la oficina de un futuro cliente diciéndome: Se las he cantado claras a ese pajarraco.

—Sí, es cierto que se las había cantado claras, pero no le había vendido nada.

Mi primer problema no fue el de enseñar a Patrick J. O'Haire a hablar. Mi misión inmediata era enseñarle a abstenerse de hablar y evitar las luchas verbales.

El Sr. O'Haire es ahora uno de los mejores vendedores que tiene en Nueva York la White Motor Company. ¿Cómo lo ha conseguido? Escuchemos su relato:

"Si entro ahora en la oficina de un presunto comprador y me dice:

"—¿Qué? ¿Un camión White? ¡No sirven para nada! Yo no usaría uno aunque me lo regalaran. Voy a comprar un camión Tal.

"Yo le respondo:

"—Amigo mío, escúcheme. El camión Tal es muy bueno. Si lo compra no se arrepentirá. Los camiones Tales son fabricados por una buena compañía.

"El presunto comprador queda sin habla entonces. Ya no hay terreno para discutir. Si me dice que el Tal es el mejor camión, y yo asiento, tiene que callarse. No se puede pasar el día diciendo: 'Es el mejor', cuando yo estoy de acuerdo. Abandonamos entonces el tema del camión Tal y yo empiezo a hablar de las condiciones del camión White.

"Hubo una época en que si una persona me hubiera hablado así yo habría perdido el tino. Habría empezado a discutir contra el Tal; y cuanto más hablara tanto más discutiría el comprador, en favor del rival; y cuanto más discutiera el comprador, tanto más fácil sería a los rivales vender su camión.

"Al recordar ahora aquellas cosas, me pregunto cómo pude vender jamás un camión. Perdí muchos años de vida por discutir y pelear. Ahora cierro la boca. Da mejor resultado."

Ya lo dijo Benjamin Franklin:

"Si discute usted, y pelea y contradice, puede lograr a veces un triunfo; pero será un triunfo vacío, porque jamás obtendrá la buena voluntad del contrincante."

Piense, pues, en esto. ¿Qué prefiere tener: una victoria académica, teatral, o la buena voluntad de un hombre? Muy pocas veces obtendrá las dos cosas.

El diario *The Boston Transcript* publicó una vez este significativo epitafio en solfa:

Yacen aquí los despojos de un pobre viajero.
Murió defendiendo su derecho de paso:
Razón le sobraba, estaba en lo justo, lo cierto.
Mas tan muerto está como si hubiera errado.

Puede tener usted razón, puede estar en lo cierto cuando discute; pero en cuanto a modificar el criterio del contendiente lo mismo sería que se equivocara usted en los argumentos.

Frederick J. Parsons, consultor especializado en impuesto a la renta, relataba que durante una hora estuvo discutiendo con un inspector del gobierno sobre cuestión de impuestos: una partida de nueve mil dólares. El Sr. Parsons sostenía que esos nueve mil dólares eran en realidad una deuda incobrable, que jamás serían percibidos y que no debían ser afectados por el impuesto.

—¡Nada de deudas incobrables! —respondió el inspector—. Hay que pagar el impuesto.

"Este inspector —narraba el Sr. Parsons ante nuestra

clase— era arrogante y empecinado. Razonar con él estaba de más; señalar los hechos también... Cuanto más discutíamos, tanto más empecinado se ponía. Decidí entonces evitar la discusión, cambiar de tema, y hacerle ver mi apreciación por su importancia.

"—Supongo —le dije— que este asunto es pequeño en comparación con las decisiones realmente importantes y difíciles que tendrá que adoptar usted tantas veces. Yo he estudiado la cuestión impositiva, pero sólo en los libros. Usted obtiene su conocimiento gracias a la experiencia. A veces desearía tener un empleo como el suyo. Así podría aprender muchas cosas.

"Dije francamente lo que sentía al respecto. Pues bien: el inspector se irguió en su silla, se echó hacia atrás y conversó largamente acerca de su trabajo, de los hábiles fraudes que había descubierto. Su tono se hizo gradualmente más amistoso; y por fin empezó a hablarme de sus hijos. Al despedirse, me prometió espontáneamente que estudiaría mejor mi problema y en pocos días me haría conocer su decisión.

"Tres días más tarde llamó a mi oficina y me informó que había decidido dejar la declaración de impuestos tal como había sido formulada por mí."

Este inspector demostraba una de las debilidades humanas más comunes. Quería sentirse importante; y mientras el Sr. Parsons argumentaba con él, satisfacía ese deseo afirmando bruscamente su autoridad. Pero tan pronto como se admitió su importancia y se detuvo la discusión, cuando pudo revelar ampliamente su yo, se convirtió en un ser humano lleno de simpatía y bondad.

Buda dijo: "El odio nunca es vencido por el odio sino por el amor", y un malentendido no termina nunca gracias a una discusión sino gracias al tacto, la diplomacia, la conciliación, y un sincero deseo de apreciar el punto de vista de los demás.

Lincoln reprendió cierta vez a un joven oficial del ejército porque se había dejado llevar a una violenta controversia con un compañero. Y Lincoln dijo así: "No debe perder tiempo en discusiones personales la persona que está resuelta a ser lo más que pueda, y menos todavía debe exponerse a las consecuencias, incluso la ruina de su carácter y la pérdida de su serenidad. Ceded en las cosas grandes sobre las cuales no podéis exhibir más que derechos iguales; y ceded en las más pequeñas aunque os sean claramente propias. Mejor es dar paso a un perro, que ser mordido por él al disputarle ese derecho. Ni aun matando al perro se curaría de la mordedura".

En un artículo aparecido en "Bits and Pieces"*, se publicaron algunas sugerencias para impedir que un desacuerdo se transforme en una discusión:

Acepte el desacuerdo. Recuerde el eslogan: "Cuando dos socios siempre están de acuerdo, uno de ellos no es necesario". Si hay algo que se le ha pasado por alto, agradezca a quien se lo recuerde. Quizá este desacuerdo es su oportunidad de corregirse antes de cometer un grave error.

Desconfíe de su primera impresión instintiva. Nuestra primera reacción natural en una situación desagradable es ponernos a la defensiva. Puede ser para peor, no para mejor.

Controle su carácter. Recuerde que se puede medir la dimensión de una persona por lo que la irrita.

Primero, escuche. Dele a su oponente la oportunidad de hablar. Déjelo terminar. No se resista, defienda ni discuta. Eso sólo levanta barreras. Trate de construir puentes de comprensión. No construya altos muros de incomprensión.

Busque las áreas de acuerdo. Una vez que haya oído hasta el fin a su oponente, exponga antes que nada los puntos y áreas en que están de acuerdo.

* "Trozos y pedazos", publicado por *The Economic Press,* Fairfield NJ.

Sea honesto. Busque los puntos donde puede admitir su error, y hágalo. Discúlpese por sus errores. Eso desarmará a sus oponentes y reducirá la actitud defensiva.

Prometa pensar y analizar con cuidado las ideas de sus oponentes. Y hágalo en serio. Sus oponentes pueden tener razón. Es mucho más fácil, en este estadio, acceder a pensar en sus posiciones, antes que avanzar a ciegas y verse después en una posición en que sus oponentes puedan decir: "Quisimos decírselo, pero usted no escuchó".

Agradezca sinceramente a sus oponentes por su interés. Cualquiera que se tome el trabajo de presentar y sostener objeciones está interesado en lo mismo que usted. Piénselos como gente que realmente quiere ayudarlo, y haga amigos de sus oponentes.

Posponga la acción de modo que ambos bandos tengan tiempo de repensar el problema. Sugiera realizar otra reunión más tarde ese mismo día, o al día siguiente, para presentar nuevos datos. Al prepararse para esta reunión, hágase algunas preguntas difíciles: ¿Tendrán razón mis oponentes? ¿Tendrán parcialmente razón? ¿Su posición tiene bases o méritos ciertos? ¿Mi reacción solucionará el problema, o sólo impedirá mi frustración? ¿Mi reacción acercará o alejará de mí a mis oponentes? ¿Mi reacción elevará la estima que me tiene la mejor gente? ¿Ganaré o perderé? ¿Qué precio tendré que pagar por ganar? ¿Si no digo nada el desacuerdo se desvanecerá? ¿Esta ocasión tan difícil es una oportunidad para mí?

Jan Peerce, el tenor de ópera, después de casi cincuenta años de matrimonio, observó: "Hace mucho tiempo mi esposa y yo hicimos un pacto que hemos mantenido a pesar de toda la furia que hemos podido llegar a sentir uno hacia el otro. Cuando uno grita, el otro escucha. Cuando dos personas gritan, no hay comunicación, sólo ruido y malas vibraciones".

REGLA 1

La única forma de salir ganando en una discusión es evitándola.

2

UN MEDIO SEGURO DE CONQUISTAR ENEMIGOS... Y CÓMO EVITARLO

Cuando Theodore Roosevelt estaba en la Casa Blanca, confesó que si podía tener razón en el 75 por ciento de los casos, llegaría a la mayor satisfacción de sus esperanzas.

Si ésa era la más alta proporción que podía esperar uno de los hombres más distinguidos del siglo XX, ¿qué diremos usted o yo?

Si tiene usted la seguridad de estar en lo cierto solamente el 55 por ciento de las veces, ya puede ir a Wall Street, ganar un millón de dólares por día, comprarse un yate, casarse con una corista. Y si no puede estar seguro de hallarse en lo cierto ni siquiera el 55 por ciento de las veces, ¿por qué ha de decir a los demás que están equivocados?

Puede decirse a la otra persona que se equivoca, con una mirada o una entonación o un gesto, tan elocuentemente como con palabras, y si le dice usted que se equivoca, ¿quiere hacerle convenir por usted? ¡Jamás! Porque ha asestado un golpe directo a su inteligencia, su juicio, su orgullo, su respeto por sí mismo. Esto hará que quiera devolverle el golpe. Pero nunca que quiera cambiar de idea. Podrá usted volcar sobre él toda la lógica de un Platón o de un Kant, pero no alterará sus opiniones, porque ha lastimado sus sentimientos.

No empiece nunca anunciando: "Le voy a demostrar tal y tal cosa". Está mal. Eso equivale a decir: "Soy más vivo que usted. Voy a decirle una o dos cosas y le haré cambiar de idea".

Esto es un desafío. Despierta oposición y hace que quien lo escucha quiera librar batalla con usted, antes de que empiece a hablar.

Es difícil, aun bajo las condiciones más benignas, hacer que los demás cambien de idea. ¿Por qué hacerlo aun más difícil, pues? ¿Por qué ponerse en desventaja?

Si va usted a demostrar algo, que no lo sepa nadie. Hágalo sutilmente, con tal destreza que nadie piense que lo está haciendo.

Así lo expresó Alexander Pope:

"Se ha de enseñar a los hombres como si no se les enseñara.

Y proponerles cosas ignoradas como si fueran olvidadas."

Hace más de trescientos años, Galileo dijo:

"No se le puede enseñar nada a nadie; sólo se lo puede ayudar a que lo encuentre dentro de sí."

Lord Chesterfield dijo así a su hijo:

"Has de ser más sabio que los demás, si puedes; pero no lo digas."

Sócrates decía repetidamente a sus discípulos en Atenas: "Sólo sé que no sé nada".

Bien: no puedo tener ya la esperanza de ser más inteligente que Sócrates; por lo tanto, he dejado de decir a los demás que se equivocan. Y compruebo que rinde beneficios.

Si alguien hace una afirmación que a juicio de usted está errada —si, aun cuando usted *sepa* que está errada— es mucho mejor empezar diciendo: "Bien, escuche. Yo pienso de otro modo, pero quizá me equivoque. Me equivoco con tanta frecuencia... Y si me equivoco, quiero corregir mi error. Examinemos los hechos".

Hay algo de mágico, positivamente mágico, en frases como esas: "Quizá me equivoque". "Me equivoco con tanta frecuencia..."

Nadie en el mundo o fuera de él objetará nada si usted dice: "Quizá me equivoque. Examinemos los hechos".

Uno de los miembros de nuestras clases usaba este método para tratar con sus clientes; era Harold Reinke, concesionario de la empresa Dodge en Billing, Montana. Nos contó que las presiones del negocio de venta de automóviles lo habían llevado a desplegar una dureza inusual al enfrentarse con las quejas de sus clientes. Esto provocaba discusiones, pérdida de negocios y un malestar generalizado.

Le contó a la clase en la que se hallaba:

—Cuando llegué a reconocer que esta actitud me estaba llevando a la quiebra, probé una táctica distinta. Empecé a decir: "En nuestra agencia hemos cometido tantos errores, que con frecuencia me siento avergonzado. Es posible que nos hayamos equivocado en su caso. Dígame cómo fue".

"Este enfoque desarma a los quejosos, y cuando el cliente termina de liberar sus sentimientos suele mostrarse mucho más razonable que antes. De hecho, muchos clientes me han agradecido por mi comprensión. Y dos de ellos incluso han traído amigos a comprar autos a mi agencia. En este mercado tan competitivo, necesitamos siempre más de este tipo de clientes, y creo que mostrando respeto por las opiniones de todos los clientes y tratándolos con diplomacia y cortesía podré ponerme a la cabeza de la competencia."

Jamás se verá en aprietos por admitir que quizá se equivoque. Eso detendrá todas las discusiones y dará a la otra persona el deseo de ser tan justo y ecuánime como usted. Le hará admitir que también él puede equivocarse.

Si usted sabe positivamente que la otra persona se equivoca, y se lo dice usted redondamente, ¿qué ocurre? Tomemos un ejemplo específico. El Sr. S., joven abogado de Nueva York, debatía un caso muy importante, hace poco, ante la Suprema Corte de los Estados Unidos *(Lustgarten v. Fleet Corporation* 280 U.S. 320). Del proceso dependía la posesión de una vasta suma de dinero, y también la dilucidación de una importante deuda legal.

Durante el debate, uno de los ministros de la Corte dijo al Sr. S.:

—El estatuto de limitaciones en derecho marítimo es de seis años, ¿verdad?

El Sr. S. se detuvo, miró al ministro por un momento y contestó después, rotundamente:

—Usía: no hay estatuto de limitaciones en derecho marítimo.

"Se hizo el silencio en la sala del tribunal —decía el Sr. S. al narrar este episodio ante una de nuestras clases— y pareció que la temperatura ambiente había bajado a cero. Yo tenía razón. El ministro de la Corte estaba equivocado. Y yo se lo señalé. Pero, ¿lo bienquisté conmigo? No. Sigo creyendo que en aquel caso el derecho estaba de mi parte. Y sé que defendí mi caso como jamás lo he hecho. Pero no conseguí persuadir al tribunal. Cometí el enorme error de decir a un hombre famoso y muy culto que se equivocaba."

Pocas personas son lógicas. Casi todos tenemos prejuicios e ideas preconcebidas. Casi todos nos hallamos cegados por esas ideas, por los celos, sospechas, temores, envidia y orgullo. Y en su mayoría las personas no quieren cambiar de idea acerca de su religión, o su corte de cabello, o el comunismo, o su astro de cine favorito. De manera que si usted suele decir a los demás que se equivocan, sírvase leer el siguiente párrafo todas las mañanas antes del desayuno. Es del ilustrativo libro *La mente en proceso,* del profesor James Harvey Robinson:

A veces notamos que vamos cambiando de idea sin resistencia alguna, sin emociones fuertes, pero si se nos dice que nos equivocamos nos enoja la imputación, y endurecemos el corazón. Somos increíblemente incautos en la formación de nuestras creencias, pero nos vemos llenos de una ilícita pasión por ellas cuando alguien se propone privarnos de su compañía. Es evidente que lo que nos resulta caro no son las ideas mismas, sino nuestra estima personal, que se ve amenazada... Esa palabrita "mi" es la más importante en

156

los asuntos humanos, y el comienzo de la sabiduría consiste en advertir todo su valor. Tiene la misma fuerza siempre, sea que se aplique a "mi" comida, "mi" perro, y "mi" casa, o a "mi" padre, "mi" patria, y "mi" Dios. No solamente nos irrita la imputación de que nuestro reloj funciona mal o nuestro coche ya es viejo, sino también la de que puede someterse a revisión nuestro concepto de los canales de Marte, de la pronunciación de "Epicteto", del valor medicinal del salicilato, o de la fecha en que vivió Sargón I... Nos gusta seguir creyendo en lo que hemos llegado a aceptar como exacto, y el resentimiento que se despierta cuando alguien expresa duda acerca de cualquiera de nuestras presunciones nos lleva a buscar toda suerte de excusas para aferrarnos a ellas. El resultado es que la mayor parte de lo que llamamos razonamiento consiste en encontrar argumentos para seguir creyendo lo que ya creemos.

Carl Rogers, el eminente psicólogo, escribió en su libro *Realización de una persona**:

Me ha resultado de enorme valor permitirme comprender a la otra persona. Puede resultarles extraño el modo en que he formulado la frase. ¿Acaso es necesario permitirse comprender a otro? Creo que lo es. Nuestra primera reacción a la mayoría de las proposiciones (que oímos en boca del prójimo) es una evaluación o un juicio, antes que una comprensión. Cuando alguien expresa un sentimiento, opinión o creencia, nuestra tendencia es casi inmediatamente sentir "tiene razón", o "qué estúpido", "es anormal", "es irracional", "se equivoca", "es injusto". Es muy raro que nos permitamos *comprender* precisamente qué sentido le ha dado a sus palabras la otra persona.

---

* Adaptado de Carl Rogers, *On Becoming a Person,* Boston, Houghton Mifflin Co., 1961, págs. 18 y sigs.

Yo encargué una vez a un decorador de interiores que hiciera ciertos cortinados para mi casa. Cuando llegó la cuenta, quedé sin aliento.

Pocos días más tarde nos visitó una amiga, que vio los cortinados. Se mencionó el precio, y la amiga exclamó con una nota de triunfo en la voz:

—¿Qué? ¡Es una enormidad! Parece que se ha dejado engañar esta vez.

¿Era cierto? Sí, era la verdad, pero a pocas personas les gusta escuchar una verdad que es denigrante para su juicio. Por ser humano traté de defenderme. Señalé que lo mejor es con el tiempo lo más barato, que no se encuentra buena calidad y gusto artístico a precios de liquidación, y así por el estilo.

Al día siguiente nos visitó otra amiga, que admiró los cortinados, se mostró entusiasmada, y expresó el deseo de poder estar en condiciones de adquirir cosas parecidas para su hogar. Mi reacción fue del todo diferente.

—Para decirle la verdad —reconocí—, yo no puedo darme estos lujos. Pagué demasiado. Ahora lamento haber encargado esos cortinados.

Cuando nos equivocamos, a veces lo admitimos para nuestros adentros. Y si se nos sabe llevar, con suavidad y con tacto, quizá lo admitamos ante los demás, y acaso lleguemos a enorgullecernos de nuestra franqueza y ecuanimidad en tal caso. Pero no ocurre así cuando otra persona trata de meternos a golpes en la garganta el hecho poco sabroso de que no tenemos razón.

Horace Greeley, el más famoso periodista de los Estados Unidos durante la Guerra Civil, estaba en violento desacuerdo con la política de Lincoln. Creía que podía obligar a Lincoln a convenir con él mediante una campaña de argumentación, burlas e insultos. Libró esta acerba campaña mes tras mes, año tras año. Hasta la noche en que Booth hirió a Lincoln, escribió un ataque personal de tono brutal, amargo, sarcástico, contra el presidente.

Pero, ¿consiguió Greeley, con esta acerbidad, que Lincoln estuviera de acuerdo con él? Jamás. La burla y el insulto no sirven para esto.

Si quiere usted conocer algunas indicaciones excelentes acerca de la manera de tratar con las personas, de dominarse y mejorar su personalidad, lea la autobiografía de Benjamin Franklin, una de las obras más fascinadoras que se han escrito, clásica en la literatura norteamericana.

En esta historia de su vida, Franklin narra cómo triunfó sobre el hábito inicuo de discutir, y se transformó en uno de los hombres más capaces, suaves y diplomáticos que figuran en la historia nacional.

Un día, cuando Franklin era un jovenzuelo arrebatado, un viejo cuáquero, amigo suyo, lo llevó a un lado y le descargó unas cuantas verdades, algo así como esto:

Ben, eres imposible. Tus opiniones son como una cachetada para quien difiera contigo. Tan es así, que ya a nadie interesan tus opiniones. Tus amigos van descubriendo que lo pasan mejor cuando no estás con ellos. Sabes tanto, que nadie te puede decir nada. Por cierto que nadie va a intentarlo siquiera, porque ese esfuerzo sólo le produciría incomodidades y trabajos. Por tal razón, es probable que jamás llegues a saber más de lo que sabes ahora, que es muy poco.

Uno de los rasgos más hermosos que ha tenido Franklin, a mi juicio, es la forma en que aceptó esta dolorosa lección. Tenía ya edad suficiente, y suficiente cordura, para comprender que era exacta, que si seguía como hasta entonces sólo podría llegar al fracaso y a la catástrofe social. Dio, pues, una media vuelta. Comenzó inmediatamente a modificar su actitud insolente, llena de prejuicios.

"Adopté la regla —refiere Franklin en su biografía— de eludir toda contradicción directa de los sentimientos de los demás, y toda afirmación positiva de los míos. Hasta me prohibí el empleo de aquellas palabras o expresiones que significan una opinión fija, como 'por cierto', 'indudablemente', etc., y adopté, en lugar de ellas, 'creo', 'entiendo', o 'imagino' que una cosa es así; o 'así me parece por el momento'. Cuando otra persona aseguraba algo que a mi juicio era un error, yo me negaba el placer de contradecirla abiertamente y de demostrar en seguida algún absurdo en sus palabras: y al responder comenzaba observando que en ciertos casos o circunstancias su opinión sería acertada, pero que, en el caso presente, me parecía que habría cierta diferencia, etc. Pronto advertí las ventajas de este cambio de actitud. Las conversaciones que entablaba procedían más agradablemente; la forma modesta en que exponía mis opiniones les procuraba una recepción más pronta y menos contradicción; me veía menos mortificado cuando notaba que estaba en un error, y conseguía más fácilmente que los otros admitieran sus errores y se sumaran a mi opinión cuando era la justa.

"Y esta manera de actuar, que al principio empleé con cierta violencia en cuanto a las inclinaciones naturales, se hizo con el tiempo tan fácil, y fue tan habitual, que acaso en los últimos cincuenta años nadie ha escuchado de mis labios una expresión dogmática. Y a esta costumbre (después de mi carácter de integridad) considero deber principalmente el hecho de que tuve tanto peso ante mis conciudadanos cuando propuse nuevas instituciones, o alteraciones en las antiguas, y tanta influencia en los consejos públicos cuando fui miembro de ellos; porque yo era un mal orador, jamás elocuente, sujeto a mucha vacilación en mi elección de las palabras, incorrecto en el idioma, y sin embargo generalmente hice valer mis opiniones."

¿Qué resultado dan en los negocios los métodos de Benjamin Franklin? Veamos dos ejemplos.

Katherine A. Allred, de Kings Mountain, Carolina del Norte, es supervisora de ingeniería industrial en una fábrica textil. Le contó a una de nuestras clases cómo manejó un problema delicado antes y después de seguir nuestro curso:

—Parte de mi responsabilidad —dijo—, es crear y mantener sistemas y normas de incentivación para nuestros operarios, de modo que puedan hacer más dinero produciendo más hilados. El sistema que habíamos estado usando funcionaba muy bien cuando sólo teníamos dos o tres tipos diferentes de hilado, pero recientemente ampliamos nuestro inventario e instalaciones de modo de permitir-nos producir más de doce variedades diferentes. El sistema actual ya no es adecuado para pagar con justicia a los operarios por el trabajo que realizan dándoles un incentivo para aumentar la producción. Yo había ideado un sistema nuevo que nos permitiría pagarle al operario por la clase de hilado que estuviera produciendo en cada momento. Con mi nuevo sistema en la mano, entré a una reunión de directorio decidida a probar que mi idea era la más adecuada. Les expliqué en detalle en qué se habían equivocado y les mostré lo injustos que habían sido, y les dije que yo tenía todas las respuestas que necesitaban. Para decirlo suavemente, fracasé miserablemente. Me había afanado tanto en defender mi nuevo sistema, que no les había dado oportunidad de admitir decorosamente que el viejo sistema ya no les servía. La cuestión quedó congelada.

"Después de varias clases en este curso, comprendí muy bien dónde había estado mi error. Pedí otra reunión, y esta vez les pregunté dónde creían que tenían problemas. Discutimos cada punto, y les pedí sus opiniones sobre los mejores modos de proceder. Con unas pocas sugerencias lanzadas aquí y allá, dejé que ellos mismos presentaran mi sistema. Al final de la reunión, cuando lo expuse lo aceptaron con entusiasmo.

"Ahora estoy convencida de que no puede lograrse nada bueno, y sí puede hacerse mucho daño, si uno le dice directamente a una persona que está equivocada. Sólo se consigue despojar a esa persona de su autodignidad, y uno queda como un entrometido."

Tomemos otro ejemplo, y recordemos que estos casos son típicos de las experiencias de miles de personas. R. V. Crowley es vendedor en una gran empresa maderera de Nueva York. Crowley admite que durante años estuvo diciendo que se equivocaban a muchos experimentados inspectores de maderas. Y había ganado las discusiones. Pero sin ningún beneficio. "Porque estos inspectores —dijo el Sr. Crowley— son como árbitros de fútbol. Una vez que llegan a una decisión no la cambian más."

El Sr. Crowley comprobó que su empresa perdía mucho dinero gracias a las discusiones que él ganaba. De modo que, mientras seguía uno de mis cursos, resolvió cambiar de táctica y renunciar a las discusiones. ¿Con qué resultados? Veamos el relato que hizo ante sus compañeros de clase.

Una mañana sonó el teléfono de mi oficina. Un hombre acalorado e iracundo procedió a informarme que un camión de madera que habíamos enviado a su fábrica era completamente insatisfactorio. Su firma había dejado de descargarlo y solicitaba que dispusiéramos inmediatamente lo necesario para retirar la mercadería de su corralón. Después de descargada aproximadamente la cuarta parte del envío, el inspector de la empresa informaba que la madera estaba un 55 por ciento por debajo de la calidad normal. En esas circunstancias, la casa se negaba a aceptar el cargamento.

Salí inmediatamente para la fábrica, y en el camino pensé en la mejor manera de resolver la situación. En esas circunstancias, yo habría recordado, ordinariamente, las reglas sobre calidad de la madera, y procurado, como resultado de mi experiencia y mis conocimientos como inspector de maderas, convencer al otro inspector de que la madera era de la calidad requerida, y que él interpretaba erróneamente las reglas de inspección. Pero, en cambio, me decidí a aplicar los principios aprendidos en estos cursos.

Cuando llegué a la fábrica encontré al comprador y al inspector de muy mal talante, dispuestos a discutir y pelear. Llegamos hasta el camión y les pedí que continuaran descargando para poder ver cómo se presentaban las cosas. Pedí al inspector que siguiera en su tarea y dejara a un lado los rechazos, como había venido haciendo, y pusiera las maderas buenas en otra pila.

Después de contemplarlo por un rato comencé a advertir que su inspección era estricta en exceso y que no interpretaba bien las reglas. La madera en cuestión era pino blanco, y yo sabía que el inspector era muy

162

entendido en maderas duras, pero no tenía competencia ni experiencia en cuanto al pino blanco. En cambio, el pino blanco es mi fuerte. Sin embargo, no formulé objeción alguna por la forma en que aquel hombre clasificaba la madera. Seguí mirando, y por fin empecé a preguntar por qué ciertas piezas eran rechazadas. Ni por un instante insinué que el inspector se equivocaba. Destaqué que la única razón de mis preguntas era el deseo de poder dar a la empresa exactamente lo que necesitaba, en los envíos futuros.

Con estas preguntas, hechas siempre en forma amistosa y de cooperación, y con mi insistencia en que tenían razón al rechazar tablones que no les satisfacían, conseguí que las relaciones entre nosotros dejaran de ser tensas. Alguna frase cuidadosamente formulada por mi parte dio origen, en el ánimo del inspector, a la idea de que tal vez algunas de las piezas rechazadas estaban en realidad dentro de la calidad que habría querido comprar, y que las necesidades de la casa requerían una calidad más costosa. Tuve buen cuidado, no obstante, de no hacerle pensar que yo defendía un punto de vista opuesto al suyo.

Gradualmente cambió toda su actitud. Por fin admitió que no tenía experiencia en la clasificación de pino blanco y comenzó a hacerme preguntas acerca de cada una de las piezas que se descargaban. Yo explicaba entonces por qué tal o cual pieza entraba dentro de la calidad especificada en el pedido, pero insistiendo siempre en que no quería que la casa la aceptara si no respondía a sus necesidades. Por fin el inspector llegó al punto de sentirse culpable cada vez que colocaba un tablón en la pila de los rechazos. Y por último comprendió que el error había sido de su empresa, por no especificar en el pedido una calidad tan buena como la que necesitaban.

El resultado final fue que volvió a revisar todo el cargamento después de marcharme yo, que aceptó toda la madera y que recibimos un cheque por el pago total.

En este caso solo, un poco de tacto y la decisión de abstenerse de decir a la otra persona que se equivoca, resultó para mi compañía una economía de una buena cantidad de dinero contante y sonante, y sería difícil fijar el valor monetario de la buena voluntad que se salvó por ese medio.

Una vez le preguntaron a Martin Luther King cómo podía admirar, siendo un pacifista, al General de la Fuerza Aérea Daniel "Chappie" James, que en aquel entonces era el militar negro de más rango en el país. El Dr. King respondió:

—Juzgo a la gente por sus principios, no por los míos.

De modo similar, el General Robert E. Lee le habló una vez al presidente de la Confederación, Jefferson Davis, en los términos más elogiosos, sobre cierto oficial bajo su mando. Otro oficial que estaba presente quedó atónito:

—General —le dijo—, ¿no sabe que el hombre del que habla con tanta admiración es uno de sus peores enemigos, que no pierde ocasión de denigrarlo?

—Sí —respondió el General Lee—. Pero el presidente me pidió mi opinión de él, no la opinión que él tiene de mí.

Pero yo no revelo nada nuevo en este capítulo. Hace diecinueve siglos, Jesucristo dijo: "Ponte rápidamente de acuerdo con tu adversario".

Y 2.200 años antes del nacimiento de Jesucristo, el Rey Akhtoi de Egipto dio a un hijo ciertos consejos muy sagaces, consejos que nos son muy necesarios hoy. "Sé diplomático —le dijo el rey—, te ayudará a obtener tus deseos."

En otras palabras: no hay que discutir con el cliente o con el cónyuge o con el adversario. No le diga que se equivoca, no lo haga enojar; utilice un poco de tacto, de diplomacia.

REGLA 2

Demuestre respeto por las opiniones ajenas.
Jamás diga a una persona que está equivocada.

3

SI SE EQUIVOCA USTED, ADMÍTALO

A un minuto de marcha de mi casa había un amplio terreno con bosques vírgenes, donde las plantas salvajes florecían en la primavera, donde las ardillas hacían sus hogares y criaban a sus hijos, y donde los matorrales crecían hasta tapar a un hombre. Este bosque se llamaba Forest Park, y era un bosque que probablemente no difiriera mucho en aspecto de lo que era cuando Colón descubrió América. Con frecuencia iba a pasear por este bosque con Rex, mi pequeño bullterrier de Boston. Era un perrito amigable, nada dañino, y como rara vez encontrábamos a alguien en el parque, lo llevaba sin collar y sin bozal.

Un día encontramos a un policía montado, un hombre deseoso de mostrar su autoridad.

—¿Qué es eso de dejar al perro suelto en el parque, sin bozal? —me reprendió—. ¿No sabe que es ilegal?

—Sí, lo sé —respondí suavemente—, pero no creí que podría hacer daño aquí.

—¡No *creyó!* ¡No creyó! La ley no se interesa un pepino por lo que usted cree. Ese perro puede matar a una ardilla o morder a un niño. Por esta vez no le diré nada; pero si vuelvo a encontrar a ese perro sin bozal y sin su collar y correa, lo llevaré ante el juez.

Prometí obedecer.

Y obedecí, unas pocas veces. Pero Rex estaba incómodo con el bozal; y a mí me dolía ponérselo, de modo que decidí no colocárselo más. Todo marchó bien por un tiempo, pero de pronto tuvimos un tropiezo. Rex y yo corríamos por un sendero, cierta tarde, cuando repentinamente vi la majestad de la ley, montada en un caballo alazán. Rex corría adelante, directamente hacia el policía.

Yo sabía ya que estaba perdido. No esperé que el policía empezara a hablar. Le gané. Le dije:

—Agente, me ha sorprendido con las manos en la masa. Soy culpable. No tengo excusas ni disculpas. La semana pasada me advirtió usted que si volvía a traer al perro sin bozal me iba a aplicar una multa.

—Sí, es cierto —respondió el agente con tono muy suave—. Pero yo sé que es una tentación dejar que el pobre perrito corra un poco por aquí, cuando no hay nadie cerca.

—Claro que es una tentación, pero es contrario a la ley.

—Bueno, un perrito tan chico no va a hacer daño a nadie —recordó el agente.

—No, pero puede matar a alguna ardilla —insistí.

—Vamos, creo que usted está extremando las cosas. Escúcheme. Déjelo correr más allá de esa colina, donde yo no pueda verlo... y aquí no ha pasado nada.

Aquel agente de policía, por ser humano, quería sentirse importante; cuando yo empecé a condenar mi proceder, la única forma en que él podía satisfacer su deseo de importancia era la de asumir una actitud magnánima.

Pero supongamos que yo hubiera tratado de defenderme... ¿Ha discutido usted alguna vez con la policía?

En lugar de lanzarme a la batalla contra él, admití desde el principio que la razón estaba de su parte, que yo no la tenía; lo admití rápidamente, abiertamente, y con entusiasmo. Y la cuestión terminó agradablemente: él pasó a ocupar mi parte y yo pasé a ocupar la suya.

Si sabemos que de todas maneras se va a demostrar nuestro error, ¿no es mucho mejor ganar la delantera y reconocerlo por nuestra cuenta? ¿No es mucho más fácil escuchar la crítica de nuestros labios que la censura de labios ajenos?

Diga usted de sí mismo todas las cosas derogatorias que sabe está pensando la otra persona, o quiere decir, o se propone decir, y dígalas antes de que ella haya tenido una oportunidad de formularlas, y le quitará la razón de hablar. Lo probable —una probabilidad de ciento a uno— es que su contendiente asuma entonces una actitud generosa, de perdón, y trate de restar importancia al error por usted cometido, exactamente como ocurrió en el episodio del policía montado.

Ferdinand E. Warren, artista comercial, utilizó esta técnica para obtener la buena voluntad de un comprador petulante, irritable.

El Sr. Warren nos narró su experiencia en estos términos:

"Es de suma importancia, al hacer dibujos para fines de publicidad y para los periódicos, ser muy preciso y muy exacto.

"Algunos compradores exigen que sus pedidos sean ejecutados inmediatamente, y en esos casos suelen ocurrir algunos ligeros errores. Yo conocí particularmente a uno que se complacía en encontrar hasta los menores defectos. A menudo he salido de su despacho irritado, no por sus críticas sino por sus métodos de ataque. Hace poco entregué un trabajo apresurado a este comprador y poco después me dijo por teléfono que fuera inmediatamente a su oficina. Cuando llegué encontré lo que esperaba y temía. Estaba lleno de hostilidad, encantado de tener una oportunidad de criticarme. Preguntó, acaloradamente, por qué yo había hecho esto y aquello. Vi una oportunidad para aplicar la autocrítica, según lo recomendado en este curso. Así, pues, le contesté:

"—Señor Fulano, si lo que dice usted es cierto, la culpa es mía y no hay excusas por este error. Después de hacer dibujos para usted durante tanto tiempo, ya debía saber estas cosas. Estoy avergonzado por lo que ocurre.

"El comprador empezó a defenderme inmediatamente.

"—Sí, es cierto —afirmó—, pero al fin y al cabo no es un error muy grave. Es solamente...

"—Cualquier error —le interrumpí— puede resultar costoso, y todos son irritantes.

"Quiso hablar, pero no lo dejé. Yo estaba a mis anchas.

167

Por primera vez en la vida me criticaba a mí mismo, y estaba encantado.

"—Debí tener más cuidado —proseguí—. Usted me encarga mucho trabajo y merece que se le entregue lo mejor. Así, pues, voy a hacer este dibujo de nuevo.

"—¡No, no! —protestó—. Ni piense en tomarse toda esa molestia.

"Elogió después mi trabajo, me aseguró que sólo hacía falta una leve modificación, y que mi ligero error no había costado dinero a su firma; que, al fin y al cabo, era una cuestión de detalle, que no valía la pena preocuparse.

"Mi prontitud en criticarme le había quitado el ansia de pelear. Terminó por invitarme a almorzar, y antes de separarnos me pagó mi trabajo y me encargó otro."

Hay un cierto grado de satisfacción en tener el valor de admitir los errores propios. No sólo limpia el aire de culpa y actitud defensiva, sino que a menudo ayuda a resolver el problema creado por el error.

Bruce Harvey, de Albuquerque, Nuevo México, había autorizado incorrectamente el pago del salario completo a un empleado que tenía licencia por enfermedad. Cuando descubrió su error, llamó al empleado, le explicó la situación y le dijo que para corregir el error tendría que descontar de su siguiente pago el monto completo del exceso pagado antes. El empleado dijo que eso le causaría un grave problema financiero, y pidió que los descuentos se hicieran a lo largo de determinado espacio de tiempo. Harvey le explicó que para hacer esto último necesitaba la aprobación de su supervisor.

—Y yo sabía que esto —nos dijo Harvey—, provocaría una explosión por parte de mi jefe. Mientras trataba de decidir cómo manejar esta situación, comprendí que todo el problema había salido de un error mío, y tendría que admitirlo así.

"Entré en la oficina de mi jefe, le dije que había cometido un error, y después le hice un informe completo de los hechos. Replicó de modo explosivo que era culpa del departamento de personal. Repetí que la culpa era mía. Volvió a explotar contra el descuido del departamento con-

168

table. Una vez más le expliqué que la culpa era toda mía. Culpó a otras dos personas de la oficina. Pero cada vez yo repetía que era culpa mía. Al fin me miró y me dijo: 'De acuerdo, es culpa suya. Arréglelo como mejor le parezca'. El error fue corregido y no hubo problemas para nadie. Me sentí muy satisfecho porque pude manejar una situación tensa y tuve el valor de no buscar excusas. Desde entonces mi jefe me respetó más."

Cualquier tonto puede tratar de defender sus errores —y casi todos los tontos lo hacen—, pero está por encima de los demás, y asume un sentimiento de nobleza y exaltación, quien admite los propios errores. Por ejemplo, una de las cosas más bellas que registra la historia de Robert E. Lee es la forma en que se echó toda la culpa por el fracaso de la carga de Pickett en Gettysburg.

La carga de Pickett fue sin duda el ataque más brillante y pintoresco que jamás ha ocurrido en el mundo occidental. El mismo general George E. Pickett era pintoresco. Usaba tan largos los cabellos que sus rizos castaños le tocaban casi los hombros; y, como Napoleón en sus campañas de Italia, escribía ardientes cartas de amor día por día en el campo de batalla. Sus soldados, adictos a él, lo saludaron con vítores aquella trágica tarde de julio en que emprendió la marcha hacia las líneas de la Unión, la gorra requintada sobre la oreja derecha. Le dieron vítores y lo siguieron, hombro contra hombro, fila tras fila, estandartes al viento y bayonetas resplandecientes al sol. Era un gallardo espectáculo. Osado. Magnífico. Un murmullo de admiración corrió por las líneas de la Unión al avistarlo.

Las tropas de Pickett avanzaron con paso fácil, a través de huertos y maizales, a través de un prado, y sobre una quebrada. Pero entretanto los cañones del enemigo destrozaban sus filas. Y ellos seguían, decididos, irresistibles. De pronto la infantería de la Unión se alzó detrás del muro de piedra en el Cerro del Cementerio, donde se había ocultado, y disparó andanada tras andanada contra las fuerzas indefensas que iban avanzando. La cima del cerro era una llamarada, un matadero, un volcán. En pocos minutos, todos los comandantes de brigada, salvo uno, habían caído, y con ellos estaban en el suelo las cuatro quintas partes de los cinco mil hombres que mandaba Pickett.

El general Lewis A. Armistead, que conducía las tropas en el embate final, corrió adelante, saltó sobre el muro de piedra y, agitando la gorra en la punta de la espada, gritó:

—A ellos, muchachos.

Así lo hicieron. Saltaron sobre el muro, hincaron bayonetas en los cuerpos enemigos, aplastaron cráneos con sus mosquetes, y clavaron las banderas del Sur en el Cerro del Cementerio."

Las banderas flamearon allí por un momento apenas. Pero ese momento, breve como fue, resultó el momento supremo para la Confederación.

La carga de Pickett, brillante, heroica, fue no obstante el comienzo del fin. Lee había fracasado. No podía penetrar en el Norte. Y lo sabía. El Sur estaba perdido.

Tan triste, tan atónito quedó Lee, que envió su renuncia y pidió a Jefferson Davis, presidente de la Confederación, que designara a "un hombre más joven y más capaz". Si hubiera querido culpar a cualquier otro jefe por el desastroso fracaso de la carga de Pickett, habría encontrado muchas excusas. Algunos de sus comandantes divisionarios fallaron. La caballería no llegó a tiempo para apoyar el ataque de la infantería. Esto resultó mal y aquello también.

Pero Lee era demasiado noble para culpar a los demás. Cuando los soldados de Pickett, vencidos, ensangrentados, volvieron trabajosamente a las líneas confederadas, Robert E. Lee salió a su encuentro, a solas, y los recibió con una autocrítica que era poco menos que sublime.

—Todo esto —confesó— ha sido por culpa mía. Yo, y solamente yo, he perdido esta batalla.

Pocos generales de la historia han tenido el valor y la fuerza de carácter necesarios para admitir tal cosa.

Michel Cheung, instructor de uno de nuestros cursos en Hong Kong, nos contó que la cultura china presenta algunos problemas especiales, y dijo que a veces es nece-

170

sario reconocer que los beneficios de aplicar un principio pueden superar las ventajas de mantener una antigua tradición. Tenía un alumno, un hombre maduro, que hacía muchos años estaba distanciado de su hijo. El padre había sido adicto al opio, pero ahora estaba curado. En la tradición china, una persona mayor no puede tomar la iniciativa en un caso como aquél. El padre sentía que le correspondía al hijo dar el primer paso hacia la reconciliación. En una de las primeras clases del curso habló de sus nietos que no conocía, y de lo mucho que deseaba reunirse con su hijo. Los alumnos del curso, todos chinos, comprendieron su conflicto entre su deseo y una antigua tradición. El padre sentía que los jóvenes debían mostrar respeto por sus mayores, y que estaba en lo justo al no ceder a su deseo y esperar a que fuera su hijo quien se acercara a él.

Hacia el fin del curso, el padre volvió a dirigirse a la clase:

—He estado pensando en mi problema —dijo—. Dale Carnegie dice: "Si usted se equivoca, admítalo rápida y enfáticamente". Es demasiado tarde para que yo lo admita rápido, pero puedo hacerlo enfáticamente. Me porté mal con mi hijo. Él tuvo razón en no querer verme y en alejarme de su vida. Puedo perder dignidad al pedirle perdón a una persona más joven, pero fue mi culpa, y es mi responsabilidad admitirlo.

La clase lo aplaudió y le dio todo su apoyo. En la clase siguiente contó que había ido a la casa de su hijo, le había pedido perdón, y ahora había iniciado una nueva relación con su hijo, su nuera y sus nietos a los que al fin había conocido.

Elbert Hubbard fue uno de los autores más originales y que más agitaron a los Estados Unidos, y sus mordaces escritos despertaron a menudo fieros resentimientos. Pero Hubbard, gracias a su rara habilidad para tratar con la gente, convirtió frecuentemente a sus enemigos en amigos.

Por ejemplo, cuando un lector irritado le escribía para decir que no estaba de acuerdo con tal o cual artículo, y terminaba llamando a Hubbard esto y aquello, el escritor solía responder más o menos así:

Ahora que lo pienso bien, yo tampoco estoy muy de acuerdo con ese artículo. No todo lo que escribí ayer me gusta hoy. Me alegro de poder saber lo que opina usted al respecto. Si alguna vez viene por aquí, debe visitarnos, y ya desgranaremos este tema para siempre. A la distancia, con un apretón de manos, soy de usted, muy atentamente.

¿Qué se puede decir a un hombre que nos trata así?

Cuando tenemos razón, tratemos pues de atraer, suavemente y con tacto, a los demás a nuestra manera de pensar; y cuando nos equivocamos —muy a menudo, por cierto, a poco que seamos honestos con nosotros mismos— admitamos rápidamente y con entusiasmo el error. Esa técnica, no solamente producirá resultados asombrosos, sino que, créase o no, nos hará comprender que criticarse es en esas circunstancias mucho más divertido que tratar de defenderse.

Recordemos el viejo proverbio: "Peleando no se consigue jamás lo suficiente, pero cediendo se consigue más de lo que se espera".

REGLA 3

Si usted está equivocado, admítalo rápida
y enfáticamente.

4

UNA GOTA DE MIEL

Si se irrita usted y dice unas cuantas cosas a otra persona, usted descarga sus sentimientos. Pero, ¿y la otra persona? ¿Compartirá acaso ese placer suyo? ¿Le será fácil convenir con usted, al oír sus arranques belicosos, y su actitud hostil?

"Si vienes hacia mí con los puños cerrados —dijo Woodrow Wilson— creo poder prometerte que los míos se aprestarán más rápido que los tuyos; pero si vienes a mí y me dices: 'Sentémonos y conversemos y, si estamos en desacuerdo, comprendamos por qué estamos en desacuerdo, y precisamente en qué lo estamos', llegaremos a advertir que al fin y al cabo no nos hallamos tan lejos uno de otro, que los puntos en que diferimos son pocos y los puntos en que convenimos son muchos, y que si tenemos la paciencia y la franqueza y el deseo necesario para ponernos de acuerdo, a ello llegaremos."

Nadie aprecia más que John D. Rockefeller, hijo, la verdad de esta afirmación de Woodrow Wilson. Allá por 1915, Rockefeller era el hombre más despreciado en Colorado. Durante dos años terribles había sacudido a ese estado una de las más cruentas huelgas en la historia de la industria norteamericana. Los mineros, furiosos, belicosos, exigían paga más elevada a la Colorado Fuel & Iron Company; y Rockefeller dominaba en esa compañía. Había habido destrucción de propiedades, y se había llamado a las fuerzas del ejército. Había corrido sangre, habían caído huelguistas alcanzados por las balas.

173

En un momento como ese, ardiente de odio el aire, Rockefeller quería conquistar a su manera de pensar a todos los huelguistas. Y lo consiguió. ¿Cómo? Veamos cómo. Después de varias semanas dedicadas a conquistar amigos entre ellos, Rockefeller dirigió la palabra a los representantes de los huelguistas. Ese discurso, completo, es una obra maestra. Produjo resultados asombrosos. Calmó las tempestuosas olas de odio que amenazaban envolverlo. Le valió una hueste de admiradores. Presentó los hechos en forma tan amistosa, que los huelguistas volvieron a trabajar sin decir una sola palabra más acerca de los aumentos de salarios por los cuales habían luchado tan violentamente.

Estudiemos la iniciación de ese notable discurso. Veamos que resplandece, literalmente, de amistad.

Recordemos que Rockefeller hablaba a unos hombres que pocos días antes querían colgarlo de la rama más alta de un árbol; pero su discurso no pudo ser más gentil, más amistoso, si lo hubiera dirigido a un grupo de misioneros. Lleno está el discurso de frases como "estoy orgulloso de encontrarme aquí", "después de visitaros en vuestros hogares", "no nos encontramos aquí como extraños, sino como amigos", "espíritu de mutua amistad", "nuestros intereses comunes", "sólo por vuestra cortesía me encuentro aquí".

"Éste es un día de fiesta en mi vida —comenzó Rockefeller—. Es la primera vez que tengo la fortuna de encontrarme con los representantes de los empleados de esta gran compañía, sus funcionarios y superintendentes, todos juntos, y puedo aseguraros que estoy orgulloso de encontrarme aquí, y que mientras viva recordaré esta reunión. Si este mitin se hubiese efectuado hace dos semanas, hubiera estado yo aquí como un extraño para casi todos vosotros, pues sólo habría podido reconocer unas pocas caras. Pero he tenido la oportunidad de visitar durante la última semana todos los campamentos en las minas del sur y de hablar individualmente con casi todos los representantes, salvo los que se habían marchado; después de visitaros en vuestros hogares, y de conocer a muchas de vuestras esposas e hijos, no nos reunimos aquí como extraños, sino como amigos, y en ese espíritu de mutua amistad me complace tener esta oportunidad de discutir con vosotros acerca de nuestros intereses comunes.

"Como se trata de una reunión de funcionarios de la compañía y representantes de los empleados, sólo por vuestra cortesía me encuentro aquí, porque no tengo la fortuna de ser un funcionario ni un empleado; y sin embargo entiendo estar íntimamente asociado con vosotros porque, en cierto sentido, yo represento a la vez a los accionistas y a los directores."

¿No es éste un ejemplo espléndido del arte de convertir a los enemigos en amigos?

Imaginemos que Rockefeller hubiese tomado otro camino. Imaginemos que hubiese discutido con los mineros, y les hubiese dicho cosas desagradables. Imaginemos que, por sus tonos e insinuaciones, les hubiese imputado que se equivocaban. Imaginemos que, con todas las reglas de la lógica, les hubiese demostrado cada uno de sus errores. ¿Qué habría ocurrido? Habría despertado más ira, más odio, más rebelión.

Si el corazón de un hombre está lleno de discordia y malos sentimientos contra usted, no puede usted atraerlo a su manera de pensar ni con toda la lógica de la Creación. Los padres regañones, los patrones mandones y los maridos o esposas rezongones deben comprender que a nadie le gusta cambiar de idea. A nadie es posible obligar por la fuerza a que convenga con usted o conmigo. Pero es posible conducir a la otra persona a ello, si somos suaves y amables.

Ya lo dijo Lincoln hace cerca de cien años. Éstas son sus palabras:

Una vieja y exacta máxima dice que "una gota de miel caza más moscas que un galón de hiel". También ocurre con los hombres que si usted quiere ganar a al-

175

guien a su causa, debe convencerlo primero de que es usted un amigo sincero. Ahí está la gota de miel que caza su corazón; el cual, dígase lo que se quiera, es el camino real hacia su razón.

Las personas de negocios van aprendiendo que rinde beneficios el ser amables con los huelguistas. Por ejemplo, cuando dos mil quinientos empleados de la fábrica de la White Motor Company se declararon en huelga, pidiendo aumento de salarios y reconocimiento del sindicato, Robert F. Black, presidente de la empresa, no formuló acres censuras, ni amenazas, ni habló de tiranía y de comunismo. Elogió a los huelguistas. Publicó en los diarios de Cleveland un anuncio en que los felicitaba por la "forma pacífica en que han abandonado sus herramientas". Al ver que los huelguistas que cuidaban que no trabajaran los rompehuelgas estaban ociosos, les compró un par de docenas de palos de béisbol, y los guantes correspondientes, y los invitó a jugar en terrenos baldíos. Para quienes preferían jugar a los bolos, alquiló un local adecuado.

Esta muestra de amistad por parte del Sr. Black logró lo que siempre logra la amistad: engendró más amistad. Entonces los huelguistas consiguieron escobas, palas y carros, y comenzaron a recoger los fósforos, papeles y colillas de cigarros en torno a la fábrica. Imaginemos eso. Imaginemos a unos huelguistas dedicados a limpiar el terreno de la fábrica mientras batallaban por salarios más elevados y por el reconocimiento del sindicato. Jamás se había producido un acontecimiento así en la larga y tempestuosa historia de los conflictos obreros en los Estados Unidos. Esta huelga terminó en menos de una semana con una transacción, y terminó sin rencores ni malos sentimientos.

Daniel Webster, que parecía un dios y hablaba como Jehová, fue uno de los abogados de mayor éxito; pero solía emitir sus argumentos más poderosos con expresiones tan amables como éstas: "Al jurado corresponde considerar", "Quizá valga la pena pensar en esto, caballeros", "Aquí hay algunos hechos que espero no serán perdidos de vista, caballeros", o "Ustedes, señores, con su conocimiento del carácter humano, verán fácilmente el significado de estos hechos". Nada de presión. Ni un intento de forzar las opiniones sobre los demás. Webster utilizaba el método tranquilo, calmo, amistoso, y esto contribuyó a hacerlo famoso.

Tal vez no tenga usted que resolver una huelga o que dirigirse a un jurado jamás, pero acaso quiera obtener una rebaja en el alquiler. ¿Le servirá entonces este método? Veamos.

O. L. Straub, ingeniero, quería que le rebajaran el alquiler. Y sabía que el dueño de casa era un hombre muy enérgico. En una conversación ante nuestra clase relató:

"Escribí al dueño de casa notificándole que iba a dejar el departamento tan pronto como expirara el contrato. La verdad es que no quería mudarme de casa. Quería permanecer en ella, siempre que me redujeran el alquiler. Pero la situación no ofrecía esperanzas. Otros inquilinos lo habían intentado infructuosamente. Pero yo me dije: 'Estoy estudiando la manera de tratar con la gente, de modo que puedo probarlo con él, para ver qué resulta'.

"El dueño de casa y su secretario vinieron a verme tan pronto como recibieron la carta.

"Los recibí en la puerta con amistosa deferencia. Irradiaba buena voluntad y entusiasmo. No empecé a hablar de lo elevado que era el alquiler. Empecé hablando de lo mucho que me gustaba el departamento. Fui 'caluroso en mi aprobación y generoso en mis elogios'. Lo felicité por la forma en que se atendía a los inquilinos y funcionaba la casa de departamentos, y agregué que me encantaría poder seguir otro año allí, pero no me alcanzaba el presupuesto.

"Es evidente que jamás había tenido aquel hombre una recepción así de un inquilino. No sabía qué pasaba.

"Entonces empezó a narrarme sus dificultades. Inquilinos quejosos. Uno había escrito catorce cartas, varias de ellas insultantes. Otro amenazaba desconocer el contrato a menos que el propietario prohibiera roncar al hombre que vivía en el piso superior.

"—Qué consuelo —dijo— es tener un inquilino como usted.

"Y luego, sin que se lo pidiera yo, ofreció reducirme algo el alquiler. Yo quería una rebaja mayor, de modo que indiqué la cifra que podía pagar sin desequilibrar el presupuesto, y el dueño aceptó sin una protesta.

"Cuando se marchaba, se volvió hacia mí y preguntó:

"—¿Cómo quiere que le decoremos el departamento?

"Si yo hubiese tratado de obtener una rebaja de alquiler por el método de los otros inquilinos, estoy seguro de que habría tropezado con el mismo fracaso que ellos. El triunfo se debió al método amistoso, de simpatía, de apreciación."

Dean Woodcock, de Pittsburgh, Pennsylvania, es superintendente de un departamento de la compañía eléctrica local. Se llamó a personal a su cargo para reparar unos equipos en lo alto de un poste. Antes este tipo de trabajo lo había realizado otro departamento, y hacía poco que la responsabilidad había sido transferida a la sección de Woodcock. Aunque sus hombres estaban preparados para hacerlo, era la primera vez que los llamaban para hacer este tipo de reparaciones. Todo el mundo en la compañía estaba interesado en ver cómo se las arreglarían. El señor Woodcock, varios de sus funcionarios subordinados y gente de otros departamentos fueron a ver la operación. Se reunieron muchos autos y camiones, y una cantidad de gente observaba a los dos hombres que habían subido al poste.

Woodcock vio que un hombre en la calle había salido de su auto con una cámara y estaba tomando fotografías de la escena. El personal de la compañía de electricidad es extremadamente sensible a las relaciones públicas, y de pronto Woodcock comprendió cómo debía de estar viendo el espectáculo el hombre de la cámara: exceso de personal ocioso, docenas de personas sin hacer nada, mirando a dos hombres que hacían su trabajo. Cruzó la calle y fue hacia el fotógrafo.

—Veo que está interesado en nuestra operación.

—Sí, pero mi madre estará más interesada. Ella tiene

178

acciones en la compañía. Esto le abrirá los ojos. Incluso puede decidir que su inversión fue imprudente. Desde hace años vengo diciéndole que en compañías como la suya hay mucha gente ociosa. Esto lo prueba. Y es posible que a los diarios también les interesen las fotos.

—Da esa impresión, ¿no es cierto? Yo pensaría lo mismo en su caso. Pero sucede que es una situación muy especial... —Y explicó de qué se trataba: que era la primera salida de este tipo para su departamento, y todos estaban interesados en ver los resultados, de los ejecutivos para abajo. Le aseguró que bajo condiciones normales, los dos hombres vendrían a trabajar solos. El fotógrafo bajó la cámara, le dio la mano a Woodcock y le agradeció que se hubiera tomado la molestia de explicarle la situación.

La actitud amistosa de Dean Woodcock le ahorró a su compañía una mala publicidad.

Otro miembro de una de nuestras clases, Gerald H. Winn, de Littleron, New Hampshire, nos contó cómo, mediante una actitud amistosa, obtuvo un arreglo muy ventajoso en un caso de reclamo por daños.

—A comienzos de la primavera —contó—, antes de que comenzara el deshielo, hubo una tormenta especialmente fuerte, y el agua, que normalmente se habría escurrido por los desagües, tomó otra dirección al encontrar helados a éstos, y se introdujo en un lote donde yo acababa de construir una casa.

"Al no poder salir, el agua hizo presión contra los cimientos de la casa. Se filtró bajo el piso de concreto del sótano, lo rajó, y el sótano terminó inundado. Esto arruinó la caldera y los calentadores de agua. El costo de las reparaciones superaba los dos mil dólares. Y yo no tenía seguro que cubriera este tipo de daños.

"No obstante, descubrí que el dueño del lote había olvidado hacer un drenaje cerca de la casa, que habría impedido que se produjera el daño. Hice una cita para verlo. Durante el viaje de cuarenta kilómetros hasta su oficina, pensé cuidadosamente en todos los detalles de la situación, y recordé los principios que había aprendido en este curso:

decidí entonces que mostrar mi ira no serviría de nada, como no fuera hacerme más difíciles las cosas. Cuando llegué, me mantuve muy tranquilo, y comencé hablando de sus recientes vacaciones al Caribe; después, cuando sentí que había llegado el momento, le mencioné el 'pequeño' problema de los daños que había causado el agua. Accedió inmediatamente a pagar su parte en los arreglos.

"Pocos días después me llamó para decirme que no sólo pagaría todo el arreglo, sino que mandaría hacer un drenaje para impedir que volviera a suceder algo parecido en el futuro.

"Aun cuando la culpa era de él, si yo no hubiera empezado de un modo amistoso, habría tenido muchas dificultades para lograr que pagara una parte de los arreglos."

Hace años, cuando yo era un niño que caminaba descalzo por los bosques hasta una escuela campestre en el noroeste de Missouri, leí una fábula acerca del sol y el viento. Discutieron ambos acerca de cuál era más fuerte, y el viento dijo:

—Te demostraré que soy el más fuerte. ¿Ves aquel anciano envuelto en una capa? Te apuesto a que le haré quitar la capa más rápido que tú.

Se ocultó el sol tras una nube y comenzó a soplar el viento, cada vez con más fuerza, hasta ser casi un ciclón, pero cuanto más soplaba tanto más se envolvía el hombre en la capa. Por fin el viento se calmó y se declaró vencido. Y entonces salió el sol y sonrió benignamente sobre el anciano. No pasó mucho tiempo hasta que el anciano, acalorado por la tibieza del sol, se quitó la capa. El sol demostró entonces al viento que la suavidad y la amistad son más poderosas que la furia y la fuerza.

Los beneficios de la suavidad y la amistad los demuestra cotidianamente la gente que ha aprendido que una gota de miel captura más moscas que un litro de hiel. F. Gale Connor, de Lutherville, Maryland, lo comprobó cuando tuvo que llevar por tercera vez al taller del concesionario a su auto de sólo cuatro meses de vida. Le contó a nuestra clase:

—Ya era evidente que hablar, razonar o gritarle a la gente de la concesionaria no me daría una solución satisfactoria al problema.

"Entré al salón de exposición y pedí ver al dueño de la agencia, el señor White. Tras una corta espera, me hicieron pasar a su oficina. Me presenté, y le dije que había comprado mi auto en su agencia en razón de las recomendaciones de amigos que habían hecho tratos con él. Me habían dicho que los precios eran competitivos, y el servicio excelente. Sonrió con satisfacción al escucharme. Después le expliqué el problema que tenía con el departamento de servicio. 'Pensé que le interesaría enterarse de una situación que podría empañar su buena reputación', le dije. Me agradeció que se lo hubiera hecho notar, y me aseguró que no tendría más problemas. No sólo se ocupó personalmente de mi caso, sino que además me prestó un auto suyo para que usara mientras reparaban el mío."

Esopo era un esclavo griego que vivió en la corte de Creso y que ideó fábulas inmortales seiscientos años antes de Jesucristo. Pero las verdades que enseñó acerca de la naturaleza humana son tan exactas en Boston o en Birmingham ahora como lo fueron veinticinco siglos atrás en Atenas. El sol puede hacernos quitar la capa más rápidamente que el viento; y la bondad, la amabilidad y la apreciación para con el prójimo puede hacerle cambiar de idea más velozmente que todos los regaños y amenazas del mundo.

Recordemos lo que dijo Lincoln: "Una gota de miel caza más moscas que un galón de hiel".

REGLA 4

Empiece en forma amigable.

5

EL SECRETO DE SÓCRATES

Cuando hable con alguien, no empiece discutiendo las cosas en que hay divergencia entre los dos. Empiece destacando —y siga destacando— las cosas en que están de acuerdo. Siga acentuando —si es posible— que los dos tienden al mismo fin y que la única diferencia es de método y no de propósito.

Haga que la otra persona diga "Sí, sí", desde el principio. Evite, si es posible, que diga "No".

"Un *No* como respuesta —dice el profesor Overstreet*— es un obstáculo sumamente difícil de vencer. Cuando una persona ha dicho *No,* todo el orgullo que hay en su personalidad exige que sea consecuente consigo misma. Tal vez comprenda más tarde que ese *No* fue un error; pero de todos modos tiene que tener en cuenta su precioso orgullo. Una vez dicha una cosa, tiene que atenerse a ella. Por lo tanto, es de primordial importancia que lancemos a una persona en la dirección afirmativa."

El orador hábil obtiene "desde el principio una serie de *Sí*", como respuesta. Con ello ha puesto en movimiento en la dirección afirmativa, los procesos psicológicos de quienes lo escuchan. Es como el movimiento de una bola de billar. Impúlsesela en una dirección, y se necesita cierta fuerza para desviarla; mucha más para enviarla de vuelta en la dirección opuesta.

"Son muy claros aquí los patrones psicológicos. Cuando una persona dice *No* y en realidad quiere decir *Sí*, ha hecho

*Harry A. Overstreet, *Influencing Human Behavior*.

182

mucho más que pronunciar una palabra de dos letras. Todo su organismo —glandular, nervioso, muscular— se aúna en un estado de rechazo. Suele haber, en un grado diminuto pero a veces perceptible, una especie de retirada física, o de prontitud para la retirada. Todo el sistema neuromuscular, en suma, se pone en guardia contra la aceptación. Por lo contrario, cuando una persona dice *Sí*, no se registra ninguna de estas actividades de retirada. El organismo está en una actitud de movimiento positivo, aceptable, abierta. Por ende, cuantos más *Sí* podamos incluir desde un comienzo, tanto más probable es que logremos captar la atención del interlocutor para nuestra proposición final.

"Es una técnica muy sencilla esta respuesta afirmativa. ¡Y cuán descuidada! A menudo parece que la gente lograra un sentimiento de importancia mediante el antagonismo inicial en una conversación.

"Si hacemos que un estudiante, o un cliente, o un hijo, o un esposo, o una esposa, diga *No* en un comienzo, necesitaremos la sabiduría y la paciencia de los ángeles para transformar esa erizada negativa en una afirmativa."

El empleo de esta técnica del "sí, sí" permitió a James Eberson, cajero del Greenwich Savings Bank, de Nueva York, obtener un nuevo cliente que, en el caso contrario, se habría perdido.

"Este hombre —relató Eberson— entró a abrir una cuenta, y yo le di la solicitud acostumbrada para que la llenara. Respondió de buen grado a algunas de las preguntas, pero se opuso rotundamente a responder a otras.

"Antes de empezar mi estudio de las relaciones humanas, yo habría dicho a este futuro cliente que si se negaba a dar la información al banco tendríamos que negarnos a aceptar su cuenta. Me avergüenza confesar que en el pasado hice muchas veces tal cosa. Naturalmente, un ultimátum como ése me daba la impresión de mi importancia. Demostraba que yo era el que mandaba y que no se podían desobedecer las reglas del banco. Pero esa actitud no causaba por cierto una sensación de bienvenida y de importancia al hombre que entraba a confiarnos sus depósitos.

"Esa mañana resolví emplear el sentido común. Decidí no hablar de lo que quería el banco sino de lo que quería el cliente. Y, sobre todo, resolví lograr que me dijera 'sí, sí' desde un principio. Convine con él, pues. Le dije que la información que se negaba a dar no era absolutamente necesaria.

"—Pero —agregué— supóngase que al morir tiene usted dinero en este banco. ¿No le gustaría que lo transfiriéramos a su pariente más cercano, que tiene derecho a ese dinero según la ley?

"—Sí, es claro.

"—¿No le parece, pues, que sería una buena idea darnos el nombre de su pariente más cercano para que, en el caso de morir usted, podamos cumplir sus deseos sin errores ni retrasos?

—Sí —dijo otra vez el hombre.

"Se suavizó y cambió la actitud del cliente cuando comprendió que no pedíamos la información para beneficio del banco sino para el suyo. Antes de retirarse, este joven no solamente me dio una información completa sino que, por indicación mía, abrió una cuenta auxiliar por la cual designaba a su madre como beneficiaria de sus depósitos en caso de muerte, y respondió con presteza a todas las preguntas relativas a su madre.

"Comprobé que al hacerle decir 'sí, sí' desde un comienzo, le había hecho olvidar la cuestión principal y responder complacido todas las cosas que yo quería."

"Había en mi territorio un hombre a quien nuestra compañía deseaba vender motores —nos contaba otra vez el señor Joseph Allison, vendedor de la Westinghouse—. Mi predecesor lo había visitado durante diez años sin conseguir nada. Cuando yo me hice cargo del territorio seguí insistiendo durante tres años sin lograr nada. Por fin, al cabo de trece años de visitas y esfuerzos, conseguimos venderle unos pocos motores. Yo tenía la seguridad de que si esos motores daban buen resultado nos compraría varios centenares. Éstas eran mis esperanzas.

"Yo sabía que los motores darían resultado, de modo

que cuando lo visité, tres semanas más tarde, iba encantado de la vida.

"Pero no me duró mucho el entusiasmo, porque el jefe de mecánicos de la fábrica me recibió con este sorprendente anuncio:

"—Allison, no puedo comprarle más motores.

"—¿Por qué? —inquirí atónito.

"—Porque esos motores recalientan mucho. No se los puede ni tocar.

"Yo sabía que de nada serviría discutir. Muchas veces lo había intentado infructuosamente. Pensé, pues, en obtener por respuesta 'sí, sí'.

"—Bien —dije—. Escuche, Sr. Smith: estoy en un todo de acuerdo con usted. Si esos motores recalientan demasiado, no debe comprarnos más. Debe tener motores que no se recalienten más de lo establecido por los reglamentos de la Asociación Nacional de Fabricantes Eléctricos. ¿No es así?

"Advirtió que era así. Ya había obtenido mi primer 'sí'.

"—La Asociación de Fabricantes Eléctricos dice en sus estipulaciones que un motor debidamente construido puede tener una temperatura de 72 grados Fahrenheit sobre la temperatura ambiente. ¿Es así?

"—Sí —convino—. Es así. Pero sus motores recalientan mucho más.

"No discutí con él. Sólo le pregunté:

"—¿Qué temperatura hay en la sala de los motores?

"—Ah —dijo—, unos 75 grados Fahrenheit.

"—Bien. Si la sala está a 75 grados, y usted le agrega 72, se llega a un total de 147 grados Fahrenheit. ¿No se quemaría la mano si la pusiera usted bajo un chorro de agua caliente, a una temperatura de 147 grados Fahrenheit?

"Otra vez se vio obligado a responder afirmativamente.

"—¿No sería una buena idea, pues, no poner la mano en esos motores?

"—Sí —me respondió—. Creo que usted tiene razón.

"Continuamos un rato la conversación, y por fin mi interlocutor llamó a su secretario y concluyó conmigo un nuevo negocio para el mes siguiente.

"Necesité años de tiempo y mucho dinero en negocios perdidos antes de aprender que discutir no da beneficios, que es mucho más provechoso e interesante mirar las cosas desde el punto de vista del interlocutor, y hacerle decir 'sí, sí' desde un principio."

Eddie Snow, patrocinador de nuestros cursos en Oakland, California, cuenta cómo se volvió buen cliente de un negocio sólo porque el propietario logró hacerle decir "sí, sí". Eddie se había interesado en la caza con arco y flecha, y había gastado bastante dinero en la compra de equipo en un negocio de artículos deportivos. En una ocasión en que su hermano fue a visitarlo, quiso llevarlo de caza con él, trató de alquilar un arco en este mismo negocio. El empleado que atendió a su llamado telefónico le respondió, sin más, que no alquilaban arcos. De modo que Eddie llamó a otro negocio. He aquí su relato de lo que pasó:

—Me respondió un caballero muy agradable. Su respuesta a mi pedido de alquiler fue totalmente diferente a la que había recibido en el otro negocio. Me dijo que lamentablemente ya no alquilaban más arcos, porque no les resultaba rentable. Después me preguntó si yo había alquilado alguna vez un arco. Le dije que sí, que lo había hecho años atrás. Me recordó que probablemente yo habría pagado entre 25 y 30 dólares por el alquiler. Volví a decir que sí. Entonces me preguntó si yo era de la clase de personas a las que les agrada ahorrar dinero. Naturalmente, respondí que sí. Me explicó que tenían equipos de arcos con todos los extras, en venta por 34,95 dólares. Yo podía comprarme un equipo por sólo 4,95 más que lo que me costaría alquilarlo. Me explicó que ése era el motivo por el que habían dejado de alquilar. ¿No me parecía razonable? Mi respuesta, que volvió a ser afirmativa, llevó a mi adquisición de un equipo, y cuando fui al local a retirarlo le compré varios elementos más, y desde entonces he seguido siendo cliente suyo.

Sócrates, "el tábano de Atenas", fue uno de los más grandes filósofos que haya habido. Hizo algo que sólo un puñado de hombres han podido lograr en toda la historia:

cambió radicalmente todo el curso del pensamiento humano, y ahora, veinticuatro siglos después de su muerte, se lo honra como a uno de los hombres más hábiles para persuadir a los demás.

¿Sus métodos? ¿Decía a los demás que se equivocaban? Oh, no. Era demasiado sagaz para eso. Toda su técnica, llamada ahora "método socrático", se basaba en obtener una respuesta de "sí, sí". Hacía preguntas con las cuales tenía que convenir su interlocutor. Seguía ganando una afirmación tras otra, hasta que tenía una cantidad de "síes" a su favor. Seguía preguntando, hasta que por fin, casi sin darse cuenta, su adversario se veía llegando a una conclusión que pocos minutos antes habría rechazado enérgicamente.

La próxima vez que deseemos decir a alguien que se equivoca, recordemos al viejo Sócrates y hagamos una pregunta amable, una pregunta que produzca la respuesta: "Sí, sí".

Los chinos tienen un proverbio lleno de la vieja sabiduría oriental: "Quien pisa con suavidad va lejos".

Estos chinos, tan cultos, han pasado cinco mil años estudiando la naturaleza humana, y han empleado en ello mucha perspicacia: "Quien pisa con suavidad va lejos".

REGLA 5

Consiga que la otra persona diga "sí, sí"
inmediatamente.

6

LA VÁLVULA DE SEGURIDAD PARA
ATENDER QUEJAS

Casi todos nosotros, cuando tratamos de atraer a los demás a nuestro modo de pensar, hablamos demasiado. Los vendedores, especialmente, son adictos a este costoso error. Dejemos que hable la otra persona. Ella sabe más que nosotros acerca de sus negocios y sus problemas. Hagámosle preguntas. Permitámosle que nos explique unas cuantas cosas.

Si estamos en desacuerdo con ella, podemos vernos tentados a interrumpirla. Pero no lo hagamos. Es peligroso. No nos prestará atención mientras tenga todavía una cantidad de ideas propias que reclaman expresión. Escuchemos con paciencia y con ecuanimidad. Seamos sinceros. Alentémosla a expresar del todo sus ideas.

¿Da resultados esta política en los negocios? Veamos. Aquí tenemos el relato de un hombre que se vio *obligado a emplearla.*

Uno de los más grandes fabricantes de automóviles de los Estados Unidos negociaba la compra de tejidos para tapizar sus coches durante todo el año. Tres fábricas importantes habían preparado tejidos de muestra. Todos habían sido inspeccionados por los directores de la compañía de automóviles, y a cada fabricante se le había comunicado que en un día determinado se daría a su representante una oportunidad para intentar por última vez la obtención del contrato.

G. B. R., representante de uno de los fabricantes, llegó a la ciudad con un ataque de laringitis muy fuerte. "Cuando

188

me llegó el turno de reunirme con los directores en conferencia —relataba el Sr. R. ante una de mis clases— había perdido la voz. Apenas podía hablar en un susurro. Se me hizo entrar en una sala, donde me encontré ante el jefe de tapicería, el agente de compras, el director de ventas y el presidente de la compañía. Yo hice un valiente esfuerzo por hablar, pero de mi garganta no salió más que un chillido.

"Estaban todos sentados en torno a una mesa, de modo que escribí en un trozo de papel: 'Señores, he perdido la voz. No puedo hablar'.

"—Yo hablaré por usted —dijo el presidente. Así lo hizo. Exhibió mis muestras y ensalzó sus ventajas. Se planteó una viva discusión acerca de los méritos de mi mercancía. Y el presidente, como hablaba por mí, tomó mi partido en la discusión. Yo no participé más que para sonreír, asentir con la cabeza y hacer unos pocos gestos.

"Como resultado de esta conferencia extraordinaria se me concedió el contrato, que significaba la venta de un millón de metros de tejidos para tapizados, con un valor total de 1.600.000 dólares, o sea el negocio más grande que jamás he realizado.

"Sé que lo habría perdido si hubiese conservado la voz, porque tenía ideas erróneas de todo el asunto. Sólo por este accidente descubrí cuánto beneficio rinde a veces que el interlocutor sea el que hable."

Dejar hablar a la otra persona ayuda en situaciones familiares, así como en los negocios. Las relaciones de Barbara Wilson con su hija, Laurie, se estaban deteriorando rápidamente. Laurie, que fue siempre una criatura quieta, complaciente, se convirtió en una joven hostil y algunas veces agresiva. La Sra. de Wilson le hablaba, la amenazaba y castigaba, pero sin lograr nada.

Un día, la Sra. de Wilson dijo en una de nuestras clases: "Me di por vencida. Laurie me desobedeció y dejó la casa para visitar a una amiga antes de completar sus quehaceres. Cuando retornó a la casa yo estaba por gritar por milésima vez, pero ya no tenía fuerzas para hacerlo. Simplemente la miré y tristemente le pregunté: ¿por qué, Laurie, por qué?

"Laurie notó mi estado de ánimo y en voz calmada respondió: ¿De verdad quieres saber? Yo afirmé con la cabeza y Laurie comenzó a hablar, primero con hesitación y luego fue un torrente de palabras. Yo jamás la escuchaba. Siempre estaba ordenándole lo que debía hacer. Cuando ella quería contarme sus pensamientos, sentimientos, ideas, yo la interrumpía con más órdenes. Entonces comencé a darme cuenta de que ella me necesitaba, no como una madre dominadora, sino como una confidente, un escape por toda la confusión que sentía en sus años de crecimiento. Y todo lo que yo estuve haciendo fue hablar, cuando lo que debía haber hecho era escucharla.

"Desde ese momento la dejo hablar. Ella me dice lo que piensa y nuestras relaciones han mejorado inmensurablemente. Ella es otra vez una persona que colabora."

En la página financiera de un diario de Nueva York apareció un gran anuncio en que se pedía un hombre de capacidad y experiencia. Charles T. Cubellis respondió al anuncio, con una carta enviada a una casilla postal. Unos días más tarde se le invitó, también por carta, a entrevistarse con los patrones. Antes de ir pasó varias horas en Wall Street para averiguar todo lo que pudiera acerca del fundador de la casa. Durante la entrevista final declaró francamente:

—Sería para mí un orgullo estar vinculado con una gran entidad como esta. Creo que usted se inició hace veintiocho años sin más elementos que una oficina y una estenógrafa. ¿No es cierto?

Casi todos los hombres que han triunfado se complacen en recordar sus luchas iniciales. Este hombre no era una excepción. Habló un largo rato acerca de cómo había comenzado en los negocios, con cuatrocientos cincuenta dólares y una idea original. Relató sus luchas contra el desaliento y sus batallas contra las mofas ajenas, cómo trabajaba los domingos y feriados, de doce a dieciséis horas por día y cómo triunfó al fin, contra todas las probabilidades, hasta que ahora los hombres más importantes de Wall Street iban a pedirle consejo e informaciones. Estaba orgulloso de esa historia. Tenía derecho a sentirse orgulloso, y pasó un rato espléndido contando su actuación. Por fin interrogó brevemente a Cubellis acerca de su experiencia, llamó entonces a uno de los vicepresidentes y le dijo:

—Creo que éste es el hombre que necesitamos.

El Sr. Cubellis se había tomado el trabajo de averiguar los antecedentes de su patrón en perspectiva. Demostró interés en los demás y por sus problemas. Lo alentó a hablar de él, y así causó una impresión favorable.

Roy G. Bradley, de Sacramento, California, tenía el problema opuesto. Escuchó cuando un buen candidato para un puesto se convenció a sí mismo de aceptar el trabajo en su firma. Nos contó esto:

—Como éramos una firma pequeña, no teníamos beneficios sociales para nuestros empleados, como hospitalización, seguro médico y pensiones. En nuestra compañía, cada representante es un agente independiente. Ni siquiera les damos tantas facilidades de trabajo como nuestros competidores más importantes, por cuanto no podemos publicitar su trabajo.

"Richard Pryor tenía el carácter y la experiencia que necesitábamos para este puesto, y lo entrevistó primero mi ayudante, quien le explicó todos los aspectos negativos de este empleo. Cuando entró en mi oficina, parecía ligeramente desalentado. Yo me limité a mencionar el único beneficio claro de asociarse con mi firma, que era el de ser un contratista independiente, y en consecuencia no tener prácticamente patrones.

"Él respondió hablando de esta ventaja, y poco a poco empezó a sacarse de encima las ideas negativas con que había entrado para la entrevista. En varias ocasiones me pareció como si estuviera hablando para sí mismo. Por momentos me sentía tentado de agregar algo; pero, cuando la entrevista llegó a su fin, sentí que él se había convencido a sí mismo, él solo, de que le gustaría trabajar para mi firma.

"Al escucharlo con atención y dejar que Dick hablara, sin interrumpirlo, le permití sopesar los pros y los contras, y llegar a la conclusión de que el empleo era un desafío que le gustaría enfrentar. Lo contratamos, y desde entonces ha sido un prominente representante de nuestra empresa."

La verdad es que hasta nuestros amigos prefieren hablarnos de sus hazañas antes que escucharnos hablar de las nuestras.

La Rochefoucauld, el filósofo francés, dijo: "Si quieres tener enemigos, supera a tus amigos; si quieres tener amigos, deja que tus amigos te superen".

¿Por qué es así? Porque cuando nuestros amigos nos superan tienen sensación de su importancia; pero cuando los superamos se sienten inferiores y ello despierta su envidia y sus celos.

De lejos, la más querida de las consejeras de colocación de la Agencia de Personal Midtown, era Henrietta G., pero no siempre había sido así. Durante los primeros meses de su asociación con la agencia, Henrietta no tenía un solo amigo entre sus colegas. ¿Por qué? Porque todos los días se jactaba de las cuentas nuevas que había abierto y de todo lo que había logrado.

—Yo era buena en mi trabajo y estaba orgullosa de ello —contó Henrietta en una de nuestras clases—. Pero mis colegas, en lugar de alegrarse de mis triunfos, parecían resentirse por ellos. Yo quería ser apreciada por esta gente. De veras quería que fueran mis amigos. Después de escuchar algunas de las sugerencias hechas en este curso, empecé a hablar menos sobre mí y a escuchar más a mis asociados. Ellos también tenían cosas de qué jactarse, y les entusiasmaba más la idea de hablar sobre ellos que de escucharme a mí. Ahora, cuando nos reunimos a charlar, les pido que compartan sus alegrías conmigo y sólo menciono mis logros cuando ellos me preguntan.

REGLA 6

Permita que la otra persona sea quien hable más.

7

CÓMO OBTENER COOPERACIÓN

¿No tiene usted más fe en las ideas que usted mismo descubre que en aquellas que se le sirven en bandeja de plata? Si es así, ¿no demuestra un error de juicio al tratar que los demás acepten a toda fuerza las opiniones que usted sustenta? ¿No sería más sagaz hacer sugestiones y dejar que los demás lleguen por sí solos a la conclusión?

El Sr. Adolph Seltz, de Filadelfia, estudiante en uno de mis cursos, se vio de pronto ante la necesidad de inyectar entusiasmo a un grupo de vendedores de automóviles, desalentados y desorganizados. Los convocó a una reunión y los instó a decirle con claridad qué esperaban de él. A medida que hablaba, el Sr. Seltz iba escribiendo sus ideas en un pizarrón. Finalmente dijo: "Yo voy a hacer todo lo que ustedes esperan de mí. Ahora quiero que me digan qué tengo derecho a esperar de ustedes". Las respuestas fueron rápidas: lealtad, honestidad, iniciativa, optimismo, trabajo de consuno, ocho horas por día de labor entusiasta. Un hombre se ofreció para trabajar catorce horas por día. La reunión terminó con una nueva valentía, una nueva inspiración, en todos los presentes, y el Sr. Seltz me informó luego que el aumento de ventas fue fenomenal.

"Estos vendedores —concluyó Seltz— hicieron una especie de pacto moral conmigo, y mientras yo cumpliera con mi parte ellos estaban decididos a cumplir con la suya. Consultarles sobre sus deseos era el aliciente que necesitaban."

A nadie agrada sentir que se le quiere obligar a que

compre o haga una cosa determinada. Todos preferimos creer que compramos lo que se nos antoja y aplicamos nuestras ideas. Nos gusta que se nos consulte acerca de nuestros deseos, nuestras necesidades, nuestras ideas.

El gran poeta inglés Alexander Pope lo expresó de modo sucinto:

Al hombre hay que enseñarle como si no se le enseñara, y proponerle lo desconocido como olvidado.

Tomemos, por ejemplo, el caso de Eugene Wesson. Perdió incontables millares de dólares en comisiones antes de aprender esta verdad. El Sr. Wesson vendía dibujos para un estudio que crea diseños para estilistas y para fábricas textiles. Wesson venía visitando una vez por semana, durante tres años, a uno de los principales estilistas de modas en Nueva York. "Nunca se negaba a verme —contaba Wesson— pero jamás me compraba nada. Miraba siempre con mucho cuidado mis dibujos y luego los rechazaba."

Después de ciento cincuenta fracasos, Wesson comprendió que debía de estar en una especie de estancamiento mental, y resolvió dedicar una noche por semana al estudio de la forma de influir en el comportamiento humano, y a desarrollar nuevas ideas y generar nuevos entusiasmos.

Por fin se resolvió a probar una nueva manera de actuar. Recogió media docena de dibujos sin terminar, en que estaban trabajando todavía los artistas, y fue con ellos a la oficina del comprador en perspectiva.

—Quiero —le dijo—, que me haga usted un favor, si es que puede. Aquí traigo algunos dibujos sin terminar. ¿No quiere usted tener la gentileza de decirnos cómo podríamos terminarlos de manera que le sirvan?

El comprador miró los dibujos un buen rato, sin hablar, y por fin manifestó:

—Déjelos unos días, Wesson, y vuelva a verme.

Wesson regresó tres días más tarde, recibió las indicaciones del cliente, volvió con los dibujos al estudio y los hizo terminar de acuerdo con las ideas del comprador. ¿El resultado? Todos aceptados.

Desde entonces el mismo comprador ha ordenado muchos otros dibujos, trazados todos de conformidad con sus ideas.

"Ahora comprendo —nos refería el Sr. Wesson— por qué durante años no conseguí vender un solo diseño a este comprador. Le recomendaba que comprara lo que se me ocurría que debía comprar. Ahora hago todo lo contrario. Le pido que me dé sus ideas, y él cree que los dibujos son de su creación, como es cierto. Ahora no tengo que esforzarme por venderle nada. Él compra solo."

Dejar que la otra persona sienta que la idea es suya no sólo funciona en los negocios o la política, sino también en la vida familiar. Paul M. Davis, de Tulsa, Oklahoma, le contó a su clase cómo aplicaba este principio.

—Mi familia y yo pasamos una de las vacaciones más interesantes que hayamos tenido. Yo soñaba desde hacía mucho tiempo con visitar sitios históricos como el campo de batalla de Gettysburg, el Salón de la Independencia en Filadelfia, y la capital de la nación. En la lista de cosas que quería ver figuraban en lugar prominente el Valle Forge, Jamestown y la aldea colonial restaurada de Williamsburg.

"En marzo mi esposa Nancy dijo que tenía ciertas ideas para nuestras vacaciones de verano, que incluían una gira por los estados del oeste, visitando puntos de interés en Nuevo México, Arizona, California y Nevada. Hacía años que quería realizar este viaje. Obviamente, no podíamos satisfacer ambos deseos.

"Nuestra hija Anne terminaba de hacer un curso en la secundaria sobre historia nacional, y se había interesado mucho en los hechos que conformaron el crecimiento de nuestro país. Le pregunté si le gustaría visitar los sitios sobre los que había estado estudiando, en nuestras próximas vacaciones. Dijo que le encantaría hacerlo.

"Dos noches después, sentados a la cena, Nancy anunció que si todos estábamos de acuerdo, en las vacaciones de verano haríamos un viaje por los estados del este, lo que sería instructivo para Anne e interesante para todos nosotros. No hubo objeciones."

Esta misma psicología fue utilizada por un fabricante de aparatos de rayos X para vender su equipo a uno de los más grandes hospitales de Brooklyn. Este hospital iba a construir un nuevo pabellón y se disponía a equiparlo con el mejor consultorio de rayos X que hubiera en el país. El Dr. L., a cargo del departamento de rayos, se veía abrumado por vendedores que defendían entrañablemente las ventajas de sus respectivos equipos.

Pero un fabricante fue más hábil que los demás. Sabía más acerca de la forma de tratar con las personas. Escribió al Dr. L. una carta concebida más o menos en estos términos:

Nuestra fábrica ha completado recientemente una serie de aparatos de rayos X. La primera partida de estas máquinas acaba de llegar a nuestros salones de venta. No son perfectas. Lo sabemos y queremos mejorarlas. Nos sentiríamos profundamente agradecidos a usted si pudiera dedicarnos el tiempo necesario para estudiar estos aparatos y darnos sus impresiones acerca de la forma en que pueden ser más útiles a su profesión. Sabiendo lo ocupado que está usted, me complacerá enviarle mi automóvil a buscarlo, a la hora que usted decida.

"Me sorprendió recibir aquella carta —dijo el Dr. L., al relatar este incidente ante nuestra clase—. Quedé sorprendido y halagado. Jamás un fabricante de aparatos de rayos X me había pedido consejo. Me sentí importante. Estaba ocupado, tan ocupado que no tenía libre una sola noche de aquella semana, pero dejé sin efecto un compromiso para una comida, a fin de revisar aquellos aparatos. Cuanto más los estudiaba, tanto más descubría, por mi propia cuenta, que me gustaban mucho.

"Nadie había tratado de vendérmelos. Consideré que la idea de comprar aquel equipo era mía, solamente mía. Yo mismo me convencí de su superior calidad y ordené que fuera instalado en el hospital."

Ralph Waldo Emerson, en su ensayo "Autodependen-

196

cia", dijo: "En todo trabajo de genio reconocemos nuestras propias ideas desechadas: vuelven a nosotros con cierta majestad ajena".

El coronel Edward H. House tenía una enorme influencia en los asuntos nacionales e internacionales cuando Woodrow Wilson ocupaba la Casa Blanca. Wilson recurría al coronel House para pedirle consejos y ayuda en secreto, más que a cualquier otra persona, sin exceptuar los miembros de su gabinete.

¿Qué método empleaba el coronel para influir sobre el presidente? Afortunadamente, lo sabemos, porque el mismo House lo reveló a Arthur D. Howden Smith, quien lo refirió en un artículo aparecido en el diario *The Saturday Evening Post.*

"Una vez que llegué a conocer bien al presidente —relató House— supe que el mejor medio para convertirlo a cualquier idea era dársela a conocer como al pasar, pero interesándolo en ella, de modo de hacerle pensar en esa idea por su propia cuenta. La primera vez que utilicé este sistema fue por accidente. Yo lo había visitado en la Casa Blanca, y recomendado una política que él parecía rechazar. Pero unos días después, en una comida, me sorprendió oírle proponer mi indicación como si fuera de él."

House no lo interrumpió para decirle: "Esa idea no es suya. Es mía". No; House no iba a hacer tal cosa. Era demasiado diestro para hacerlo. No le interesaba darse importancia. Quería resultados. Por eso dejó que Wilson siguiera creyendo que la idea era suya. Aun más; anunció públicamente que Wilson era el autor de esas ideas.

Recordemos que las personas con quienes entraremos mañana en contacto serán por lo menos tan humanas como Woodrow Wilson. Utilicemos, pues, la técnica del coronel House.

Un hombre de la hermosa provincia canadiense de Nueva Brunswick utilizó esta técnica conmigo hace algún tiempo y me ganó como cliente. Por aquel entonces yo pensaba hacer una excursión de pesca y de remo por Nueva Brunswick. Escribí a la oficina de turismo para pedir información. Mi nombre y dirección, evidentemente, aparecieron en una lista pública, porque me vi inmediatamente asediado por cartas y folletos y revistas de campamentos y guías para veraneantes. Yo estaba atónito. No sabía cuál elegir. Pero el dueño de uno de los campamentos hizo algo muy hábil. Me envió los nombres y números telefónicos de varias personas de Nueva York que habían ido a su campamento, y me invitó a descubrir por mi cuenta qué me podía ofrecer. Con gran sorpresa vi que conocía a un hombre que figuraba en la lista. Le hablé por teléfono, supe cuál había sido su experiencia en el campamento, y luego telegrafié al dueño la fecha de mi llegada. Los demás habían tratado de convencerme, pero este hombre no: éste me dejó que yo decidiera. Y fue quien ganó.

Hace veinticinco siglos el sabio chino Laotsé dijo ciertas cosas que los lectores de este libro podrían utilizar hoy:

"La razón por la cual los ríos y los mares reciben el homenaje de cien torrentes de la montaña es que se mantienen por debajo de ellos. Así son capaces de reinar sobre todos los torrentes de la montaña. De igual modo, el sabio que desea estar por encima de los hombres se coloca debajo de ellos; el que quiere estar delante de ellos, se coloca detrás. De tal manera, aunque su lugar sea por encima de los hombres, éstos no sienten su peso; aunque su lugar sea delante de ellos, no lo toman como insulto."

REGLA 7

Permita que la otra persona sienta
que la idea es de ella.

8

UNA FÓRMULA QUE LE RESULTARÁ MARAVILLOSA

Recuerde que la otra persona puede estar equivocada por completo. Pero ella no lo cree. No la censure. Cualquier tonto puede hacerlo. Trate de comprenderla. Sólo las personas sagaces, tolerantes, excepcionales, tratan de proceder así.

Hay una razón por la cual la otra persona piensa y procede como lo hace. Descubra la razón oculta y tendrá la llave de sus acciones, quizá de su personalidad.

Trate honradamente de ponerse en el lugar de la otra persona.

Si usted llegara a decirse: "¿Qué pensaría, cómo reaccionaría yo si estuviera en su lugar?", habrá ahorrado mucho tiempo e irritación, pues "al interesarnos en las causas es menos probable que nos disgusten los efectos". Y, además, habrá aumentado usted considerablemente su habilidad para tratar con la gente.

"Deténgase usted un minuto —dice Kenneth M. Goode en su libro *Cómo convertir a la gente en oro*— a destacar el contraste de su hondo interés por los asuntos propios con su escaso interés por todo lo demás. Comprenda, entonces, que todos los demás habitantes del mundo piensan exactamente lo mismo. Entonces, junto con Lincoln y Roosevelt, habrá captado usted la única base sólida en relaciones interpersonales: que el buen éxito en el trato con los demás depende de que se capte con simpatía el punto de vista de la otra persona."

Sam Douglas, de Hampstead, Nueva York, solía decirle

a su esposa que pasaba demasiado tiempo trabajando en el jardín, sacando malezas, fertilizando, cortando la hierba dos veces por semana, a pesar de todo lo cual el jardín no lucía mucho mejor que cuatro años atrás, cuando se habían mudado a esa casa. Naturalmente, ella quedaba deprimida por estos comentarios, y cada vez que él los hacía, la velada quedaba arruinada.

Después de seguir nuestro curso, el señor Douglas comprendió qué tonto había sido durante todos esos años. Nunca se le había ocurrido que a su esposa podía agradarle hacer el trabajo, y también podría agradarle oír un elogio a su laboriosidad.

Una noche después de la cena, su esposa dijo que quería salir a arrancar unas malezas, y lo invitó a acompañarla. Al principio él se sintió tentado de no aceptar, pero después lo pensó mejor y salió con ella y la ayudó a arrancar malezas. Ella quedó visiblemente complacida, y pasaron una hora trabajando y charlando muy contentos.

Desde esa vez, la ayudó siempre en la jardinería, y la felicitó con frecuencia por lo bien que se veía el prado, el trabajo fantástico que estaba haciendo a pesar de lo malo del terreno. Resultado: una vida más feliz para los dos, gracias a que él aprendió a ver las cosas desde el punto de vista de ella... aunque se tratara de algo tan nimio como unas malezas.

En su libro *Cómo llegar a la gente**, el doctor Gerald S. Nirenberg comentó: "Se coopera eficazmente en la conversación cuando uno muestra que considera las ideas y sentimientos de la otra persona tan importantes como los propios. El modo de alentar al interlocutor a tener la mente abierta a nuestras ideas, es iniciar la conversación dándole claras indicaciones sobre nuestras intenciones, dirigiendo lo que decimos por lo que nos gustaría oír si estuviéramos en la piel del otro, y aceptando siempre sus puntos de vista".

---

* Dr. Gerald S. Nirenberg, *Cómo llegar a la gente* (Englewood Cliff, N.J.: Prentice Hall, 1963).

Durante años he pasado muchos de mis ratos de ocio caminando y andando a caballo en un parque cercano a mi casa. Como los druidas de la antigua Galia, yo veneraba los robles, de manera que todos los años me afligía ver los arbustos y matorrales asesinados por fuegos innecesarios. Esos fuegos no eran causados por fumadores descuidados. Casi todos eran producidos por niños que iban al parque a convertirse en exploradores y a asar una salchicha bajo los árboles. A veces estos incendios cundían tanto que era menester llamar a los bomberos para luchar contra las llamas.

Al borde del parque había un cartel que amenazaba con multa y prisión a todo el que encendiera fuego; pero el cartel estaba en una parte poco frecuentada del parque y pocos niños lo veían. Un policía montado debía cuidar el parque; pero no se tomaba muy en serio estos deberes, y los incendios seguían propagándose verano tras verano. En una ocasión corrí hasta un policía y le dije que un incendio se estaba propagando rápidamente ya y que debía avisar al cuartel de bomberos; y me respondió despreocupadamente que no era cuestión suya, pues no estaba en su jurisdicción. Desde entonces, cuando salía a caballo, iba yo constituido en una especie de comité individual para proteger los bienes públicos. Me temo que en un principio no intenté siquiera comprender el punto de vista de los niños. Cuando veía una hoguera entre los árboles, tanto me afligía el hecho, tanto deseaba hacer lo que correspondía, que hacía lo que no correspondía. Me acercaba hasta los niños, les advertía que se les podía encarcelar por encender fuego, les ordenaba que lo apagaran, con tono de mucha autoridad; y si se negaban los amenazaba con hacerlos detener. Yo descargaba mis sentimientos, sin pensar en los otros.

¿El resultado? Los niños obedecían, de mala gana y con resentimiento. Lo probable es que, una vez que me alejaba yo, volvieran a encender su hoguera, y con muchos deseos de incendiar el parque entero.

Al pasar los años creo haber adquirido un poco de conocimiento de las relaciones humanas, algo más de tacto,

201

mayor tendencia a ver las cosas desde el punto de vista del prójimo. Así, pues, años más tarde, al ver una hoguera en el parque, ya no daba órdenes, sino que me acercaba a decir algo como esto:

¿Se están divirtiendo, muchachos? ¿Qué van a hacer de comida? Cuando yo era niño, también me gustaba hacer hogueras como ésta, y todavía me gusta. Pero ya saben ustedes que son peligrosos los fuegos en el parque. Yo sé que ustedes no quieren hacer daño; pero hay otros menos cuidadosos. Llegan y los ven junto a la hoguera, se entusiasman y encienden otra, y no la apagan cuando se marchan, y se propaga a las hojas secas y mata los árboles. Si no ponemos un poco más de cuidado no nos quedarán árboles en el parque. Ustedes podrían ir a la cárcel por lo que hacen, pero yo no quiero hacerme el mandón y privarlos de este placer. Lo que me gusta es ver que se diviertan, pero, ¿por qué no quitan las hojas secas alrededor del fuego? Y cuando se marchen, tendrán cuidado de tapar las brasas con mucha tierra, ¿verdad? La próxima vez que quieran divertirse, ¿por qué no encienden el fuego allá en el arenal? Allá no hay peligro alguno... Gracias, muchachos. Que se diviertan.

¡Qué diferencia notaba cuando hablaba así! Conseguía que los niños quisieran cooperar. Nada de asperezas ni de resentimientos. No les obligaba a obedecer mis órdenes. Les dejaba salvar las apariencias. Ellos quedaban contentos, y yo también porque había encarado la situación teniendo en cuenta el punto de vista de los demás.

Ver las cosas según el punto de vista ajeno puede facilitarlo todo cuando los problemas personales se vuelven abrumadores. Elizabeth Novak, de Nueva Gales del Sur, Australia, estaba atrasada seis semanas en el pago de las cuotas de su auto.

—Un viernes —contó—, recibí un desagradable llamado telefónico del hombre que se ocupaba de mi cuenta, para informarme que si no me presentaba con U$S 122 el lunes a la mañana, la compañía iniciaría acciones legales contra mi persona. No tuve modo alguno de reunir el dinero durante el fin de semana, por lo que, al recibir otro llamado de la misma persona el lunes a la mañana, anticipé lo peor. En lugar de derrumbarme, traté de ver la situación desde el punto de vista de este hombre. Me disculpé con la mayor sinceridad posible por causarle tantos inconvenientes, y le hice notar que yo debía de ser la cliente que más problemas le traía, pues no era la primera vez que me demoraba en los pagos. Su tono de voz cambió inmediatamente, y me tranquilizó diciéndome que yo estaba muy lejos de ser uno de sus clientes realmente problemáticos. Me contó algunos ejemplos de lo groseros que podían llegar a ser sus clientes en ocasiones, cómo le mentían o trataban de evitar hablar con él. No dije nada. Lo escuché y dejé que descargara en mí sus problemas. Después, sin que mediara ninguna sugerencia de mi parte, dijo que no tenía tanta importancia si no podía pagar de inmediato. Estaría bien con que le pagara U$S 20 a fin de mes y me pusiera al día cuando pudiera.

Mañana, antes de pedir a alguien que apague una hoguera o compre su producto o contribuya a su caridad favorita, ¿por qué no cierra usted los ojos y trata de verlo todo desde el punto de vista de la otra persona? Pregúntese: ¿Por qué esta persona va a querer hacerlo? Es cierto que esto le llevará tiempo; pero le ayudará a lograr amigos y a obtener mejores resultados, con menos fricción y menos trabajo.

"Yo prefiero caminar dos horas por la acera frente a la oficina de un hombre a quien debo entrevistar —dijo el decano de la escuela de negocios de Harvard, Sr. Donham—, antes que entrar en su oficina sin una idea perfectamente clara de lo que voy a decirle y de lo que es probable que él, según mis conocimientos de sus intereses y motivos, ha de responderme."

Esto es de tal importancia que voy a repetirlo:

Yo prefiero caminar dos horas por la acera frente a la oficina de un hombre a quien debo entrevistar, antes

que entrar en su oficina sin una idea perfectamente cla-
ra de lo que voy a decirle y de lo que es probable que
él, según mis conocimientos de sus intereses y motivos,
ha de responderme.

Si como resultado de la lectura de este libro consigue usted tan sólo una cosa, una mayor tendencia a pensar siempre en términos del punto de vista ajeno, y a ver las cosas desde ese punto de vista tanto como desde el suyo; si tan sólo ese resultado logra de la lectura de este libro, bien puede resultar uno de los pasos culminantes de su carrera.

REGLA 8

Trate honradamente de ver las cosas desde
el punto de vista de la otra persona.

9

LO QUE TODOS QUIEREN

¿No le gustaría tener una frase mágica que sirva para detener las discusiones, para eliminar malos sentimientos, crear buena voluntad y hacer que se lo escuche atentamente?

¿Sí? Pues bien, aquí está. Comience diciendo: "Yo no lo puedo culpar por sentirse como se siente. Si yo estuviera en su lugar, no hay duda de que me sentiría de la misma manera".

Una frase como esa suavizará a la persona más pendenciera del mundo. Y usted puede pronunciarla con toda sinceridad, porque si estuviera usted en el lugar del otro es evidente que pensaría como él. Un ejemplo. Tomemos a Al Capone. Supongamos que usted hubiera heredado el mismo cuerpo y el temperamento y el cerebro que heredó Al Capone. Supongamos que hubiese tenido usted su misma educación, sus experiencias y ambiente. Sería usted precisamente lo que él era, y estaría donde estuvo él. Porque esas cosas —y solamente esas cosas— son las que lo han hecho como es.

La única razón, por ejemplo, de que no sea usted una víbora de cascabel, es que sus padres no eran víboras de cascabel.

Muy poco crédito merece usted por ser lo que es, y recuerde también que muy poco descrédito merece por ser como es la persona que se le acerca irritada, llena de prejuicios, irrazonable. Tenga compasión del pobre diablo.

Apiádese de él. Simpatice con él. Dígase: "Ése, si no fuera por la gracia de Dios, podría ser yo".

Las tres cuartas partes de las personas con quienes se encontrará usted mañana tienen sed de simpatía. Déles esa simpatía, y le tendrán cariño.

Yo pronuncié cierta vez una conferencia radiotelefónica acerca de la autora de *Mujercitas*, Louisa May Alcott. Naturalmente, yo sabía que había vivido y escrito sus libros inmortales en Concord, Massachusetts. Pero, sin pensar en lo que decía, hablé de una visita hecha por mí a su viejo hogar en Concord, Nueva Hampshire. Si hubiese dicho Nueva Hampshire sólo una vez, se me podría haber perdonado. Pero, desgraciadamente, lo dije dos veces. Me vi asediado por cartas y telegramas, agrios mensajes que giraban en torno a mi indefensa cabeza como un enjambre de avispas. Muchos de ellos mostraban indignación. Unos pocos eran insultantes. Una dama colonial, criada en Concord, Massachusetts, y residente por entonces en Filadelfia, volcó en mí su ira más ardiente. No podría haberse mostrado más punzante si yo hubiese dicho que la Srta. Alcott pertenecía a una tribu de caníbales. Al leer la carta, reflexioné: "Gracias a Dios que no me he casado con esta señora". Tuve impulsos de escribirle manifestándole que, si bien yo había cometido un error geográfico, ella lo había cometido en cuanto a cortesía. Ésa iba a ser mi frase inicial. Después, ya vería lo que pensaba de ella. Pero no lo hice. Me dominé. Comprendí que cualquier tonto acalorado haría lo mismo.

Yo quería estar por encima de los tontos. Por eso decidí tratar de convertir esa hostilidad en amistad. Sería una especie de desafío, una especie de juego para mí. Me dije: "Después de todo, si yo estuviera en su lugar, pensaría probablemente lo mismo que ella". Así, pues, decidí simpatizar con su punto de vista. Tuve que ir a Filadelfia, y no tardé en llamarla por teléfono. La conversación fue algo así:

YO: Señora Fulana de Tal, usted me escribió una carta hace pocas semanas, y quiero darle las gracias.
ELLA (en tono culto, bien educado): ¿Con quién tengo el honor de hablar?

YO: Usted no me conoce. Me llamo Dale Carnegie. Hace unos pocos domingos di una conferencia sobre Louisa May Alcott, y cometí el error imperdonable de decir que había vivido en Concord, Nueva Hampshire. Fue un error estúpido y quiero pedirle disculpas. Fue usted muy amable al dedicar parte de su tiempo a escribirme.

ELLA: Siento mucho, Sr. Carnegie, haberle escrito como lo hice. Perdí el tino. Quiero que me disculpe.

YO: ¡No, no! No es usted quien debe pedir disculpas, sino yo. Un niño no habría cometido el error que hice yo. Pedí disculpas por radio el domingo siguiente, pero quiero pedírselas personalmente ahora.

ELLA: Es que yo nací en Concord, Massachusetts. Mi familia se ha destacado en ese estado durante dos siglos, y yo estoy muy orgullosa de todo lo que se refiere a Massachusetts. Me afligió mucho, en verdad, oírle decir que la Srta. Alcott nació en Nueva Hampshire. Pero estoy avergonzada de esa carta.

YO: Le aseguro que usted no pudo afligirse ni la décima parte de lo que me afligí yo. Mi error no lastimó a Massachusetts, pero a mí sí. Pocas veces las personas de su posición y su cultura tienen tiempo para escribir a quienes hablan por radio, y abrigo la esperanza de que me escribirá otra vez si nota algún error en mis conferencias.

ELLA: Quiero que sepa que me ha gustado mucho la forma en que acepta usted mis críticas. Debe ser usted muy simpático. Me gustaría conocerlo mejor.

Así, pidiendo disculpas y simpatizando con su punto de vista, logré que ella se disculpara y simpatizara con el mío. Tuve la satisfacción de dominar mi mal genio, la satisfacción de devolver bondad por un insulto. Y me divertí mucho más al conseguir la simpatía de esa mujer que si le hubiera dicho que se arrojara de cabeza al río.

Todo hombre que ocupa la Casa Blanca se ve diariamente ante espinosos problemas de relaciones humanas. El presidente Taft no fue una excepción, y por experiencia conoció el enorme valor químico de la simpatía para neutralizar el ácido de los resquemores. En su libro *Ética en Servicio*, Taft da un ejemplo bastante divertido sobre la forma en que suavizó la ira de una madre decepcionada y ambiciosa.

"Una señora de Washington —escribe Taft— cuyo marido tenía cierta influencia política, trató conmigo durante seis semanas o más a fin de que designara a su hijo para cierto cargo. Consiguió la ayuda de senadores y representantes en número formidable, y los acompañaba a verme para cuidar que defendieran bien su pedido. El cargo requería una preparación técnica y, según las recomendaciones del cuerpo administrativo, designé a otra persona. Entonces recibí una carta de la madre, diciéndome que yo era un desagradecido, por haberme negado a convertirla en una mujer feliz con un trazo de mi pluma. Se quejaba, además, de haber trabajado con los legisladores de su estado para conseguir todos los votos en favor de un proyecto en que yo estaba especialmente interesado, y que ésta era la forma en que yo le pagaba.

"Cuando uno recibe una carta así, lo primero que hace es pensar cómo puede mostrar severidad con una persona que ha cometido una impropiedad, o aun cierta impertinencia. Entonces escribe uno la respuesta. Pero, si es prudente, guarda la carta en un cajón y cierra el cajón con llave. La saca uno a los dos días —estas comunicaciones pueden retrasarse siempre dos días— y entonces no la envía ya. Ése es el camino que seguí yo. Pasados dos días me senté a escribir otra carta, una carta tan cortés como pude, en la cual decía comprender la decepción maternal en las circunstancias, pero que en verdad el nombramiento no dependía solamente de mis preferencias personales, que tenía que elegir a una persona con experiencia técnica y, por lo tanto, había tenido que seguir las recomendaciones del cuerpo administrativo. Expresaba la esperanza de que su hijo realizara en el cargo que ocupaba, las esperanzas que en él depositaba la madre. Esto la calmó, y me escribió para decirme que lamentaba haberme enviado la primera carta.

208

"Pero el nombramiento no fue confirmado en seguida, y al cabo de un tiempo recibí una carta que figuraba ser del marido de esta mujer, aunque la letra era la misma de antes. Se me informaba en esa carta que, debido a la postración nerviosa sufrida por la decepción de la señora en este caso, había tenido que ponerse en cama y sufría ahora un grave cáncer al estómago. ¿No querría yo devolverle la salud, retirando el primer candidato y reemplazándolo por su hijo? Tuve que escribir otra carta, esta vez al marido, para decirle que esperaba que el diagnóstico no fuera exacto, que lo acompañaba en la pena que debía producirle la enfermedad de su esposa, pero que me era imposible retirar el nombre del candidato al cargo. El hombre por mí designado fue confirmado, y dos días después de haber recibido esa carta dimos una fiesta en la Casa Blanca. Las primeras dos personas que llegaron a saludar a mi esposa y a mí fueron el marido y la mujer del caso, a pesar de que ella había estado *in articulo mortis* tan poco tiempo antes."

Jay Mangum representaba a una compañía de mantenimiento de ascensores y escaleras mecánicas en Tulsa, Oklahoma, que tenía el contrato de mantenimiento de las escaleras mecánicas de uno de los principales hoteles de Tulsa. El director del hotel no quería clausurar las escaleras por más de dos horas seguidas, debido a los inconvenientes que eso causaría a los pasajeros. La reparación que debía hacerse insumiría por lo menos ocho horas, y la compañía no disponía de un mecánico especializado en todo momento, como habría sido necesario para satisfacer al hotel.

Cuando el señor Mangum logró agendar a un buen mecánico para hacer el trabajo, llamó al gerente del hotel y en lugar de discutir con él para obtener el tiempo necesario, le dijo:

—Rick, sé que su hotel tiene muchos pasajeros y a usted le gustaría que la clausura de las escaleras mecánicas se redujera a un mínimo. Entiendo su preocupación por este punto, y haré todo lo posible por acomodarme. No obstante, después de estudiar la situación hemos llegado a la conclusión de que si no hacemos el trabajo completo ahora, la escalera podría sufrir un perjuicio más serio, y la clausura a la larga sería más prolongada. Estoy seguro de que usted no querrá causarle ese inconveniente a sus pasajeros durante varios días seguidos.

El gerente debió admitir que un cierre de ocho horas seguidas era preferible a uno de varios días. Simpatizando con el deseo del gerente de mantener felices a sus pasajeros, el señor Mangum pudo hacerlo pensar como él, fácilmente y sin rencores.

Joyce Norris, una profesora de piano de St. Louis, Missouri, contó cómo había manejado un problema que las profesoras de piano suelen tener con chicas adolescentes. Babette tenía uñas excepcionalmente largas. Lo cual es un inconveniente serio para quienquiera que desee ejecutar el piano con buena y brillante técnica.

La señora Norris nos contó:

—Yo sabía que sus uñas largas serían una barrera a su deseo de aprender a tocar bien. Durante nuestras conversaciones antes de iniciar las lecciones, no le dije nada sobre las uñas. No quería desalentarla al comenzar el estudio, y además sabía que no querría perder esas uñas de las que se enorgullecía y cuidaba tanto.

"Después de la primera lección, cuando sentí que era el momento adecuado, le dije:

"—Babette, tienes manos atractivas y uñas hermosas. Si quieres tocar el piano tan bien como puedes hacerlo, y como te gustaría, te sorprenderá ver cuánto te ayudará tener las uñas algo recortadas. Piénsalo, ¿eh? —Hizo un gesto que representaba una negativa absoluta. Hablé con su madre sobre esta situación, pero sin olvidar hacer mención de lo hermosas que eran sus uñas. Otra reacción negativa. Era evidente que las hermosas uñas manicuradas de Babette eran importantes para ella.

"A la semana siguiente Babette volvió para la segunda lección. Para mi sorpresa, se había cortado las uñas. La felicité y la elogié por haber hecho el sacrificio. También le agradecí a la madre por haber ejercido su influencia para que Babette se cortara las uñas. La respuesta de la madre fue:

"—Oh, yo no tuve nada que ver con el asunto. Ella decidió hacerlo por sí misma, y es la primera vez que se ha cortado las uñas por pedido de alguien."

¿La señora Norris amenazó a Babette? ¿Le dijo que se negaría a darle clases a una estudiante con uñas largas? No, nada de eso. Le informó a Babette que sus uñas eran hermosas, y que sería un sacrificio cortárselas. Fue como si le dijera: "Me pongo en tu lugar: sé que no será fácil, pero la recompensa será un desarrollo musical más rápido".

S. Hurok fue probablemente el primer empresario musical de los Estados Unidos. Durante un quinto de siglo ha dirigido artistas, artistas tan famosos como Chaliapin, Isadora Duncan y la Pavlova. El Sr. Hurok me dijo que una de las primeras lecciones que aprendió al tratar con estas estrellas llenas de temperamento se refería a la necesidad de mostrar simpatía, simpatía y más simpatía por su ridícula idiosincrasia.

Durante tres años fue empresario de Feodor Chaliapin, uno de los más grandes bajos que ha conocido el mundo. Pero Chaliapin era un problema constante. Se comportaba como un niño malcriado. La frase de Hurok es inimitable: "Era un infierno de tipo en todo sentido".

Por ejemplo, Chaliapin llamaba un día al Sr. Hurok, a mediodía, para decirle:

—Me siento muy mal. Tengo la garganta inflamada. Me va a ser imposible cantar esta noche.

¿Discutía con él el Sr. Hurok? Jamás. Ya sabía que un empresario no podía tratar así con los artistas. Corría al hotel de Chaliapin, lleno de compasión.

—¡Qué lástima! —se lamentaba—. ¡Qué lástima! Pobre amigo mío. Es claro que no podrá cantar. Ahora mismo voy a cancelar el concierto. No le costará más que una gran cantidad de dinero, pero eso no es nada comparado con su reputación.

Entonces suspiraba Chaliapin, y decía:

—Quizá sea mejor que vuelva usted más tarde. Venga a verme a las cinco y ya veremos cómo me encuentro entonces.

A las cinco volvía Hurok al hotel, siempre lleno de simpatía y compasión. Insistía en que debía cancelarse el concierto, y otra vez suspiraba Chaliapin y decía:

—Bueno, quizá sea mejor que vuelva más tarde. Quizás esté mejor entonces.

A las 7.30 el gran bajo aceptaba cantar pero con la condición de que Hurok apareciera primero en el escenario de la Ópera Metropolitana para anunciar que Chaliapin sufría un resfriado y no estaba esa noche en plena posesión de su voz. El Sr. Hurok debía mentir, pero dijo que así lo haría, porque sabía que ésa era la única manera de conseguir que el gran bajo se presentara en público.

El Dr. Arthur I. Gates dice en su espléndido libro *Psicología educacional:* "La especie humana ansía universalmente la simpatía. El niño muestra a todos unas lastimaduras; o aun llega a infligirse un tajo o un machucón para que se conduelan de él. Con el mismo fin los adultos muestran sus cicatrices, relatan sus accidentes, enfermedades, especialmente los detalles de sus operaciones quirúrgicas. La 'autocondolencia' por los infortunios reales o imaginarios es, en cierto modo, una práctica casi universal".

De manera que si usted quiere que los demás piensen como usted, ponga en práctica la...

REGLA 9

Muestre simpatía por las ideas y deseos
de la otra persona.

212

10

UN LLAMADO QUE GUSTA A TODOS

Yo me crié en el linde del país de Jesse James en Missouri, y he visitado la granja de los James, en Kearney, Missouri, donde vive todavía el hijo del bandolero.

Su esposa me ha narrado cómo Jesse asaltaba trenes y bancos y luego daba el dinero a granjeros vecinos para que pagaran sus hipotecas.

Jesse James se consideraba, probablemente, un idealista en el fondo, tal como pensaron por su parte Dutch Schultz, "Dos Pistolas" Crawley, Al Capone y muchos otros grupos de "Padrinos" de crimen organizado dos generaciones más tarde. Lo cierto es que todas las personas con quienes se encuentra usted —hasta la persona a quien ve en el espejo— tienen un alto concepto de ellas mismas, y quieren ser nobles y altruistas para su propio juicio.

J. Pierpont Morgan observó, en uno de sus interludios analíticos, que por lo común la gente tiene dos razones para hacer una cosa: una razón que parece buena y digna, y la otra, la verdadera razón.

Cada uno piensa en su razón verdadera. No hay necesidad de insistir en ello. Pero todos, como en el fondo somos idealistas, queremos pensar en los motivos que parecen buenos. Así pues, a fin de modificar a la gente, apelemos a sus motivos más nobles.

¿Es este sistema demasiado idealista para aplicarlo a los negocios? Veamos. Tomemos el caso de Hamilton J. Farrell, de la Farrell-Mitchell Company, de Glenolden, Pennsylvania. El Sr. Farrell tenía un inquilino descontento, que quería mudarse de casa. El contrato de alquiler

213

debía seguir todavía durante cuatro meses; pero el inquilino comunicó que iba a dejar la casa inmediatamente, sin tener en cuenta el contrato.

"Aquella familia —dijo Farrell al relatar el episodio ante nuestra clase— había vivido en la casa durante el invierno entero, o sea la parte más costosa del año para nosotros, y yo sabía que sería difícil alquilar otra vez el departamento antes del otoño. Pensé en el dinero que perderíamos, y me enfurecí.

"Ordinariamente, yo habría ido a ver al inquilino para advertirle que leyera otra vez el contrato. Le habría señalado que, en el caso de dejar la casa, podríamos exigirle inmediatamente el pago de todo el resto de su alquiler, y que yo podría, y haría, los trámites necesarios para cobrar.

"Pero, en lugar de dejarme llevar por mis impulsos, decidí intentar otra táctica. Fui a verlo, y le hablé así:

"—Señor Fulano; he escuchado lo que tiene que decirme, y todavía no creo que se proponga usted mudarse. Los años que he pasado en este negocio me han enseñado algo acerca de la naturaleza humana, y desde un principio he pensado que usted es un hombre de palabra. Tan seguro estoy, que me hallo dispuesto a jugarle una apuesta. Escuche mi proposición. Postergue su decisión por unos días y piense bien en todo. Si, entre este momento y el primero de mes, cuando vence el alquiler, me dice usted que sigue decidido a mudarse, yo le doy mi palabra de que aceptaré esa decisión como final. Le permitiré que se mude y admitiré que me he equivocado. Pero todavía creo que usted es un hombre de palabra y respetará el contrato. Porque, al fin y al cabo, somos hombres o monos, y nadie más que nosotros debe decidirlo.

"Bien: cuando llegó el mes siguiente, este caballero fue a pagarnos personalmente el alquiler. Dijo que había conversado con su esposa... y decidido quedarse en el departamento. Habían llegado a la conclusión de que lo único honorable era respetar el contrato."

Cuando el extinto Lord Northcliffe veía en un diario una fotografía suya que no quería que se publicara, escribía una carta al director. Pero no le decía: "Por favor, no publique más esa fotografía, pues no me gusta". No, señor, apelaba a un motivo más noble. Apelaba al respeto y al amor que todos tenemos por la madre. Escribía así: "Le ruego que no vuelva a publicar esa fotografía mía. A *mi madre* no le gusta".

Cuando John D. Rockefeller, hijo, quiso que los fotógrafos de los diarios no obtuvieran instantáneas de sus hijos, también apeló a los motivos más nobles. No dijo: "Yo no quiero que se publiquen sus fotografías". No; apeló al deseo, que todos tenemos en el fondo, de abstenernos de hacer daño a los niños. Así pues, les dijo: "Ustedes saben cómo son estas cosas. Algunos de ustedes también tienen hijos. Y saben que no hace bien a los niños gozar de demasiada publicidad".

Cuando Cyrus H. K. Curtis, el pobre niño de Maine, iniciaba su meteórica carrera que lo iba a llevar a ganar millones como propietario del diario *The Saturday Evening Post* y de *Ladies' Home Journal,* no podía allanarse a pagar el precio que pagaban otras revistas por las contribuciones. No podía contratar autores de primera categoría. Por eso apeló a los motivos más nobles. Por ejemplo, persuadió hasta a Louisa May Alcott, la inmortal autora de *Mujercitas,* de que escribiera para sus revistas, cuando la Srta. Alcott estaba en lo más alto de su fama; y lo consiguió ofreciéndole un cheque de cien dólares, no para ella, sino para una institución de caridad.

Tal vez diga aquí el escéptico: "Sí, eso está muy bien para Northcliffe o Rockefeller o una novelista sentimental. Pero, ya querría ver este método con la gente a quienes tengo que cobrar cuentas".

Quizá sea así. Nada hay que dé resultado en todos los casos, con todas las personas. Si está usted satisfecho con los resultados que logra, ¿a qué cambiar? Si no está satisfecho, ¿por qué no hace la prueba?

De todos modos, creo que le agradará leer este relato veraz, narrado por James L. Thomas, ex estudiante mío:

Seis clientes de cierta compañía de automóviles se negaban a pagar sus cuentas por servicios prestados por la compañía. Ningún cliente protestaba por la cuenta total, pero cada uno sostenía que algún renglón estaba mal acreditado. En todos los casos los clientes habían firmado su conformidad por los trabajos realizados, de modo que la compañía sabía que tenía razón, y lo *decía*. Ése fue el primer error.

Veamos los pasos que dieron los empleados del departamento de créditos para cobrar esas cuentas ya vencidas. ¿Cree usted que consiguieron algo?

1. Visitaron a cada cliente y le dijeron redondamente que habían ido a cobrar una cuenta vencida hacía mucho tiempo.
2. Dijeron con mucha claridad que la compañía estaba absoluta e incondicionalmente en lo cierto; por lo tanto, el cliente estaba absoluta e incondicionalmente equivocado.
3. Dieron a entender que la compañía sabía de automóviles mucho más de lo que el cliente podría aprender jamás. ¿Cómo iba a discutir entonces el cliente?
4. Resultado: discusiones.

¿Se consiguió, con estos métodos, apaciguar al cliente y arreglar la cuenta? No hay necesidad de que respondamos.

Cuando se había llegado a tal estado de cosas, el gerente de créditos estaba por encargarle el problema a un batallón de abogados, pero afortunadamente el caso pasó a consideración del gerente general, quien investigó debidamente y descubrió que todos los clientes en mora tenían la reputación de pagar puntualmente sus cuentas. Había, pues, un error, un error tremendo en el método de cobranza. Llamó entonces a James L. Thomas y le encargó que cobrara esas cuentas incobrables.

Veamos los pasos que dio el Sr. Thomas, según sus mismas palabras:

1. "Mi visita a cada cliente fue también con el fin de cobrar una cuenta, que debía haber pagado mucho

216

tiempo antes, y que nosotros sabíamos era una cuenta justa. Pero yo no dije nada de esto. Expliqué que iba a descubrir qué había hecho de malo, o qué no había hecho la compañía."

2. "Aclaré que, hasta después de escuchar la versión del cliente, yo no podía ofrecer una opinión. Le dije que la compañía no pretendía ser infalible."

3. "Le dije que sólo me interesaba su automóvil, y que él sabía de su automóvil más que cualquier otra persona; que él era la autoridad sobre este tema."

4. "Lo dejé hablar, y lo escuché con todo el interés y la simpatía que él deseaba y esperaba."

5. "Finalmente, cuando el cliente estuvo con ánimo razonable, apelé a su sentido de la decencia. Apelé a los motivos más nobles. Le dije así: —Primero, quiero que sepa que esta cuestión ha sido mal llevada. Se lo ha molestado e incomodado e irritado con las visitas de nuestros representantes. Nunca debió procederse así. Lo lamento y, como representante de la compañía, le pido disculpas. Al escuchar ahora su versión no he podido menos que impresionarme por su rectitud y su paciencia. Y ahora, como usted es ecuánime y paciente, voy a pedirle que haga algo por mí. Es algo que usted puede hacer mejor que cualquiera, porque usted sabe más que cualquiera. Aquí está su cuenta. Sé que no me arriesgo al pedirle que la ajuste, como lo haría si fuera el presidente de mi compañía. Dejo todo en sus manos. Lo que usted decida se hará. —¿Pagó la cuenta? Claro que sí, y muy complacido quedó al hacerlo. Las cuentas oscilaban entre 150 y 400 dólares, y ¿se aprovecharon los clientes? Sí, uno de ellos se negó a pagar un centavo del renglón protestado, pero los otros cinco pagaron todo lo que decía la compañía. Y lo mejor del caso es que en los dos años siguientes entregamos automóviles nuevos a los seis clientes, encantados ahora de tratar con nosotros."

"La experiencia me ha enseñado —dijo el Sr. Thomas finalmente— que, cuando no se puede obtener un informe exacto acerca del cliente, la única base sobre la cual se puede proceder es la de presumir que es una persona sincera, honrada, veraz, deseosa de pagar sus cuentas, una vez convencida de que las cuentas son exactas. En otras palabras, más claras quizá, la gente es honrada y quiere responder a sus obligaciones. Las excepciones de esta regla son comparativamente escasas, y yo estoy convencido de que el individuo inclinado a regatear reaccionará favorablemente en casi todos los casos si se le hace sentir que se lo considera una persona honrada, recta y justa."

REGLA 10

Apele a los motivos más nobles.

11

ASÍ SE HACE EN EL CINE Y EN LA TELEVISIÓN. ¿POR QUÉ NO LO HACE USTED?

Hace pocos años, el diario *Evening Bulletin*, de Filadelfia, sufría los perjuicios de una campaña de chismes consistente en peligrosas calumnias. Se hacía circular un malicioso rumor. Se decía a los clientes del diario que tenía demasiados anuncios y muy escasas noticias, que ya no resultaba atractivo para los lectores. Era necesario tomar medidas inmediatas. Había que aplastar el rumor.

Pero, ¿cómo?

Veamos qué se hizo.

El *Bulletin* recortó de su edición regular de un día cualquiera todo el material de lectura, lo clasificó y con él publicó un libro, que se tituló *Un día*. Constaba de 307 páginas, tantas como un libro corriente; pero el diario había publicado todo ese material en un día, para venderlo, no por varios dólares, sino por unos pocos centavos.

La publicación de este libro dramatizó el hecho de que el diario daba a sus lectores una enorme cantidad de interesante material de lectura. Hizo conocer este hecho más vívidamente, con mayor interés, que lo que se podría haber logrado en muchos días de publicación de cifras y anuncios.

Éste es el tiempo de la dramatización. No basta con decir una verdad. Hay que hacerla vívida, interesante, dramática. El cine lo hace; la televisión lo hace. Y usted también tendrá que hacerlo si quiere llamar la atención. Los peritos en arreglo de vidrieras conocen el gran poder de la dramatización. Por ejemplo, los fabricantes de un nuevo veneno para ratas dieron a los comerciantes una vidriera que contenía dos ratas vivas. La semana en que se mostraron esas ratas, las ventas subieron cinco veces por encima de lo normal.

Los comerciales de televisión muestran abundancia de ejemplos del uso de las técnicas dramáticas para vender productos. Siéntese una noche delante de su televisor y analice lo que hacen los publicitarios en cada una de sus presentaciones. Notará cómo un medicamento antiácido cambia el color de un ácido en un tubo de ensayo, mientras el producto de la competencia no lo hace, cómo una marca de jabón o detergente limpia una camisa engrasada mientras otra marca la deja grisácea. Verá un auto maniobrando a través de una serie de curvas y obstáculos... lo cual es mucho mejor que simplemente oír cómo lo dicen. Verá caras felices mostrando la satisfacción que dan una cantidad de productos. Todo lo cual dramatiza, para los espectadores, las ventajas de cualquier cosa que se venda... y logra que la gente la compre.

Pueden dramatizarse las ideas en los negocios o en cualquier otra área de la vida. Es fácil. Jim Yeamans, vendedor de la "NCR", una fábrica de cajas registradoras de Richmond, Virginia, nos contó cómo hizo una venta gracias a una demostración dramatizada.

—La semana pasada visité a un almacenero del vecindario, y vi que la caja registradora que usaba en su mostrador era muy anticuada. Me acerqué entonces al dueño y le dije:

"—Usted está literalmente tirando centavos a la calle cada vez que un cliente se pone en fila. —Y al decirlo arrojé hacia la puerta un puñado de monedas. Capté su atención de inmediato. Las meras palabras no le habrían resultado demasiado interesantes, pero el sonido de las monedas en el piso despertó de veras su interés. Y logré un pedido para reemplazar su vieja máquina."

También funciona en la vida doméstica. Cuando el novio clásico le proponía matrimonio a su chica, ¿lo hacía con meras palabras? ¡Claro que no! Se ponía de rodillas.

Eso significaba que hablaba en serio. Ya no nos ponemos más de rodillas, pero muchos novios siguen prefiriendo una atmósfera romántica antes de lanzar su gran pregunta.

Dramatizar lo que queremos también da resultado con los niños. Joe B. Fant, Jr., de Birmingham, Alabama, tenía dificultades para lograr que su hijo de cinco años y su hija de tres recogieran los juguetes, por lo que inventó un "tren". Joey era el maquinista (Capitán Casey Jones) montado en su triciclo. Al triciclo se enganchaba el carrito de Janet, y en poco rato ella cargaba todo el "carbón" sobre el vagón, y después subía ella misma y su hermano la llevaba de paseo por toda la casa. De este modo se juntaban todos los juguetes: sin retos, amenazas ni discusiones.

Mary Catherine Wolf, de Mishawaka, Indiana, tenía problemas en el trabajo, y decidió hacerle una exposición de ellos a su patrón. El lunes a la mañana pidió una entrevista, pero él le hizo decir que estaba muy ocupado y que debería hacer una cita con la secretaria para algún otro día de la semana. La secretaria le indicó que la agenda del jefe estaba muy cargada, pero tratarían de hacerle un lugarcito.

La señorita Wolf describió lo que sucedió:

—No recibí respuesta alguna de la secretaria durante toda la semana. Cada vez que la interrogaba, me daba un motivo distinto por el que mi jefe no podía atenderme. El viernes a la mañana fui otra vez, y tampoco hubo nada definido. Yo realmente quería verlo y hablarle de mis problemas antes del fin de semana, así que me pregunté cómo podía lograr enfrentarlo.

"Lo que hice al fin fue esto. Le escribí una carta formal. En ella le decía que entendía perfectamente lo ocupado que estaba durante la semana, pero era importante que yo le hablara. Incluía un formulario hecho por mí, y un sobre con mi nombre, y le pedía que por favor lo llenara, o le pidiera a su secretaria que lo hiciera, y me lo enviara. El formulario decía esto:

"'Señorita Wolf:

Podré verla el día .... a la hora ....

Le concederé .... minutos de mi tiempo.'

"Puse esta carta en su canasta de correspondencia a las 11 de la mañana. A las 2 de la tarde miré mi correspondencia. Allí estaba mi sobre. Había respondido diciendo que podría verme esa tarde, y me concedería 10 minutos de su tiempo. Fui a verlo, hablamos durante más de una hora, y mis problemas quedaron resueltos.

"Si yo no hubiera dramatizado el hecho de que realmente quería verlo, probablemente seguiría esperando que me diera una cita."

James B. Boynton tuvo que presentar una vez un extenso informe sobre el mercado. Su firma acababa de terminar un detallado estudio sobre una conocida marca de crema facial. Se necesitaban sin tardanza datos sobre la amenaza de una venta por debajo del costo; el cliente en perspectiva era uno de los más grandes —y más formidables— publicistas.

"La primera vez que fui a verlo —admitió el Sr. Boynton— me encontré desviado hacia una inútil discusión de los métodos empleados en la investigación. Discutimos. El hombre me dijo que me equivocaba, y yo traté de demostrar que no.

"Gané finalmente la discusión, y quedé satisfecho en cuanto a eso, pero terminó la entrevista y yo no había conseguido resultado alguno.

"La segunda vez no me preocupé por tablas de cifras y datos. Dramaticé los hechos.

"Al entrar en el despacho de este hombre lo vi hablando por teléfono. Mientras él seguía la conversación abrí una valija y puse treinta y dos frascos de crema facial sobre su escritorio. Eran productos conocidos por él, competidores del suyo.

"En cada frasco había puesto una etiqueta que exponía brevemente los resultados de la investigación comercial. Y cada una daba con brevedad, dramáticamente, una historia del caso.

"Ya no hubo discusiones. Yo presentaba algo nuevo, diferente. El cliente tomó uno y después otro de los frascos y leyó las informaciones de las etiquetas. Se produjo una amistosa conversación. Me hizo muchas preguntas, intensamente interesado. Me había concedido sólo diez minutos para exponer mis hechos, pero pasaron los diez, y veinte, y cuarenta, y al cabo de una hora seguíamos hablando.

"Presentaba yo esta vez los mismos hechos de antes. Pero ahora empleaba la dramatización, el exhibicionismo... y ahí estaba toda la diferencia."

REGLA 11

Dramatice sus ideas.

12

CUANDO NINGUNA OTRA COSA
LE DÉ RESULTADO, PRUEBE ESTO

Charles Schwab tenía un capataz de altos hornos cuyo personal no producía su cuota de trabajo.

—¿Cómo es —preguntó Schwab— que un hombre de su capacidad no consigue que esta planta rinda lo que debe?

—No sé —respondió el hombre—. He pedido a los obreros que trabajen más; les he dado el ejemplo; los he regañado; los he amenazado con el despido. Pero nada se consigue. No producen, y nada más.

Estaba cayendo el día, poco antes de que entrara a trabajar el turno de la noche.

—Déme un trozo de tiza —dijo Schwab. Y luego, volviéndose a un obrero cercano—: ¿Cuántas veces descargó el horno el turno de hoy?

Sin decir palabra, Schwab trazó un gran número seis en el piso y se alejó.

Cuando entró el turno de la noche, los obreros vieron el seis y preguntaron qué significaba aquello.

—Hoy estuvo el jefe —fue la respuesta— y después de preguntarnos cuántas veces descargamos el horno, escribió en el piso ese seis, el número que le dijimos.

A la mañana siguiente volvió Schwab al taller. El turno de la noche había borrado el seis y escrito un siete.

Cuando los obreros diurnos fueron a trabajar, vieron esa cifra. ¿De modo que los de la noche creían ser mejores, eh? Bien: ya les iban a enseñar a trabajar. Se pusieron a la tarea con entusiasmo y cuando se marcharon aquella noche dejaron en el piso un enorme número diez.

A poco, este taller, que se había quedado atrás en producción, rendía más que cualquier otro de la fábrica.

¿Cuál es el principio?

Dejemos que Charles Schwab nos lo diga. "La forma de conseguir que se hagan las cosas —dice Schwab— es estimular la competencia. No hablo del estímulo sórdido, monetario, sino del deseo de superarse."

¡El deseo de superarse! ¡El desafío! ¡Arrojar el guante! Un medio infalible de apelar a los hombres de carácter.

Sin un desafío, Theodore Roosevelt no habría sido jamás presidente de los Estados Unidos. Apenas de regreso de Cuba se le quería designar candidato a gobernador del Estado de Nueva York. La oposición descubrió que ya no era residente legal en el estado; y Roosevelt, atemorizado, quería retirar su candidatura. Pero Thomas Collier Platt le arrojó el guante. Volviéndose de pronto hacia Roosevelt exclamó con su voz potente: "¿Es un cobarde el héroe del cerro de San Juan?"

Roosevelt emprendió la lucha, y lo demás es ya cosa de la historia. Ese desafío no solamente cambió su vida sino que tuvo un efecto tremendo sobre la historia de la nación.

"Todos los hombres tienen temores, pero los valientes los olvidan y van adelante, a veces hasta la muerte, pero siempre hasta la victoria." Ése era el lema de la Guardia Real en la antigua Grecia. Qué mayor desafío puede ofrecerse que la oportunidad de superar estos temores.

Cuando Al Smith era gobernador de Nueva York, se vio en un grave aprieto. Sing Sing, la más famosa penitenciaría después de la Isla del Diablo, no tenía alcaide. A través de sus murallas corrían rumores muy feos, escándalos y otras cosas. Smith necesitaba un hombre fuerte para que dirigiera la prisión, un hombre de hierro. Pero, ¿quién? Llamó a Lewis E. Lawes, de New Hampton.

—¿Qué le parecería ir a hacerse cargo de Sing Sing? —dijo jovialmente cuando Lawes estuvo ante él—. Allí necesitaban a un hombre de experiencia.

Lawes quedó alelado. Conocía los peligros de Sing Sing. Era un cargo político, sujeto a las variaciones de los caprichos políticos. Los alcaides entraban y salían de allí rápidamente; uno había durado apenas tres semanas. Y él tenía que tener en cuenta su carrera. ¿Valía la pena correr ese riesgo?

Y entonces Smith, que advirtió su vacilación, se echó hacia atrás y sonrió:

—Joven, no lo puedo censurar por tener miedo. Es un lugar muy bravo. Necesita mucha valentía un hombre para ir allí y quedarse.

¿Un desafío, eh? Lawes aceptó entonces la idea de intentar una labor que requería un hombre de hierro.

Fue a Sing Sing. Y se quedó allí, hasta ser el más famoso de los alcaides habidos en la penitenciaría. Su libro *Veinte mil años en Sing Sing* se vendió a centenares de miles de lectores. Lawes ha hablado por radio; sus relatos de la vida en una prisión han inspirado muchas películas. Y su "humanización" de los criminales ha producido milagros en cuanto a las reformas carcelarias.

"Según mi experiencia —ha dicho Harvey S. Firestone, fundador de la gran empresa Firestone Tire & Rubber Company— con la paga por sí sola no se atrae ni se retiene a la gente de algún valor. Creo que es más bien el juego mismo..."

Frederic Herzberg, uno de los grandes tratadistas del comportamiento humano, estuvo de acuerdo en este punto. Estudió en profundidad la actitud ante el trabajo de miles de personas, desde obreros de fábricas hasta importantes ejecutivos. Y descubrió que el factor más motivador, la faceta del trabajo que resultaba más estimulante, era... ¿Cuál creen ustedes? ¿El dinero? ¿Las buenas condiciones de trabajo? ¿Los beneficios adicionales? No, nada de eso. El principal factor motivador de la gente era el trabajo mismo. Si el trabajo era excitante e interesante, el obrero lo enfrentaba con gusto, y ésa era toda la motivación que necesitaba para hacerlo bien.

Eso es lo que encanta a toda persona que triunfa: el juego. La oportunidad de expresarse. La oportunidad de demostrar lo que vale, de destacarse, de ganar. Esto es lo que da atracción a las carreras pedestres. El deseo de sobresalir. El deseo de sentirse importante.

REGLA 12

Lance, con tacto, un reto amable.

EN POCAS PALABRAS

LOGRE QUE LOS DEMÁS PIENSEN COMO USTED

REGLA 1
La única forma de salir ganando en una discusión
es evitándola.

REGLA 2
Demuestre respeto por las opiniones ajenas. Jamás
diga a una persona que está equivocada.

REGLA 3
Si usted está equivocado, admítalo rápida
y enfáticamente.

REGLA 4
Empiece en forma amigable.

REGLA 5
Consiga que la otra persona diga "sí, sí"
inmediatamente.

REGLA 6
Permita que la otra persona sea quien hable más.

REGLA 7
Permita que la otra persona sienta que la idea es de ella.

REGLA 8
Trate honradamente de ver las cosas desde el punto
de vista de la otra persona.

REGLA 9
Muestre simpatía por las ideas y deseos
de la otra persona.

REGLA 10
Apele a los motivos más nobles.

REGLA 11
Dramatice sus ideas.

REGLA 12
Lance, con tacto, un reto amable.

Cuarta Parte

SEA UN LÍDER:
CÓMO CAMBIAR A LOS DEMÁS
SIN OFENDERLOS
NI DESPERTAR
RESENTIMIENTOS

1

SI TIENE USTED QUE ENCONTRAR
DEFECTOS, ÉSTA ES LA MANERA DE EMPEZAR

Un amigo mío fue invitado a pasar un fin de semana en la Casa Blanca durante la administración de Calvin Coolidge. Al entrar por casualidad en la oficina privada del presidente le oyó decir, dirigiéndose a una de sus secretarias:

—Lindo vestido lleva usted esta mañana, señorita; la hace aun más atractiva.

Fue ésa, quizá, la alabanza mayor que el silencioso Coolidge hizo a una secretaria en toda su vida. Resultó tan inesperada, tan inusitada, que la joven enrojeció confusa. Pero Coolidge manifestó en seguida:

—No se acalore. Lo he dicho solamente para que se sintiera contenta. En adelante, desearía que tuviera algo más de cuidado con la puntuación.

Su método, probablemente, pecaba por exceso de claridad, pero la psicología era espléndida. Siempre es más fácil escuchar cosas desagradables después de haber oído algún elogio.

El barbero jabona la cara del hombre antes de afeitarlo, y esto es precisamente lo que hizo McKinley en 1896, cuando era candidato a la presidencia. Uno de los republicanos más prominentes de la época había escrito un discurso para la campaña electoral, y a su juicio era una pieza mejor que todas las de Cicerón, Patrick Henry y Daniel Webster reunidas. Con gran entusiasmo, este señor leyó su inmortal discurso a McKinley. Tenía el discurso sus cosas buenas, pero no servía. Despertaría una

233

tormenta de críticas. McKinley no quería herir los sentimientos del autor. No debía anular el espléndido entusiasmo del hombre, pero tenía que decirle que no. Veamos con cuánta destreza lo logró.

—Amigo mío —le dijo—, ese discurso es espléndido, magnífico. Nadie podría haber preparado uno mejor. En muchas ocasiones sería exactamente lo que habría que decir, pero ¿se presta para la situación actual? Veraz y sobrio como es, desde su punto de vista, yo tengo que considerarlo desde el punto de vista del partido. Yo desearía que volviera usted a su casa y escribiera un discurso según las indicaciones que yo le hago, enviándome después una copia.

Así lo hizo. McKinley tachó y corrigió, ayudó a su correligionario a escribir el nuevo discurso, y así pudo contar con él como uno de los oradores más eficaces de la campaña.

Aquí tenemos una de las dos cartas más famosas que escribió Abraham Lincoln (la más famosa fue la escrita a la Sra. de Bixley para expresarle el pesar del presidente por la muerte de los cinco hijos de esta pobre mujer, todos ellos en combate). Lincoln terminó esta carta probablemente en cinco minutos; pero se vendió en subasta pública, en 1926, por doce mil dólares. Suma que, digámoslo al pasar, es mayor que todo el dinero que pudo economizar Lincoln al cabo de medio siglo de dura tarea.

Esta carta fue escrita el 26 de abril de 1863, en el período más sombrío de la Guerra Civil. Durante dieciocho meses los generales de Lincoln venían conduciendo el ejército de la Unión de derrota en derrota. Aquello era trágico: nada más que una carnicería humana, inútil y estúpida. La nación estaba atónita, aterrorizada. Miles de soldados desertaban del ejército; y hasta los miembros republicanos del Senado se rebelaron y quisieron forzar a Lincoln a dejar la Casa Blanca. "Estamos ahora —dijo Lincoln por entonces— al borde de la destrucción. Me parece que hasta el Todopoderoso se halla contra nosotros. Apenas puedo ver un rayo de esperanza." Tal era el período de negros pesares y de caos que dio origen a esta carta.

Voy a reproducirla aquí porque demuestra cómo trató Lincoln de cambiar a un turbulento general cuando la suerte de la nación podía depender de los actos de ese general.

Es, quizá, la carta más enérgica que escribió Lincoln en su presidencia; pero se ha de advertir que elogió al general Hooker antes de hablar de sus graves errores.

Sí, eran defectos muy graves; pero Lincoln no los llamaba así. Lincoln era más conservador, más diplomático. Lincoln escribió solamente: "Hay ciertas cosas a cuyo respecto no estoy del todo satisfecho con usted". Eso es tacto y diplomacia.

Aquí está la carta dirigida al mayor general Hooker:

Yo lo he puesto al frente del Ejército del Potomac. He hecho así, claro está, por razones que me parecen suficientes, mas creo mejor hacerle saber que hay ciertas cosas a cuyo respecto no estoy del todo satisfecho con usted.

Creo que es usted un soldado valiente y hábil, cosa que, naturalmente, me agrada. También creo que no mezcla usted la política con su profesión, en lo cual está acertado. Tiene usted confianza en sí mismo, cualidad valiosa, si no indispensable.

Es usted ambicioso, lo cual, dentro de límites razonables, hace más bien que mal. Pero creo que durante el comando del general Burnside en el ejército se dejó llevar usted por su ambición y lo contrarió usted todo lo que pudo, con lo cual hizo un grave daño al país y a un compañero de armas sumamente meritorio y honorable.

He escuchado, en forma tal que debo creerlo, que ha dicho usted recientemente que tanto el ejército como el gobierno necesitan un dictador. Es claro que no fue por esto sino a pesar de esto que le he dado el mando.

Sólo los generales que obtienen triunfos pueden erigirse en dictadores. Lo que pido ahora de usted es que nos dé triunfos militares, y correré el riesgo de la dictadura.

El gobierno le prestará apoyo hasta donde dé su capacidad, o sea ni más ni menos de lo que ha hecho y hará por todos los comandantes. Mucho me temo que el espíritu que ha contribuido usted a infundir en el ejército, de criticar al comandante y no tenerle confianza, se volverá ahora contra usted. Yo lo ayudaré, en todo lo que pueda, para acallarlo.

Ni usted ni Napoleón, si volviera a vivir, obtendría bien alguno de un ejército en el que predomina tal espíritu, pero ahora cuídese de la temeridad. Cuídese de la temeridad, pero con energía y con constante vigilancia marche usted adelante y dénos victorias.

Usted no es un Coolidge, ni un McKinley, ni un Lincoln. ¿Quiere saber usted si esta filosofía le dará resultados en los contactos de los negocios diarios? Veamos. Tomemos el caso de W. P. Gaw, de la Wark Company, Filadelfia.

La empresa Wark había conseguido un contrato para construir y completar un gran edificio de escritorios en Filadelfia, para una fecha determinada. Todo marchaba como sobre rieles, el edificio estaba casi terminado, cuando de pronto el subcontratista encargado de la obra ornamental de bronce que debía adornar el exterior del edificio declaró que no podía entregar el material en la fecha fijada. ¡Toda la obra paralizada! ¡Grandes multas y tremendas pérdidas por la falla de un hombre!

Hubo comunicaciones telefónicas a larga distancia, discusiones, conversaciones acaloradas. Todo en vano. Por fin el Sr. Gaw fue enviado a Nueva York para entrevistar al león en su cueva.

—¿Sabe usted que es la única persona en Brooklyn con ese apellido? —preguntó Gaw apenas hubo entrado en el despacho del presidente.

—No lo sabía —repuso sorprendido el presidente.

—Así es —insistió Gaw—. Cuando salí del tren, esta mañana, miré la guía telefónica para conocer su dirección, y vi que es usted el único que tiene este apellido en la guía telefónica de Brooklyn.

—No lo sabía —repitió el presidente, y examinó con interés la guía de teléfonos. Luego, con orgullo, añadió—: En realidad, no es un apellido muy común. Mi familia vino de Holanda y se instaló en Nueva York hace casi doscientos años.

Siguió hablando unos minutos de su familia y sus antepasados. Cuando terminó, Gaw lo felicitó por la importancia de la fábrica que tenía, y la comparó elogiosamente con otras empresas similares que había conocido.

—He pasado toda la vida dedicado a este negocio —dijo el presidente— y estoy orgulloso de ser el dueño. ¿Le gustaría dar una vuelta por la fábrica?

Durante esta gira de inspección, el Sr. Gaw lo felicitó por el sistema de trabajo empleado, y le explicó cómo y por qué le parecía superior al de algunos competidores. Gaw comentó algunas máquinas poco comunes, y el presidente le anunció que las había inventado él. Dedicó mucho tiempo a mostrar cómo funcionaban y los buenos resultados que daban. Insistió en que Gaw lo acompañara a almorzar. Hasta entonces no se había pronunciado una palabra sobre el verdadero propósito de la visita del Sr. Gaw.

Después de almorzar, el presidente manifestó:

—Ahora, a lo que tenemos que hacer. Naturalmente, yo sé por qué ha venido usted. No esperaba que nuestra entrevista sería tan agradable. Puede volver a Filadelfia con mi promesa de que el material para esa obra será fabricado y despachado a tiempo, aunque haya que retrasar la entrega de otros pedidos.

El Sr. Gaw consiguió lo que quería, sin pedirlo siquiera. El material llegó a tiempo, y el edificio quedó terminado el día en que expiraba el contrato para su entrega.

¿Habría ocurrido lo mismo si Gaw hubiera usado el método de la brusquedad que se suele emplear en tales ocasiones?

Dorothy Wrublewski, gerente de área del Federal Credit Union de Fort Monmouth, Nueva Jersey, contó en una de

nuestras clases cómo pudo ayudar a una de sus empleadas a producir más.

—Hace poco tomamos a una joven como cajera apren-
diza. Su contacto con nuestros clientes era muy bueno.
Era correcta y eficiente en el manejo de transacciones in-
dividuales. El problema aparecía al final de la jornada,
cuando había que hacer el balance.

"El jefe de cajeros vino a verme y me sugirió con firmeza que despidiera a esta joven:

"—Está demorando a todos los demás por su lentitud
en cerrar su caja. Se lo he dicho una y otra vez, pero no
aprende. Tiene que irse.

"Al día siguiente la vi trabajar rápido y a la perfección
en el manejo de las transacciones cotidianas, y era muy
agradable en el trato con los demás empleados.

"No me llevó mucho tiempo descubrir por qué tenía
problemas con el balance. Después de cerrar las puertas
al público, fui a hablar con ella. Se la veía nerviosa y deprimida. La felicité por su espíritu amistoso y abierto con
los demás empleados, así como por la corrección y velocidad con que trabajaba. Después le sugerí que revisára-
mos el procedimiento que usaba para hacer el balance
del dinero en su caja. No bien comprendió que yo confiaba en ella, siguió mis sugerencias, y no tardó en dominar
sus funciones. Desde entonces no hemos tenido ningún
problema con ella."

Empezar con elogios es hacer como el dentista que
empieza su trabajo con novocaína. Al paciente se le hace
todo el trabajo necesario, pero la droga ya ha insensibili-
zado al dolor. De modo que un líder debe usar la...

REGLA 1

Empiece con elogio y aprecio sincero.

2

CÓMO CRITICAR Y NO SER ODIADO
POR ELLO

Charles Schwab pasaba por uno de sus talleres metalúr-gicos, un mediodía, cuando se encontró con algunos em-pleados fumando. Tenían sobre las cabezas un gran letrero que decía: "Prohibido fumar". Pero Schwab no señaló el letrero preguntando: "¿No saben leer?" No, señor. Se acer-có a los hombres, entregó a cada uno un cigarro y dijo: "Les agradeceré mucho, amigos, que fumen éstos afuera". Ellos no ignoraban que él sabía que habían desobedecido una regla, y lo admiraron porque no decía nada al respec-to, les obsequiaba y los hacía sentir importantes. No se puede menos que querer a un hombre así, ¿verdad?

John Wanamaker empleaba la misma táctica. Todos los días solía efectuar una gira por su gran tienda de Filadelfia. Una vez vio a una cliente que esperaba junto a un mostra-dor. Nadie le prestaba la menor atención. ¿Los vendedo-res? Estaban reunidos en un grupo al otro extremo del mostrador, conversando y riendo. Wanamaker no dijo una palabra. Se colocó detrás del mostrador, atendió perso-nalmente a la mujer y después entregó su compra a los vendedores, para que la hicieran envolver, y siguió su ca-mino.

A los funcionarios públicos se los suele criticar por no mostrarse accesibles a sus votantes. Son gente ocupada, y el defecto suele estar en empleados sobreprotectores que no quieren recargar a sus jefes con un exceso de visitan-tes. Carl Langford, que fue alcalde de Orlando, Florida, donde se encuentra Disney World, durante muchos años insistió en que su personal permitiera que la gente que fuera a verlo pudiera hacerlo. Decía tener una política de "puertas abiertas", y aun así los ciudadanos de su comunidad se veían bloqueados por secretarias y empleados cada vez que querían verlo.

Al fin el alcalde encontró una solución. ¡Sacó la puerta de su oficina! Sus ayudantes comprendieron el mensaje, y el alcalde tuvo una administración realmente abierta al público desde que derribó simbólicamente la puerta.

El mero cambio de una pequeña palabra puede representar la diferencia entre el triunfo y el fracaso en cambiar a una persona sin ofenderla o crear resentimientos.

Muchos creen eficaz iniciar cualquier crítica con un sincero elogio seguido de la palabra "pero" y a continuación la crítica. Por ejemplo, si se desea cambiar la actitud descuidada de un niño respecto de sus estudios, podemos decir: "Estamos realmente orgullosos de ti, Johnnie, por haber mejorado tus notas este mes. *Pero* si te hubieras esforzado más en álgebra, los resultados habrían sido mejores todavía".

Johnnie se sentirá feliz hasta el momento de oír la palabra "pero".

En ese momento cuestionará la sinceridad del elogio, que le parecerá un truco para poder pasar de contrabando la crítica. La credibilidad sufrirá, y probablemente no lograremos nuestro objetivo de cambiar la actitud de Johnnie hacia sus estudios.

Esto podría evitarse cambiando la palabra *pero* por *y*: "Estamos realmente orgullosos de ti, Johnnie, por haber mejorado tus notas este mes, *y* si sigues esforzándote podrás subir las notas de álgebra al nivel de las demás".

Ahora sí Johnnie podrá aceptar el elogio porque no hubo un seguimiento con crítica. Le hemos llamado indirectamente la atención sobre la conducta que queríamos cambiar, y lo más seguro es que se adecuará a nuestras expectativas.

Llamar la atención indirectamente sobre los errores obra maravillas sobre personas sensibles que pueden resentirse ante una crítica directa. Marge Jacob, de Woonsocket,

Rhode Island, contó en una de nuestras clases cómo convenció a unos desprolijos obreros de la construcción de que hicieran la limpieza al terminar el trabajo mientras construían una adición en su casa.

Durante los primeros días de trabajo, cuando la señora Jacob volvía de su oficina, notaba que el patio estaba cubierto de fragmentos de madera. No quería ganarse la enemistad de los obreros, que por lo demás hacían un trabajo excelente. De modo que cuando se marcharon, ella y sus hijos recogieron y apilaron todos los restos de madera en un rincón. A la mañana siguiente llamó aparte al capataz y le dijo:

—Estoy realmente contenta por el modo en que dejaron el patio anoche; así de limpio y ordenado, no molestará a los vecinos.

Desde ese día, los obreros recogieron y apilaron los restos de madera, y el capataz se acercaba todos los días a la dueña de casa buscando aprobación por el orden que habían hecho el día anterior.

Una de las áreas de controversia más áspera entre los miembros de la Reserva de las Fuerzas Armadas y los oficiales regulares, es el corte de pelo. Los reservistas se consideran civiles (cosa que son la mayor parte del tiempo), y no les agrada tener que hacerse un corte militar.

El Sargento Harley Kaiser, de la Escuela Militar 542, se vio ante este problema al trabajar con un grupo de oficiales de la reserva sin destinos. Como veterano sargento, lo normal en él habría sido aullarle a las tropas, y amenazarlas. En lugar de eso, prefirió utilizar un enfoque indirecto.

—Caballeros —comenzó—: ustedes son líderes. Y el modo más eficaz de practicar el liderazgo, es hacerlo mediante el ejemplo. Ustedes deben ser un ejemplo que sus hombres quieran seguir. Todos saben lo que dicen los Reglamentos del Ejército sobre el corte de pelo. Yo me haré cortar el cabello hoy, aunque lo tengo mucho más corto que algunos de ustedes. Mírense al espejo, y si sienten que necesitan un corte para ser un buen ejemplo, nos haremos tiempo para que hagan una visita al peluquero.

El resultado fue predecible. Varios de los candidatos se miraron al espejo y fueron a la peluquería esa tarde y se hicieron un corte "de reglamento". A la mañana siguiente el Sargento Kaiser comentó que ya podía ver el desarrollo de las cualidades de liderazgo en algunos miembros del escuadrón.

El 8 de marzo de 1887 murió el elocuente Henry Ward Beecher. Al domingo siguiente, Lyman Abbott fue invitado a hablar desde el púlpito vacante por el deceso de Beecher. Ansioso de causar buena impresión, Abbott escribió, corrigió y pulió su sermón con el minucioso cuidado de un Flaubert. Después lo leyó a su esposa. Era pobre, como lo son casi todos los discursos escritos. La esposa, si hubiera tenido menos cordura, podría haber dicho: "Lyman, eso es horrible. No sirve para nada. Harás dormir a los fieles. Parece un artículo de una enciclopedia. Al cabo de tantos años de predicar, ya deberías saber de estas cosas. Por Dios, ¿por qué no hablas como un ser humano? ¿Por qué no eres natural? No vayas a leer ese discurso".

Eso es lo que pudo decirle. Y si así hubiera hecho, ya se sabe lo que habría ocurrido. Y ella también lo sabía. Por eso se limitó a señalar que aquel discurso podría servir como un excelente artículo para una revista literaria. En otras palabras, lo ensalzó y al mismo tiempo sugirió sutilmente que como discurso no servía. Lyman Abbott comprendió la indicación, desgarró el manuscrito tan cuidadosamente preparado, y predicó sin utilizar notas siquiera.

Una eficaz manera de corregir los errores de los demás es...

REGLA 2

Llame la atención sobre los errores de los demás indirectamente.

242

3

HABLE PRIMERO DE SUS PROPIOS ERRORES

Mi sobrina, Josephine Carnegie, había venido a Nueva York para trabajar como secretaria mía. Tenía 19 años, se había recibido tres años antes en la escuela secundaria, y su experiencia de trabajo era apenas superior a cero. Hoy es una de las más perfectas secretarias del mundo; pero en los comienzos era... bueno, susceptible de mejorar. Un día en que empecé a criticarla, reflexioné: "Un minuto, Dale Carnegie; espera un minuto. Eres dos veces mayor que Josephine. Has tenido diez mil veces más experiencia que ella en estas cosas. ¿Cómo puedes esperar que ella tenga tus puntos de vista, tu juicio, tu iniciativa, aunque sean mediocres? Y, otro minuto, Dale; ¿qué hacías tú a los 19 años? ¿No recuerdas los errores de borrico, los disparates de tonto que hacías? ¿No recuerdas cuando hiciste esto... y aquello...?"

Después de pensar un momento, honesta e imparcialmente llegué a la conclusión de que el comportamiento de Josephine a los diecinueve años era mejor que el mío a la misma edad, y lamento confesar que con ello no hacía un gran elogio a Josephine.

Desde entonces, cada vez que quería señalar un error a Josephine, solía comenzar diciendo: "Has cometido un error, Josephine, pero bien sabe Dios que no es peor que muchos de los que he hecho. No has nacido con juicio, como pasa con todos. El juicio llega con la experiencia, y eres mejor de lo que era yo a tu edad. Yo he cometido tantas barrabasadas que me siento muy poco inclinado a censurarte. Pero, ¿no te parece que habría sido mejor hacer esto de tal o cual manera?"

No es tan difícil escuchar una relación de los defectos propios si el que la hace empieza admitiendo humildemente que también él está lejos de la perfección.

E. G. Dillistone, un ingeniero de Brandon, Manitoba, Canadá, tenía problemas con su nueva secretaria. Las cartas que le dictaba llegaban a su escritorio para ser firmadas con dos o tres errores de ortografía por página. El señor Dillistone nos contó cómo manejó el problema:

—Como muchos ingenieros, no me he destacado por la excelencia de mi redacción u ortografía. Durante años he usado una pequeña libreta alfabetizada donde anotaba el modo correcto de escribir ciertas palabras. Cuando se hizo evidente que el mero hecho de señalarle a mi secretaria sus errores no la haría consultar más el diccionario, decidí proceder de otro modo. En la próxima carta donde vi errores, fui a su escritorio y le dije:

"—No sé por qué, pero esta palabra no me parece bien escrita. Es una de esas palabras con las que siempre he tenido problemas. Es por eso que confeccioné este pequeño diccionario casero. —Abrí la libreta en la página correspondiente.— Sí, aquí está cómo se escribe. Yo tengo mucho cuidado con la ortografía, porque la gente nos juzga por lo que escribimos, y un error de ortografía puede hacernos parecer menos profesionales.

"No sé si habrá copiado mi sistema, pero desde esa conversación la frecuencia de sus errores ortográficos ha disminuido significativamente."

El culto príncipe Bernhard von Bülow aprendió la gran necesidad de proceder así, allá por 1909. Von Bülow era entonces canciller imperial de Alemania, y el trono estaba ocupado por Guillermo II, Guillermo el altanero, Guillermo el arrogante, Guillermo el último de los Káiseres de Alemania, empeñado en construir una flota y un ejército que, se envanecía él, serían superiores a todos.

Pero ocurrió una cosa asombrosa. El Káiser pronunciaba frases, frases increíbles que conmovían al continente y daban origen a una serie de explosiones cuyos estampidos se oían en el mundo entero. Lo que es peor, el Káiser hacía estos anuncios tontos, egotistas, absurdos, en público; los hizo siendo huésped de Inglaterra, y dio su permiso real para que se los publicara en el diario *Daily Telegraph*. Por ejemplo, declaró que era el único alemán que tenía simpatía por los ingleses; que estaba construyendo una flota contra la amenaza del Japón; que él, y sólo él, había salvado a Inglaterra de ser humillada en el polvo por Rusia y Francia; que su plan de campaña había permitido a Lord Roberts vencer a los Bóers en África del Sur; y así por el estilo.

En cien años, ningún rey europeo había pronunciado palabras tan asombrosas. El continente entero zumbaba con la furia de un nido de avispas. Inglaterra estaba furiosa. Los estadistas alemanes, asustados. Y en medio de esta consternación, el Káiser se asustó también y sugirió al príncipe von Bülow, el canciller imperial, que asumiera la culpa. Sí, quería que von Bülow anunciara que la responsabilidad era suya, que él había aconsejado al monarca decir tantas cosas increíbles.

—Pero Majestad —protestó von Bülow—, me parece imposible que una sola persona, en Alemania o Inglaterra, me crea capaz de aconsejar a Vuestra Majestad que diga tales cosas.

En cuanto hubo pronunciado estas palabras comprendió que había cometido un grave error. El Káiser se enfureció.

—¡Me considera usted un borrico —gritó— capaz de hacer disparates que usted no habría cometido jamás!

Von Bülow sabía que debió elogiar antes de criticar; pero como ya era tarde, hizo lo único que le quedaba, por remediar su error. Elogió después de haber criticado. Y obtuvo resultados milagrosos, como sucede tan a menudo.

—Lejos estoy de pensar eso —respondió respetuosamente—. Vuestra Majestad me supera en muchas cosas; no sólo, claro está, en conocimientos navales y militares, sino sobre todo en las ciencias naturales. A menudo he escuchado lleno de admiración cuando Vuestra Majestad explicaba el barómetro, la telegrafía o los rayos Röntgen. Me avergüenzo de mi ignorancia en todas las ramas de las ciencias naturales, no tengo una noción siquiera de la química o la física, y soy del todo incapaz de explicar el más sencillo de los fenómenos naturales. Pero, como compensación, poseo ciertos conocimientos históricos, y quizás ciertas cualidades que son útiles en la política, especialmente la diplomacia.

Sonrió encantado el Káiser. Von Bülow lo había elogiado. Von Bülow lo había exaltado y se había humillado. El Káiser podía perdonar cualquier cosa después de eso.

—¿No he dicho siempre —exclamó con entusiasmo— que nos complementamos espléndidamente? Debemos actuar siempre juntos, y así lo haremos.

Estrechó la mano a von Bülow, no una sino varias veces. Y ese mismo día estaba tan entusiasmado, que exclamó con los puños apretados:

—Si alguien me habla mal del príncipe von Bülow, le aplastaré la nariz de un puñetazo.

Von Bülow se salvó a tiempo pero, a pesar de ser un astuto diplomático, cometió un error; debió empezar hablando de sus defectos y de la superioridad de Guillermo, y no dando a entender que el Káiser era un imbécil que necesitaba un alienista.

Si unas pocas frases para elogiar al prójimo y humillarse uno pueden convertir a un Káiser altanero e insultado en un firme amigo, imaginemos lo que podemos conseguir con la humildad y los elogios en nuestros diarios contactos. Si se los utiliza con destreza, darán resultados verdaderamente milagrosos en las relaciones humanas.

Admitir los propios errores, aun cuando uno no los haya corregido, puede ayudar a convencer al otro de la conveniencia de cambiar su conducta. Esto lo ejemplificó Clarence Zerhusen, de Timonium, Maryland, cuando descubrió que su hijo de quince años estaba experimentando con cigarrillos.

—Naturalmente, no quería que David empezara a fumar —nos dijo el señor Zerhusen—, pero su madre y yo fumábamos; le estábamos dando constantemente un mal ejemplo. Le expliqué a David cómo empecé a fumar yo más o menos a su edad, y cómo la nicotina se había apoderado de mí y me había hecho imposible abandonarla. Le recordé lo irritante que era mi tos, y cómo él mismo había insistido para que yo abandonara el cigarrillo, pocos años antes.

"No lo exhorté a dejar de fumar ni lo amenacé o le advertí sobre los peligros. Todo lo que hice fue contarle cómo me había enviciado con el cigarrillo, y lo que había significado para mí.

"El muchacho lo pensó, y decidió que no fumaría hasta terminar la secundaria. Pasaron los años y David nunca empezó a fumar, y ya no lo hará nunca.

"Como resultado de esa misma conversación, yo tomé la decisión de dejar de fumar, y con el apoyo de mi familia lo he logrado."

Un buen líder sigue esta regla:

REGLA 3

Hable de sus propios errores antes de criticar
los de los demás.

4

A NADIE LE AGRADA RECIBIR ÓRDENES

Tuve recientemente el placer de comer con la Srta. Ida Tarbell, decana de los biógrafos norteamericanos. Cuando le comuniqué que estaba escribiendo este libro, comenzamos a tratar el tema, tan importante, de llevarse bien con la gente, y me confió que cuando escribía su biografía de Owen D. Young entrevistó a un hombre que durante tres años trabajó en el mismo despacho que el Sr. Young. Este hombre declaró que en todo ese lapso no oyó jamás al Sr. Young dar una orden directa a nadie. Siempre hacía indicaciones, no órdenes. Nunca decía, por ejemplo: "Haga esto o aquello", o "No haga esto" o "¿Le parece que aquello dará resultado?" Con frecuencia, después de dictar una carta, preguntaba: "¿Qué le parece esto?" Al revisar una carta de uno de sus ayudantes, solía insinuar: "Quizá si la corrigiéramos en este sentido sería mejor". Siempre daba a los demás una oportunidad de hacer una u otra cosa; los dejaba hacer, y los dejaba aprender a través de sus errores.

Una técnica así facilita a cualquiera la corrección de sus errores. Una técnica así salva el orgullo de cada uno y le da una sensación de importancia. Le hace querer cooperar en lugar de rebelarse.

El resentimiento provocado por una orden violenta puede durar mucho tiempo, aun cuando la orden haya sido dada para corregir una situación evidentemente mala. Dan Santarelli, maestro de una escuela vocacional en Wyoming, Pennsylvania, contó en una de nuestras clases cómo un estudiante suyo había bloqueado la entrada a uno de los talleres de la escuela estacionando ilegalmente su auto enfrente. Uno de los otros instructores irrumpió en la clase y preguntó en tono arrogante:

—¿De quién es el auto que está bloqueando la entrada? —Cuando el estudiante dueño del auto respondió, el instructor le gritó:— Saque ese auto ya mismo, o iré yo y lo remolcaré muy lejos.

Es cierto que ese estudiante había actuado mal. No debía haber estacionado en ese lugar. Pero desde ese día no sólo ese estudiante odió al instructor, sino que todos los estudiantes de la clase hicieron todo lo que pudieron por darle problemas al instructor y hacerle las cosas difíciles.

¿Cómo se habría podido manejar el problema? Preguntando de modo amistoso: "¿De quién es el auto que está en la entrada?" y después sugiriendo que si se lo movía de ahí, podrían entrar y salir otros autos; el estudiante lo habría movido con gusto, y ni él ni sus compañeros habrían quedado molestos y resentidos.

Hacer preguntas no sólo vuelve más aceptables las órdenes, sino que con frecuencia estimula la creatividad de la persona a quien se le pregunta. Es más probable que la gente acepte con gusto una orden si ha tomado parte en la decisión de la cual emanó la orden.

Cuando Ian Macdonald, de Johannesburg, Sudáfrica, gerente general de una pequeña fábrica especializada en partes de máquinas de precisión, tuvo la oportunidad de aceptar un pedido muy grande, estaba convencido de que no podría mantener la fecha prometida de entrega. El trabajo ya agendado en la fábrica y el plazo tan breve que se le daba para esta entrega hacían parecer imposible que aceptara el pedido.

En lugar de presionar a sus empleados para que aceleraran el trabajo, llamó a una reunión general, les explicó la situación y les dijo cuánto significaría para la compañía poder aceptar ese pedido. Después empezó a hacer preguntas:

—¿Hay algo que podamos hacer para entregar el pedido?

—¿A alguien se le ocurre una modificación en nuestro proceso de modo que podamos cumplir con el plazo?

—¿Habría algún modo de reordenar nuestros horarios que pueda ayudarnos?

Los empleados propusieron ideas, e insistieron en que se aceptara el pedido. Lo enfrentaron con una actitud de "Podemos hacerlo", y el pedido fue aceptado, producido y entregado a tiempo.

Un líder eficaz utilizará la...

REGLA 4

Haga preguntas en vez de dar órdenes.

5

PERMITA QUE LA OTRA PERSONA SALVE
SU PRESTIGIO

Hace años, la General Electric Company se vio ante la
delicada necesidad de retirar a Charles Steinmetz de la
dirección de un departamento. Steinmetz, genio de primera magnitud en todo lo relativo a electricidad, era un
fracaso como jefe del departamento de cálculos. Pero la
compañía no quería ofenderlo. Era un hombre indispensable, y sumamente sensible. Se le dio, pues, un nuevo
título. Se lo convirtió en Ingeniero Consultor de la General Electric Company —nuevo título para el trabajo que
ya hacía— al mismo tiempo que se puso a otro hombre al
frente del departamento.

Steinmetz quedó encantado. Y también los directores
de la compañía. Habían maniobrado con su astro más
temperamental, sin producir una tormenta, al dejarlo que
salvara su prestigio.

¡Salvar el prestigio! ¡Cuán importante, cuán vitalmente
importante es esto! ¡Y cuán pocos entre nosotros nos de-
tenemos a pensarlo! Pisoteamos los sentimientos de los
demás, para seguir nuestro camino, descubrimos defectos, proferimos amenazas, criticamos a un niño o a un
empleado frente a los demás, sin pensar jamás que heri-
mos el orgullo del prójimo. Y unos minutos de pensar,
una o dos palabras de consideración, una comprensión
auténtica de la actitud de la otra persona contribuirán
poderosamente a aligerar la herida.

Recordemos esto la próxima vez que nos veamos en la
desagradable necesidad de despedir a un empleado.

"Despedir empleados no es muy divertido. Ser despedido lo es menos todavía —dice una carta que me escribió Marshall A. Granger, contador público—. Nuestro negocio trabaja según las temporadas. Por lo tanto, tenemos que despedir a muchos empleados en marzo.

"En nuestra profesión es cosa ya sabida que a nadie le agrada ser el verdugo. Por consiguiente, se adoptó la costumbre de acabar lo antes posible, generalmente así:

"—Siéntese, Sr. Fulano. Ha terminado la temporada y parece que ya no tenemos trabajo para usted. Claro está que usted sabía que lo íbamos a ocupar durante la temporada... etcétera.

"El efecto que se causaba en los empleados era de decepción, la sensación de que se los había 'dejado en la estacada'. Casi todos ellos eran contadores permanentes y no conservaban cariño alguno por una casa que los dejaba en la calle con tan pocas contemplaciones.

"Yo decidí hace poco despedir a nuestros empleados extraordinarios con un poco más de tacto y consideración. He llamado a cada uno a mi despacho, después de considerar cuidadosamente el trabajo rendido durante el invierno. Y les he dicho algo así:

"—Sr. Fulano; ha trabajado usted muy bien (si así ha sido). La vez que lo enviamos a Newark tuvo una misión difícil. No obstante, la cumplió usted con grandes resultados, y queremos hacerle saber que la casa se siente orgullosa de usted. Progresará mucho, dondequiera que trabaje. La casa cree en usted, y no queremos que lo olvide.

"El efecto obtenido es que los empleados despedidos se marchan con la sensación de que no se los 'deja en la estacada'. Saben que si tuviéramos trabajo para ellos los conservaríamos. Y cuando los necesitamos nuevamente, vienen con gran afecto personal."

En una sesión de nuestro curso, dos alumnos hablaron ejemplificando los aspectos negativos y positivos de permitir que la otra persona salve su prestigio.

Fred Clark, de Harrisburg, Pennsylvania, contó un incidente que había tenido lugar en su compañía:

—En una de nuestras reuniones de producción, un vicepresidente le hacía preguntas muy insistentes a uno de nuestros supervisores de producción, respecto de un proceso determinado. Su tono de voz era agresivo, y se proponía demostrar fallas en la actuación de este supervisor. Como no quería quedar mal delante de sus compañeros, el supervisor era evasivo en sus respuestas. Esto hizo que el vicepresidente perdiera la paciencia, le gritara al supervisor y lo acusara de mentir.

"En unos pocos momentos se destruyó toda la buena relación de trabajo que hubiera podido existir antes del encuentro. A partir de ese momento este supervisor, que básicamente era un buen elemento, dejó de ser de toda utilidad para nuestra compañía. Pocos meses después abandonó nuestra firma y fue a trabajar para un competidor, donde según tengo entendido ha hecho una espléndida carrera."

Otro participante de la clase, Anna Mazzone, contó un incidente similar que había tenido lugar en su trabajo... ¡pero con qué diferente enfoque y resultados! La señorita Mazzone, especialista en mercado de una empresa empacadora de alimentos, recibió su primera tarea de importancia: la prueba de mercado de un producto nuevo. Le contó a la clase:

—Cuando llegaron los resultados de la prueba, me sentí morir. Había cometido un grave error en la planificación, y ahora toda la prueba tendría que volver a hacerse. Para empeorar las cosas, no tenía tiempo de exponerle la situación a mi jefe antes de la reunión de esa mañana, en la que debía informar de este proyecto.

"Cuando me llamaron para dar el informe, yo temblaba de pavor. Había hecho todo lo posible por no derrumbarme, pero resolví que no lloraría y no les daría ocasión a todos esos hombres de decir que las mujeres no pueden recibir tareas de responsabilidad por ser demasiado emocionales. Di un informe muy breve, diciendo que debido a un error tendría que repetir todo el estudio, cosa que haría antes de la próxima reunión. Me senté, esperando que mi jefe estallara.

"Pero no lo hizo: me agradeció mi trabajo y observó

253

que no era infrecuente que alguien cometiera un error la primera vez que se le asignaba una tarea de importancia, y que confiaba en que el informe final sería correcto y útil para la compañía. Me aseguró, delante de todos mis colegas, que tenía fe en mí, y sabía que yo había puesto lo mejor de mí, y que el motivo de esta falla era mi falta de experiencia, no mi falta de capacidad.

"Salí de esa reunión caminando en las nubes, y juré que nunca decepcionaría a ese extraordinario jefe que tenía."

Aun cuando tengamos razón y la otra persona esté claramente equivocada, sólo haremos daño si le hacemos perder prestigio. El legendario escritor y pionero de la aviación A. de Saint-Exupéry escribió: "No tengo derecho a decir o hacer nada que disminuya a un hombre ante sí mismo. Lo que importa no es lo que yo pienso de él, sino lo que él piensa de sí mismo. Herir a un hombre en su dignidad es un crimen".

Un auténtico líder siempre seguirá la...

REGLA 5

Permita que la otra persona salve
su propio prestigio.

6

CÓMO ESTIMULAR A LAS PERSONAS HACIA EL TRIUNFO

Pete Barlow, un viejo amigo, tenía un número de perros y caballos amaestrados y pasó la vida viajando con circos y compañías de variedades. Me encantaba ver cómo adiestraba a los perros nuevos para su número. Noté que en cuanto el perro demostraba el menor progreso, Pete lo palmeaba y elogiaba y le daba golosinas.

Esto no es nuevo. Los domadores de animales emplean esa técnica desde hace siglos.

¿Por qué, entonces, no utilizamos igual sentido común cuando tratamos de cambiar a la gente que cuando tratamos de cambiar a los perros? ¿Por qué no empleamos golosinas en lugar de un látigo? ¿Por qué no recurrimos al elogio en lugar de la censura? Elogiemos hasta la menor mejora. Esto hace que los demás quieran seguir mejorando.

En su libro *No soy gran cosa, nena, pero soy todo lo que puedo ser,* el psicólogo Jess Lair comenta: "El elogio es como la luz del sol para el espíritu humano; no podemos florecer y crecer sin él. Y aun así, aunque casi todos estamos siempre listos para aplicar a la gente el viento frío de la crítica, siempre sentimos cierto desgano cuando se trata de darle a nuestro prójimo la luz cálida del elogio".*

Al recordar mi vida puedo ver las ocasiones en que unas pocas palabras de elogio cambiaron mi porvenir entero.

---

* Jess Lair: *No soy gran cosa, nena, pero soy todo lo que puedo ser* (Greenwich, Conn.: Fawcett 1976).

¿No puede usted decir lo mismo de su vida? La historia está llena de notables ejemplos de esta magia del elogio.

Por ejemplo, hace medio siglo, un niño de diez años trabajaba en una fábrica de Nápoles. Anhelaba ser cantor, pero su primer maestro lo desalentó. Le dijo que no podría cantar jamás, que no tenía voz, que tenía el sonido del viento en las persianas.

Pero su madre, una pobre campesina, lo abrazó y ensalzó y le dijo que sí, que sabía que cantaba bien, que ya notaba sus progresos; y anduvo descalza mucho tiempo a fin de economizar el dinero necesario para las lecciones de música de su hijo. Los elogios de aquella campesina, sus palabras de aliento, cambiaron la vida entera de aquel niño. Quizá haya oído usted hablar de él. Se llamaba Caruso. Fue el más famoso y el mejor cantante de ópera de su tiempo.

A comienzos del siglo XIX, un jovenzuelo de Londres aspiraba a ser escritor. Pero todo parecía estar en su contra. No había podido ir a la escuela más que cuatro años. Su padre había sido arrojado a una cárcel porque no podía pagar sus deudas, y este jovencito conoció a menudo las punzadas del hambre. Por fin consiguió un empleo para pegar etiquetas en botellas de betún, dentro de un depósito lleno de ratas; y de noche dormía en un triste desván junto con otros dos niños, ratas de albañal en los barrios pobres. Tan poca confianza tenía en sus condiciones de escritor que salió a hurtadillas una noche a despachar por correo su primer manuscrito, para que nadie pudiera reírse de él. Un cuento tras otro le fue rechazado. Finalmente, llegó el gran día en que le aceptaron uno. Es cierto que no se le pagaba un centavo, pero un director lo elogiaba. Un director de diario lo reconocía como escritor. Quedó el mozo tan emocionado que ambuló sin destino por las calles, llenos los ojos de lágrimas.

El elogio, el reconocimiento que recibía al conseguir que imprimieran un cuento suyo, cambiaban toda su carrera, pues si no hubiera sido por ello quizá habría pasado la vida entera trabajando como hasta entonces. Es posible que hayan oído hablar ustedes de este jovenzuelo. Se llamaba Charles Dickens.

Otro niño de Londres trabajaba en una tienda de comestibles. Tenía que levantarse a las cinco, barrer la tienda y trabajar después como esclavo durante catorce horas. Era una esclavitud, en verdad, y el mozo la despreciaba. Al cabo de dos años no pudo resistir más; se levantó una mañana y, sin esperar el desayuno, caminó veinticinco kilómetros para hablar con su madre, que estaba trabajando como ama de llaves.

El muchacho estaba frenético. Rogó a la madre, lloró, juró que se mataría si tenía que seguir en aquella tienda. Después escribió una extensa y patética carta a su viejo maestro de escuela, declarando que estaba desalentado, que ya no quería vivir. El viejo maestro lo elogió un poco y le aseguró que era un joven muy inteligente, apto para cosas mejores; y le ofreció trabajo como maestro.

Esos elogios cambiaron el futuro del mozo, y dejaron una impresión perdurable en la historia de la literatura inglesa. Porque aquel niño ha escrito desde entonces innumerables libros y ha ganado cantidades enormes de dinero con su pluma. Quizá lo conozca usted. Se llamaba H. G. Wells.

El uso del elogio en lugar de la crítica es el concepto básico de las enseñanzas de B. F. Skinner. Este gran psicólogo contemporáneo ha mostrado, por medio de experimentos con animales, y con seres humanos, que minimizando las críticas y destacando el elogio, se reforzará lo bueno que hace la gente, y lo malo se atrofiará por falta de atención.

John Ringelspaugh, de Rocky Mount, Carolina del Norte, usó el método en el trato con sus hijos. Como en muchas familias, en la suya parecía que la única forma de comunicación entre madre y padre por un lado, e hijos por el otro, eran los gritos. Y, como suele suceder, los chicos se ponían un poco peores, en lugar de un poco mejores, después de cada una de tales sesiones... y los padres también. El problema no parecía tener una solución a la vista.

El señor Ringelspaugh decidió usar alguno de los principios que estaba aprendiendo en nuestro curso. Nos contó:

—Decidimos probar con los elogios en lugar de la crítica a sus defectos. No era fácil, cuando todo lo que podíamos ver eran las cosas negativas de nuestros hijos; fue realmente duro encontrar algo que elogiar. Conseguimos encontrar algo, y durante el primer día o dos algunas de las peores cosas que estaban haciendo desaparecieron. Después empezaron a desaparecer sus otros defectos. Empezaron a capitalizar los elogios que les hacíamos. Incluso empezaron a salirse de sus hábitos para hacer las cosas mejor. No podíamos creerlo. Por supuesto, no duró eternamente, pero la norma en que nos ajustamos después fue mucho mejor que antes. Ya no fue necesario reaccionar como solíamos hacerlo. Los chicos hacían más cosas buenas que malas. Todo lo cual fue resultado de elogiar el menor acierto en ellos antes que condenar lo mucho que hacían mal.

También en el trabajo funciona. Keith Roper, de Woodland Hills, California, aplicó este principio a una situación en su compañía. Recibió un material impreso en las prensas de la compañía, que era de una calidad excepcionalmente alta. El hombre que había hecho este trabajo había tenido dificultades para adaptarse a su empleo. El supervisor estaba preocupado ante lo que consideraba una actitud negativa, y había pensado en despedirlo.

Cuando el señor Roper fue informado de esta situación, fue personalmente a la imprenta y tuvo una charla con el joven. Le manifestó lo mucho que le había gustado el trabajo que había recibido, y dijo que era lo mejor que se había hecho en la imprenta desde hacía tiempo. Se tomó el trabajo de señalar en qué aspectos la impresión había sido excelente, y subrayó lo importante que sería la contribución de este joven a la compañía.

¿Les parece que esto afectó la actitud del joven impresor hacia la empresa? En pocos días hubo un cambio completo. Les contó a varios de sus compañeros esta conversación, y se mostraba orgulloso de que alguien tan importante apreciara su buen trabajo. Desde ese día fue un empleado leal y dedicado.

El señor Roper no se limitó a halagar al joven obrero

diciéndole: "Usted es bueno". Señaló específicamente los puntos en que su trabajo era superior. Elogiando un logro específico, en lugar de hacer una alabanza generalizada, el elogio se vuelve mucho más significativo para la persona a quien se lo dirige. A todos les agrada ser elogiados, pero cuando el elogio es específico, se lo recibe como sincero, no algo que la otra persona puede estar diciendo sólo para hacernos sentir bien.

Recordémoslo: todos anhelamos aprecio y reconocimiento, y podríamos hacer casi cualquier cosa por lograrlo. Pero nadie quiere mentiras ni adulación.

Lo repetiré una vez más: los principios que se enseñan en este libro sólo funcionarán cuando provienen del corazón. No estoy promoviendo trucos. Estoy hablando de un nuevo modo de vida.

No hablemos ya de cambiar a la gente. Si usted y yo inspiramos a aquellos con quienes entramos en contacto para que comprendan los ocultos tesoros que poseen, podemos hacer mucho más que cambiarlos. Podemos transformarlos, literalmente.

¿Exageración? Escuche usted estas sabias palabras del profesor William James, de Harvard, el más distinguido psicólogo y filósofo, quizá, que ha tenido Norteamérica:

En comparación con lo que deberíamos ser, sólo estamos despiertos a medias. Solamente utilizamos una parte muy pequeña de nuestros recursos físicos y mentales. En términos generales, el individuo humano vive así muy dentro de sus límites. Posee poderes de diversas suertes, que habitualmente no utiliza.

Sí, usted mismo posee poderes de diversas suertes que habitualmente no utiliza; y uno de esos poderes, que no utiliza en toda su extensión, es la mágica capacidad para elogiar a los demás e inspirarlos a comprender sus posibilidades latentes.

Las capacidades se marchitan bajo la crítica; florecen bajo el estímulo. De modo que para volverse un líder más eficaz de la gente utilice la...

Elogie el más pequeño progreso y, además, cada
progreso. Sea "caluroso en su aprobación
y generoso en sus elogios".

7

CRÍA FAMA Y ÉCHATE A DORMIR

¿Qué hacer cuando una persona que ha trabajado bien empieza a hacerlo mal? Se lo puede despedir, pero eso no soluciona nada. Se lo puede tratar con energía, pero eso por lo general provoca resentimiento. Henry Henke, gerente de servicios de una importante agencia de camiones en Lowell, Indiana, tenía un mecánico cuyo trabajo se había vuelto menos satisfactorio. En lugar de gritarle o amenazarlo, el señor Henke lo llamó a su oficina, y tuvo una charla sincera con el hombre:

—Bill —le dijo—. Usted es un excelente mecánico. Hace años que trabaja con nosotros. Ha reparado muchos vehículos dejando plenamente satisfechos a los clientes. De hecho, hemos recibido no pocos elogios por el buen trabajo que usted ha hecho. Pero últimamente el tiempo que se toma para terminar cada tarea se está haciendo mayor, y los resultados no son los de antes. Como usted ha sido un mecánico tan excelente en el pasado, estoy seguro de que le interesará saber que no me siento feliz con la situación, y quizás entre los dos podamos encontrar el modo de corregir el problema.

Bill respondió que no había advertido el desmejoramiento de su rendimiento, y le aseguró al jefe que seguía siendo capaz de realizar bien su trabajo, y trataría de mejorarlo en el futuro.

¿Lo hizo? Vaya si lo hizo. Volvió a ser un mecánico rápido y seguro. Con la reputación que le había dado el señor Henke para mantener, ¿qué otra cosa podía hacer sino realizar un trabajo comparable con el que había hecho en el pasado?

"La persona común —escribe Samuel Vauclain, presidente de la Baldwin Locomotive Works— puede ser llevada fácilmente si se obtiene su respeto y se le muestra respeto por alguna clase de capacidad suya."

En suma, si quiere usted que una persona mejore en cierto sentido, proceda como si ese rasgo particular fuera una de sus características sobresalientes. Shakespeare dijo: "Asume una virtud si no la tienes". Y lo mismo se puede presumir con respecto a los demás y afirmar abiertamente que tiene aquella virtud que uno quiere desarrollar en él. Désele una reputación, y se le verá hacer esfuerzos prodigiosos antes de desmentirla.

Georgette Leblanc, en su libro *Recuerdos. Mi vida con Maeterlinck,* describe la asombrosa transformación de una humilde Cenicienta belga.

"Una sirvienta de un hotel cercano me llevaba las comidas. Se llamaba Marie, la Lavaplatos, porque había comenzado su carrera como ayudante de cocina. Era una especie de monstruo, bizca, de piernas combadas, pobre en carne y en espíritu.

"Un día en que me acercaba con sus rojas manos un plato de fideos, le dije a boca de jarro:

"—Marie, no sabe usted qué tesoros tiene ocultos.

"Acostumbrada a dominar sus emociones, Marie esperó unos momentos, sin atreverse a hacer un gesto por temor a una catástrofe. Por fin dejó el plato en la mesa, suspiró y exclamó ingenuamente:

"—Señora, jamás lo habría creído.

"No tuvo una duda, ni hizo una pregunta. Volvió a la cocina y repitió lo que yo había dicho, y tal es la fuerza de la fe, que nadie se rió de ella. Desde aquel día se le tuvo cierta consideración. Pero el cambio más curioso se produjo en la misma Marie. Con la idea de que era el receptáculo de maravillas invisibles, comenzó a cuidarse la cara y el cuerpo, tanto que su olvidada juventud pareció florecer y ocultar su fealdad.

"Dos meses más tarde, cuando yo me marchaba de allí, anunció su próxima boda con el sobrino del 'chef'.

"—Voy a ser una señora —dijo, y me agradeció. Una pequeña frase había cambiado su vida entera."

Georgette Leblanc había dado a Marie una reputación que justificar, y esa reputación la transformó.

Bill Parker, representante de ventas de una compañía de comida en Daytona Beach, Florida, se entusiasmó mucho con la nueva línea de productos que introducía su compañía, y quedó apesadumbrado cuando el gerente de un gran almacén de alimentos rechazó la oportunidad de introducir el nuevo producto en su negocio. Bill pasó todo el día lamentando este rechazo, y decidió volver al almacén antes de irse a su casa esa noche, y probar una vez más.

—Jack —le dijo al dueño—, cuando me marché esta mañana, comprendí que no te había presentado un cuadro completo de la nueva línea, y te agradecería que me des unos minutos para señalarte todos los puntos que omití. Siempre te he admirado por tu capacidad para escuchar, y por tu buena disposición a cambiar cuando los hechos piden un cambio.

¿Podía rehusarse Jack a darle otra oportunidad? No después de que el vendedor le hubo establecido esa reputación.

Una mañana, el doctor Martin Fitzhugh, dentista de Dublín, Irlanda, se sorprendió al oír que una paciente le señalaba que la taza metálica que estaba usando para enjuagarse la boca no estaba muy limpia. Es cierto que la paciente bebía del vasito de papel, pero de todos modos no era digno de un profesional usar equipo sucio.

Cuando la paciente se marchó, el doctor Fitzhugh pasó a su oficina privada a escribirle una carta a Bridgit, la mujer que venía dos veces por semana a limpiar su oficina. Escribió esto:

"Mi querida Bridgit:
Nos vemos tan rara vez que quise tomarme un momento para agradecerle el excelente trabajo de limpieza que hace. A propósito, querría decirle que, como dos horas dos veces por semana, es un tiempo muy limitado, puede trabajar una media hora extra de vez

263

en cuando, cada vez que sienta necesidad de ocuparse de esas cosas que se hacen "de tanto en tanto", como limpiar la taza de metal donde van los vasitos de papel, o cosas así. Por supuesto que le pagaré el tiempo extra."

—Al día siguiente cuando entré al consultorio —contó el doctor Fitzhugh—, mi escritorio había sido limpiado hasta quedar como un espejo, lo mismo que la silla, de la que casi me resbalé. Al entrar a la sala de tratamiento, encontré la taza de metal más brillante que hubiera visto nunca. Le había dado a la mujer de la limpieza una excelente reputación que mantener, y este pequeño gesto mío había hecho que se superara a sí misma. ¿Y cuánto tiempo adicional creen que le tomó? Ni un minuto.

Hay un viejo dicho: "Cría fama y échate a dormir". Demos fama a los demás y veamos qué ocurre.

Cuando la señora Ruth Hopkins, maestra de cuarto grado de una escuela de Brooklyn, Nueva York, echó una mirada a su clase el primer día del año, su entusiasmo y alegría por empezar un nuevo término quedaron matizados por el temor. En su clase este año tendría a Tommy T., el más notorio "chico malo" de la escuela. Su maestra de tercer grado se había quejado constantemente de Tommy T. con sus colegas, la directora y todos los que quisieran escucharla. No era sólo un chico díscolo, sino que además provocaba graves problemas de disciplina en la clase, buscaba pelea con los chicos, molestaba a las niñas, le respondía a la maestra, y parecía empeorar a medida que crecía. Su único rasgo redentor era su facilidad para aprender.

La señora Hopkins decidió enfrentar el "problema Tommy" de inmediato. Cuando saludó a sus nuevos alumnos, hizo pequeños comentarios sobre cada uno de ellos: "Rose, es muy lindo el vestido que tienes", "Alicia, me han dicho que eres muy buena dibujante". Cuando llegó a Tommy, lo miró a los ojos y le dijo: "Tommy, tengo entendido que tienes alma de líder. Dependeré de ti para que me ayudes a hacer de esta división el mejor de los cuartos grados". Reforzó esto en los primeros días de clase felicitando a Tommy por cada cosa que hacía, y comentando lo buen alumno que era. Con esa reputación que mantener, ni siquiera un chico de nueve años podía defraudarla... y no la defraudó.

Si usted quiere obtener buenos resultados en esa difícil misión de cambiar la actitud o conducta de los otros, recuerde la...

REGLA 7

Atribuya a la otra persona una buena reputación
para que se interese en mantenerla.

8

HAGA QUE LOS ERRORES PAREZCAN
FÁCILES DE CORREGIR

Un amigo mío, soltero, de unos cuarenta años de edad, se comprometió para casarse, y su novia lo persuadió de que tomara unas tardías lecciones de baile.

—Bien sabe Dios —me confesó este hombre al narrarme el caso— que necesitaba lecciones de baile, porque yo bailaba tal como cuando empecé, hace veinte años. La primera profesora a quien vi me dijo probablemente la verdad. Me dijo que tenía que olvidarme de todo lo aprendido y empezar otra vez. Con eso me desalentó. No me quedaba un incentivo para seguir aprendiendo. Así, pues, la dejé.

"Quizá mintiera la profesora a quien fui a ver después; pero de todos modos me gustó. Dijo, tranquilamente, que quizá mi manera de bailar era un poco anticuada, pero que en lo fundamental todo iba bien, y que no tendría inconveniente alguno para aprender unos cuantos pasos nuevos. La primera profesora me había desalentado al acentuar o destacar mis errores. Esta nueva profesora hizo lo contrario. Me aseguró que yo tenía un sentido natural del ritmo, que era un bailarín nato. El sentido común me dice que he sido siempre y siempre seré un bailarín de cuarta categoría; pero en lo hondo del corazón me gusta pensar que quizá la profesora tenía razón. Es claro que yo le pagaba para que me lo dijera, pero ¿a qué recordar eso?

"De todos modos, sé que soy mejor bailarín de lo que habría sido si no me hubiese dicho que tengo un sentido natural del ritmo. Eso me alentó. Me dio esperanza. Me hizo desear el progreso."

Digamos a un niño, a un esposo, o a un empleado, que es estúpido o tonto en ciertas cosas, que no tiene dotes para hacerlas, que las hace mal, y habremos destruido todo incentivo para que trate de mejorar. Pero si empleamos la técnica opuesta; si somos liberales en la forma de alentar; si hacemos que las cosas parezcan fáciles de hacer; si damos a entender a la otra persona que tenemos fe en su capacidad para hacerlas, la veremos practicar hasta que asome la madrugada, a fin de superarse.

Ésta es la técnica que emplea Lowell Thomas, y a fe mía que este hombre es un artista supremo en cuanto atañe a las relaciones humanas. Da coraje a los demás. Da confianza. Inspira valor y fe. Por ejemplo, pasé el fin de semana con él y su esposa, y el sábado por la noche se me pidió que participara de un amistoso juego de la canasta. ¿Canasta? ¿Yo? ¡Ah, no! ¡No, no! Yo no. Yo no sabía nada de este juego. Siempre había sido un misterio para mí. ¡No, no! ¡Imposible!

—Pero Dale —dijo Lowell—, si no es un misterio. No se necesita más que buena memoria y buen juicio. Tú escribiste una vez un capítulo sobre la memoria. La canasta será cosa facilísima para ti. Tienes todas las condiciones para juzgarlo.

Y sin tardanza, casi antes de saber lo que hacía, me encontré por primera vez ante una mesa de canasta. Todo porque se me decía que tenía dotes naturales para el juego, y así se me hizo considerar que me sería fácil.

Al hablar de canasta recuerdo a Ely Culbertson. Ahora, en todas partes donde se juega canasta, el nombre de Culbertson es cosa conocida; y sus libros sobre el tema han sido traducidos en una docena de idiomas, y vendidos a millones de lectores. Pero él mismo me ha dicho que nunca habría pensado en convertir el juego en una profesión si una joven no le hubiese asegurado que estaba especialmente dotado para ello.

Cuando llegó a los Estados Unidos, en 1922, trató de

conseguir empleo como profesor de psicología y sociología, pero no pudo.

Después trató de vender carbón, y fracasó.

Después trató de vender café, y fracasó.

Jamás pensó, en esos días, en enseñar canasta. No solamente era un mal jugador sino también muy terco. Hacía tantas preguntas y efectuaba tantos estudios de cada partido después de hecho, que nadie quería jugar con él.

Pero conoció a una bella jugadora, Josephine Dillon, se enamoró y se casó con ella. Josephine notó con cuánto cuidado analizaba Culbertson sus cartas, y lo persuadió de que era un genio en potencia. Este aliento, me ha dicho Culbertson, fue lo que lo llevó a hacer de la canasta una profesión.

Clarence M. Jones, uno de los instructores de nuestro curso en Cincinnati, Ohio, contó cómo el elogio, y el hacer que los defectos fueran fáciles de corregir, cambiaron completamente la vida de su hijo David.

—En 1970 mi hijo David, que tenía quince años, vino a vivir conmigo a Cincinnati. Su vida no había sido fácil. En 1958 se rompió la cabeza en un accidente automovilístico, y quedó con una fea cicatriz en la frente. En 1960 su madre y yo nos divorciamos, y ella lo llevó a Dallas, Texas. Hasta los quince años había pasado la mayor parte de su vida escolar en clases especiales para aprendizaje lento. Posiblemente en razón de su cicatriz, los directores escolares habían decidido que tenía una lesión cerebral y no podía funcionar a nivel normal. Estaba dos años por debajo del nivel de su grupo de edad, por lo que sólo había alcanzado el séptimo grado. Pero no sabía las tablas de multiplicar, sumaba con los dedos, y apenas si podía leer.

"Había un punto positivo: le gustaba trabajar con aparatos de radio y televisión. Quería llegar a ser técnico de televisión. Lo alenté en este punto, y le recordé que necesitaría saber bastante de matemáticas para ese tipo de estudios. Decidí ayudarlo a mejorar en esa materia. Compramos cuatro series de tarjetas de ejercicios: multiplicación, división, suma y resta. Cuando íbamos sacando las tarjetas, yo ponía las respuestas correctas en una pila a un costado. Cuando David se equivocaba, le explicaba cuál era la respuesta acertada y volvía a poner la tarjeta en el montón a sacar, y así seguíamos hasta que no quedaba ninguna. Yo celebraba ruidosamente cada tarjeta que acertaba, sobre todo si se había equivocado en una antes. Todas las noches hacíamos de esa manera con todas las tarjetas. Yo siempre controlaba el tiempo con un cronómetro. Le prometí que cuando hiciera todas las tarjetas en ocho minutos, sin respuestas incorrectas, dejaríamos de hacerlo todas las noches. A David le pareció un objetivo imposible. La primera noche le llevó 52 minutos, la segunda 48, después 45, 44, 41, después bajó de los 40 minutos. Celebrábamos cada reducción. Yo llamaba a mi esposa, y lo abrazábamos y nos reíamos. A fines del mes, estaba haciendo todas las tarjetas perfectamente en menos de ocho minutos. Cuando hacía un pequeño adelanto, pedía hacerlo otra vez. Había hecho el descubrimiento fantástico de que aprender era fácil y divertido.

"Naturalmente, sus notas en aritmética dieron un salto. Es increíble cuánto más fácil resulta la aritmética cuando uno puede multiplicar bien. Se asombró él mismo de traer una buena nota en matemáticas. Nunca antes había llegado a un nivel tan bueno. Y eso arrastró otros cambios, a una velocidad casi increíble. Su lectura mejoró rápidamente, y empezó a usar su talento natural para el dibujo. Ese mismo año, el maestro de ciencia le asignó la tarea de dar una clase. Él quiso desarrollar una serie de modelos, altamente complejos, para demostrar el efecto de las palancas. Ese trabajo no sólo exigía habilidad en el dibujo y la fabricación de modelos, sino también en matemáticas aplicadas. Su clase ganó el primer premio en la feria científica de la escuela, y fue enviada a la competencia interescolar y ganó el tercer premio de toda la ciudad de Cincinnati.

"Con eso bastó. Aquí estaba el chico que había repetido dos grados, que había sido diagnosticado con 'lesión cerebral', al que sus compañeros de clase habían llamado 'Frankenstein' y le habían dicho que los sesos se le habían salido por la herida. De pronto descubría que realmente podía aprender y lograr cosas. ¿El resultado? A partir del último término del octavo grado y a lo largo de toda la secundaria, nunca dejó de estar en el cuadro de honor. No bien descubrió que aprender era fácil, toda su vida cambió."

Si quiere ayudar a los otros a mejorar, recuerde la...

REGLA 8

Aliente a la otra persona. Haga que los errores parezcan fáciles de corregir.

9

PROCURE QUE LA OTRA PERSONA SE SIENTA SATISFECHA DE HACER LO QUE USTED QUIERE

En 1915 los Estados Unidos estaban atemorizados. Durante más de un año las naciones de Europa se mataban en una escala jamás soñada en los sangrientos anales de la historia de la humanidad. ¿Se podría conseguir la paz? Nadie lo sabía. Pero Woodrow Wilson estaba decidido a hacer la prueba. Decidió enviar un representante personal, un emisario de paz, para conferenciar con los señores de la guerra en Europa.

William Jennings Bryan, secretario de Estado, abogado de la paz, ansiaba hacer el viaje. Veía en él la oportunidad de realizar un gran servicio e inmortalizar su nombre. Pero Wilson designó a otro hombre, a su amigo íntimo, el coronel Edward M. House; y a House le cupo la espinosa misión de dar la desagradable noticia a Bryan sin ofenderlo.

"Bryan estaba muy decepcionado cuando supo que yo iba a Europa como emisario de paz —ha anotado el coronel House en su diario—. Dijo que había pensado ir él...

"Yo le contesté que el presidente consideraba imprudente efectuar esta gestión en forma oficial, *y que el viaje de Bryan despertaría mucha atención* y la gente se preguntaría por qué iba a Europa..."

¿Advierte usted la insinuación? House dijo, o dio a entender a Bryan, que él era demasiado importante para aquella misión, y Bryan quedó satisfecho.

El coronel House, diestro, experimentado en las cosas del mundo, seguía así una de las reglas más importantes en las relaciones humanas: *Procure que la otra persona se sienta satisfecha de hacer lo que usted sugiere.*

Woodrow Wilson siguió también esa política, hasta cuando invitó a William Gibbs McAdoo a ser miembro de su gabinete. Era éste el más alto honor que podía conferir, y sin embargo lo hizo de manera tal que el otro se sintió doblemente importante. Veamos la narración de las palabras del mismo McAdoo: "Me dijo que estaba preparando su gabinete y que se sentiría muy contento si yo aceptaba el cargo de secretario del Tesoro. Tenía una forma encantadora de presentar las cosas; daba la impresión de que, al aceptar este gran honor, yo le haría un favor enorme".

Desgraciadamente, Wilson no empleó siempre tanto tacto. Si lo hubiera hecho, podría ser diferente la historia. Por ejemplo, Wilson no contentó al Senado ni al Partido Republicano cuando incorporó los Estados Unidos a la Liga de las Naciones. Wilson se negó a llevar a Elihu Root, o a Hughes, o a Henry Cabot Lodge a la Conferencia de Paz. En lugar de ello, se hizo acompañar por hombres desconocidos de su propio partido. Hizo un desaire a los republicanos, no quiso dejarles pensar que la Liga era idea de ellos tanto como de él, se negó a permitirles una participación; y como resultado de estos errores en el manejo de las relaciones humanas, Wilson destruyó su carrera, arruinó su salud, abrevió su vida, hizo que los Estados Unidos quedaran al margen de la Liga, y alteró la historia del mundo.

No sólo los estadistas y diplomáticos usan este método para hacer que la gente se sienta feliz haciendo lo que ellos quieren que haga. Dale O. Ferrier, de Fort Wayne, Indiana, nos contó cómo alentó a uno de sus hijos a hacer con buena voluntad sus tareas.

—Una de las tareas de Jeff era recoger las peras de abajo del peral, para que la persona que estaba cortando el césped no tuviera que detenerse a hacerlo. No le gustaba este trabajo, y con frecuencia no lo hacía, o lo hacía tan mal que el que manejaba la cortadora de césped tenía que detenerse y recoger varias peras que el niño había pasado por alto. En lugar de tener un enfrentamiento violento con él, salí un día cuando se preparaba para hacer el trabajo y le dije:

"—Jeff, haré un trato contigo. Por cada cesta llena de peras que recojas, te pagaré un dólar. Pero cuando hayas terminado, por cada pera que yo encuentre en el patio, te cobraré un dólar. ¿Qué te parece?

"Como podría esperarse, no sólo recogió todas las peras, hasta la última, sino que tuve que vigilarlo para que no arrancara más del árbol para llenar sus cestas."

Conozco a un hombre que ha rechazado muchas invitaciones para hablar, invitaciones hechas por amigos, por personas a quienes está obligado; pero lo hace con tal destreza que los demás quedan contentos con la negativa. ¿Cómo lo consigue? No es porque hable de estar muy ocupado o muy esto o aquello. No, después de expresar cuánto agradece la invitación y de lamentar la imposibilidad de aceptarla, sugiere un orador para que lo reemplace. En otras palabras, no da tiempo a que los demás se sientan desagradados por la negativa. Logra que los demás piensen inmediatamente en algún orador reemplazante.

Gunter Schmidt, que siguió nuestro curso en Alemania Occidental, contó sobre una empleada en su almacén de comestibles, que olvidaba poner las tarjetas con los precios en los estantes donde se exhibían los productos. Esto provocaba confusión y quejas por parte de los clientes. Recordatorios, admoniciones, enfrentamientos, no servían de nada. Al fin, el señor Schmidt la llamó a su oficina y le dijo que la nombraría Supervisora de Marcación de Precios de todo el almacén, y ella sería la responsable de mantener cada producto con su precio bien visible. Esta nueva responsabilidad y título cambiaron por completo la actitud de la empleada, y desde entonces realizó sus tareas satisfactoriamente.

¿Infantil? Acaso. Pero lo mismo dijeron de Napoleón cuando creó su Legión de Honor y distribuyó 15.000 cruces entre sus soldados, y ascendió a dieciocho de sus generales a Mariscales de Francia, y llamó a sus tropas el

Gran Ejército. Se criticó a Napoleón por dar "juguetes" a veteranos endurecidos en muchas guerras, y Napoleón respondió a ello: "Los hombres son manejados por los juguetes".

Esta técnica de conceder títulos y autoridad rindió resultados a Napoleón, y los rendirá también para usted. Por ejemplo, una amiga mía, la Sra. Ernest Gent, de Scarsdele, Nueva York, se afligía porque unos niños le arruinaban el césped. Trató de corregirlos con sus críticas. Trató de corregirlos con sus retos. No obtuvo resultados. Pero después hizo la prueba de dar al peor de los niños de la banda un título y una sensación de autoridad. Lo nombró su "detective" y le encargó evitar que los demás pisaran el césped. Así se resolvió el problema. Su "detective" hizo una hoguera en el patio, calentó un hierro al rojo y amenazó con quemar al primer niño que pisara el césped.

El líder eficaz tendrá presentes las siguientes guías cuando sea necesario cambiar conductas o actitudes:

1. Ser sincero. No prometer nada que no se pueda cumplir. Olvidarse de los beneficios de uno y concentrarse en los de la otra persona.

2. Saber exactamente qué es lo que se quiere que haga la otra persona.

3. Ser empático. Preguntarse a sí mismo qué quiere verdaderamente la otra persona.

4. Considerar los beneficios que recibirá la otra persona por hacer lo que usted le sugiere.

5. Hacer coincidir esos beneficios con los deseos de la otra persona.

6. Al hacer el pedido, hacerlo en una forma que destaque los beneficios que redundará para la otra persona. Por ejemplo, en lugar de dar una orden seca como ésta: "Juan, mañana vendrán clientes y quiero que el depósito esté limpio, así que bárralo, apile con prolijidad la mercadería y limpie el mostrador", podemos expresar lo mismo mostrando los beneficios que obtendrá Juan si hace su trabajo: "Juan, tenemos un trabajo que habrá que hacer, *y si se hace ahora, no habrá que preocuparse después.*

Mañana traeré a unos clientes a mostrarles las instalaciones. Me gustaría mostrarles el depósito, pero no está presentable. Si usted puede barrerlo, apilar la mercadería con prolijidad y limpiar el mostrador, nos hará lucir más eficientes y *usted habrá hecho su parte para darle una buena imagen a nuestra compañía"*.

¿Se sentirá feliz Juan haciendo lo que se le sugiere? Probablemente no muy feliz, pero más que si no se le hubieran indicado sus beneficios. Suponiendo que uno sabe que Juan se enorgullece de la higiene de su depósito, y está interesado en contribuir a la imagen de la compañía, habrá más probabilidades de que coopere. También se le ha indicado a Juan que ese trabajo habrá que hacerlo tarde o temprano, y si se lo hace ahora ya no causará problemas en el futuro.

Es ingenuo creer que siempre se obtiene una reacción favorable de la otra persona cuando se usan estos métodos, pero la experiencia de la mayoría indica que es más probable cambiar actitudes de este modo que no usando estos principios; y si con ellos se aumenta el rendimiento aunque más no sea en un diez por ciento, usted es un líder un diez por ciento más eficaz y éste es su beneficio.

Es más probable que la gente haga lo que usted sugiere cuando se usa la...

REGLA 9

Procure que la otra persona se sienta satisfecha de hacer lo que usted sugiere.

EN POCAS PALABRAS

SEA UN LÍDER

El trabajo de un líder consiste, entre otras cosas, en cambiar la actitud y conducta de su gente. Algunas sugerencias para lograrlo:

REGLA 1
Empiece con elogio y aprecio sincero.

REGLA 2
Llame la atención sobre los errores de los demás indirectamente.

REGLA 3
Hable de sus propios errores antes de criticar los de los demás.

REGLA 4
Haga preguntas en vez de dar órdenes.

REGLA 5
Permita que la otra persona salve su propio prestigio.

REGLA 6
Elogie el más pequeño progreso y, además, cada progreso. Sea "caluroso en su aprobación y generoso en sus elogios".

REGLA 7
Atribuya a la otra persona una buena reputación
para que se interese en mantenerla.

REGLA 8
Aliente a la otra persona. Haga que los errores
parezcan fáciles de corregir.

REGLA 9
Procure que la otra persona se sienta satisfecha
de hacer lo que usted sugiere.

UN BREVE CAMINO HACIA LA DISTINCIÓN

por Lowell Thomas

Esta información biográfica acerca de Dale Carnegie fue escrita en la edición original de *Cómo ganar amigos e influir sobre las personas*, como su Introducción. La incorporamos al final de esta edición para brindar mayor información acerca del autor.

Una fría noche de invierno, en enero de 1935, dos mil quinientos hombres y mujeres llenaban el gran salón de baile del Hotel Pennsylvania, en Nueva York. Todos los asientos disponibles estaban ocupados a las 19.30. Media hora después seguía llegando la ansiosa muchedumbre. El espacioso palco estuvo pronto repleto; más tarde, era difícil conseguir colocación de pie, y centenares de personas, fatigadas de lidiar un día con sus negocios, se mantuvieron de pie una hora y media aquella noche para presenciar... ¿qué?

¿Una exposición de modelos?

¿Una carrera de seis días en bicicleta o una presentación personal de Clark Gable?

No. Esa gente había sido atraída por un anuncio periodístico. Dos noches antes habían leído un ejemplar de The New York Sun *y encontrado un anuncio a toda página:*

Aprenda a hablar con efectividad
Prepárese para dirigir

¿Cosas ya sabidas? Sí, pero, créase o no, en la más moderna ciudad de la tierra, durante una crisis que había dejado a cargo de la ayuda oficial un veinte por ciento de

279

la población, dos mil quinientas personas dejaron sus casas y fueron presurosamente al hotel en respuesta a ese anuncio.

Quienes respondieron fueron gentes de las capas económicas superiores: jefes de empresas, patrones y profesionales.

Estos hombres y estas mujeres habían acudido a oír el cañonazo inicial de un curso ultramoderno y ultrapráctico sobre "Cómo hablar en forma eficaz e influir sobre los hombres en los negocios", curso organizado por el Instituto Dale Carnegie de Comunicación Eficaz y Relaciones Humanas.

¿Por qué acudieron esos dos mil quinientos hombres y mujeres de negocios?

¿Debido a una repentina ansia por educarse, a causa de la crisis?

Aparentemente no, porque ese mismo curso se venía dictando, ante salas repletas, en Nueva York, todas las temporadas desde hacía veinticuatro años. Durante ese lapso, más de quince mil hombres de negocios y profesionales fueron preparados por Dale Carnegie. Y hasta organizaciones tan grandes, tan escépticas y tan conservadoras como la Westinghouse Electric & Manufacturing Company, McGraw-Hill Publishing Company, Brooklyn Union Gas Company, la Cámara de Comercio de Brooklyn, el Instituto de Ingenieros Electricistas y la New York Telephone Company, han empleado a Carnegie para instruir a sus miembros y sus directores en las oficinas de las mismas entidades.

El hecho de que estos hombres, diez o veinte años después de haber salido de sus escuelas o colegios, acudan a recibir estas enseñanzas, constituye un decisivo comentario con respecto a las sorprendentes fallas de nuestro sistema educativo.

¿Qué quieren estudiar los adultos? Se trata de una pregunta muy importante; y con el fin de responderla, la Universidad de Chicago, la Asociación para la Educación de Adultos y las Escuelas Unidas de la Asociación Cristiana de Jóvenes efectuaron un estudio que duró dos años.

Esa indagación reveló que el interés primario de los

280

adultos es la salud. *Reveló también que en segundo término está el interés por lograr habilidad en el trato con los demás; los adultos quieren aprender la técnica de llevarse bien e influir sobre las personas. No quieren ser oradores públicos; y no quieren escuchar palabras rimbombantes sobre psicología: quieren indicaciones que les sea posible emplear inmediatamente en los negocios, en los contactos sociales y en el hogar.*

—¿De modo que era eso lo que querían estudiar los adultos?

—Muy bien —dijeron quienes hacían la indagación—. Espléndido. Si quieren eso, los haremos estudiar.

A la busca de un texto, descubrieron que jamás se había escrito un manual para ayudar a la gente a resolver sus diarios problemas de las relaciones humanas.

¡Bonito estado de cosas! Durante centenares de años se habían escrito eruditos volúmenes sobre griego y latín y matemáticas superiores, temas que no interesan un pepino al adulto común. Pero en cuanto al único tema que despierta su sed de conocimiento, que reclama guía y ayuda: ¡nada!

Esto explica la presencia de dos mil quinientos adultos en el gran salón de baile del Hotel Pennsylvania en respuesta a un anuncio periodístico. Pues allí, aparentemente, tenían por fin lo que buscaban con tanto afán.

En los lejanos tiempos de la escuela o del colegio habían leído y releído libro tras libro, con la idea de que sólo el conocimiento era el "ábrete sésamo" para obtener recompensas financieras y profesionales.

Pero unos pocos años en la brega de los negocios y la vida profesional les causaron aguda decepción. Vieron que algunos de los mayores triunfos correspondían, en la vida de los negocios, a hombres que además de sus conocimientos poseían la capacidad de hablar bien, de conquistar gentes a su manera de pensar, y de "vender" sus personalidades y sus ideas.

Pronto descubrieron que si se quiere ser capitán y dirigir la nave de los negocios, la personalidad y la facilidad de palabra son más importantes que el conocimiento de los verbos latinos o un diploma de Harvard.

El anuncio aparecido en The New York Sun prometía que la reunión en el Hotel Pennsylvania sería sumamente entretenida. Lo fue.

Dieciocho personas que habían seguido el curso fueron presentadas ante el altoparlante, y a quince de ellas se les dio precisamente setenta y cinco segundos para que narraran sus experiencias. Sólo setenta y cinco segundos de alocución; luego caía el martillo y el presidente gritaba: ¡Tiempo! ¡El siguiente orador!

La función tuvo la velocidad de un rebaño de búfalos disparado por la llanura. Los espectadores permanecieron allí una hora y media.

Los oradores eran una muestra cabal de la vida de los negocios en los Estados Unidos: el director de una cadena de tiendas; un panadero; el presidente de una asociación comercial; dos banqueros; un vendedor de camiones; un vendedor de productos químicos; un corredor de seguros; el secretario de una asociación de fabricantes de ladrillos; un contador; un dentista; un arquitecto; un vendedor de whisky; un farmacéutico que había llegado de Indianápolis a Nueva York para seguir el curso; un abogado venido de La Habana para prepararse con el fin de pronunciar un importante discurso de tres minutos.

El primer orador tenía el gaélico nombre de Patrick J. O'Haire. Nacido en Irlanda, asistió a la escuela durante cuatro años, emigró a los Estados Unidos, trabajó como mecánico y después como chofer.

A los cuarenta años de edad, en aumento su familia, necesitaba más dinero; por ese motivo trató de vender camiones automóviles. Afectado por un complejo de inferioridad que, según sus palabras, le carcomía el corazón, tenía que pasar y volver a pasar frente a una oficina media docena de veces hasta adquirir el valor suficiente para abrir la puerta. Tan desalentado estaba por su actuación como vendedor, que ya pensaba volver a trabajar con sus manos en un taller mecánico, cuando un día recibió una carta en que se le invitaba a un mitin de organización del Curso Dale Carnegie® sobre comunicación eficaz.

No quería ir. Temía verse fuera de su medio, encontrarse con una cantidad de profesionales.

Su esposa, afligida, insistió en que fuera.

—Quizá te dé resultado, Pat —dijo—. Dios sabe que lo necesitas.

Fue, pues, al lugar donde se debía realizar la reunión, y durante cinco minutos estuvo en la acera, antes de poder reunir la suficiente confianza en sí mismo para entrar.

Las primeras veces que quiso hablar se mareaba de temor. Pero al pasar las semanas perdió todo temor a los oyentes y pronto descubrió que le gustaba hablar, y cuanto mayor público, tanto mejor. Y perdió también el temor a los individuos. Perdió el temor a sus propios clientes. Sus ingresos aumentaron enormemente. Hoy es uno de los mejores vendedores de la ciudad. Aquella noche en el Hotel Pennsylvania, Patrick O'Haire se presentó ante dos mil quinientas personas y narró una alegre, risueña relación de sus realizaciones. Ola tras ola de risas sacudió al auditorio. Pocos oradores profesionales habrían igualado su actuación.

El siguiente orador, Godfrey Meyer, era un canoso banquero, padre de siete niños. La primera vez que intentó hablar enmudeció, literalmente, de pánico. Su mente se rehusaba a funcionar. Su historia es claro ejemplo de cómo la dirección de las cosas va a manos de los hombres que saben hablar.

Meyer trabajaba en Wall Street y desde hace veinticinco años vive en Clifton, Nueva Jersey. Durante ese lapso no tomó parte activa en los asuntos de la comunidad y conoció, a lo sumo, a unas quinientas personas.

Poco después de inscribirse en el Curso Carnegie® recibió su cuenta de impuestos y se enfureció al ver tasas que consideraba injustas. Ordinariamente se hubiese contentado con quedarse en casa y pasar allí su ira, o ir a comentar la injusticia con sus vecinos. Pero en esta ocasión se puso el sombrero, fue a un mitin ciudadano y dio cauce a su ira en público.

A raíz de esa elocuente muestra de indignación, los ciudadanos de Clifton lo instaron a presentar su candidatura a concejal municipal. *Durante varias semanas fue Meyer de un mitin a otro, censurando los excesivos gastos municipales.*

Había noventa y seis candidatos. Cuando se contaron los votos, el nombre de Godfrey Meyer era el que estaba a la cabeza. Casi de la noche a la mañana se había convertido en una figura pública entre las cuarenta mil personas de la comunidad. Fruto de sus discursos y sus conversaciones: conquistó en seis semanas ochenta veces más amigos que en los veinticinco años anteriores.

Y su salario como concejal significaba un rendimiento de mil por ciento anual con relación a su inversión en el Curso Dale Carnegie®.

El tercer orador, jefe de una gran asociación nacional de fabricantes de productos alimenticios, narró que en las reuniones del directorio había sido incapaz de expresar sus ideas.

Como consecuencia de su aprendizaje ocurrieron dos cosas asombrosas. Muy pronto fue elegido presidente de su asociación y, en tal carácter, se vio obligado a dirigir la palabra en reuniones efectuadas en todo el país. Los cables de la Associated Press transmitieron extractos de sus discursos, que fueron publicados en diarios y en revistas del ramo de la nación entera.

En dos años, después de haber aprendido a hablar, recibió más publicidad gratuita para su compañía y sus productos que la que había podido obtener anteriormente a costa de doscientos cincuenta mil dólares de anuncios directos. Este orador admitió que con anterioridad hasta vacilaba antes de hablar por teléfono con algún jefe de empresa de Manhattan e invitarlo a almorzar con él. Pero como resultado del prestigio logrado mediante sus discursos, esos mismos jefes de empresa eran quienes le hablaban ahora, lo invitaban a almorzar y le pedían disculpas por molestarlo.

La capacidad de hablar bien es el camino más breve hacia la distinción. Ella es la que destaca a una persona, la hace sobresalir entre la multitud. Y el hombre que puede hablar en forma aceptable es considerado dueño de cualidades ajenas a las que posee en realidad.

Predomina hoy en los Estados Unidos un movimiento en favor de la educación de los adultos; y la fuerza más espectacular en ese movimiento es Dale Carnegie®; un hombre que ha escuchado y criticado más discursos y conversaciones de adultos que cualquier otro hombre en cautividad. Según un reciente dibujo de Ripley en "Créase o no," ha hecho la crítica de 150.000 discursos. Si esta cifra no impresiona al lector, recuerde que significa un discurso por cada día transcurrido desde que Colón descubrió América. O, en otras palabras, si todas las personas que han hablado ante Carnegie sólo hubiesen empleado tres minutos cada una y se hubieran presentado ante él en orden sucesivo, se necesitaría un año entero para escuchar a todas, sin descansar un minuto de la noche o del día.

La misma carrera de Dale Carnegie, llena de grandes contrastes, es un notable ejemplo de lo que puede realizar un hombre cuando siente obsesión por una idea original y le enciende el entusiasmo.

Nacido en una granja de Missouri, a diez millas de un ferrocarril, no vio un tranvía hasta que tuvo doce años; pero hoy, a los 46, está familiarizado con todos los extremos de la Tierra, desde Hong Kong hasta Hammerfest; y en una ocasión estuvo más cerca del Polo Norte que lo que el cuartel general del almirante Byrd, en Pequeña América, estuvo jamás del Polo Sur.

Este mozo de Missouri, que solía recoger fresas y cortar cizaña a razón de cinco centavos la hora, percibe ahora un dólar por minuto por adiestrar en el arte de la autoexpresión a los dirigentes de grandes empresas.

Este vaquero de otrora, que arreaba ganado y marcaba terneros en el oeste de Dakota del Sur, fue más tarde a Londres y organizó funciones teatrales bajo el patrocinio de la familia real.

Este hombre, que fue un fracasado la primera docena de veces que trató de hablar en público, se convirtió después en mi gerente general. Gran parte de mis triunfos se han debido al aprendizaje que realicé a las órdenes de Dale Carnegie.

El joven Carnegie tuvo que luchar por conseguir una

285

educación, porque la mala suerte golpeaba sin cesar a las puertas de la vieja granja en el noroeste de Missouri. Año tras año el Río 102 se salía de cauce y ahogaba el maíz y se llevaba el heno. Una vez tras otra, los cerdos ya engordados enfermaban y morían de cólera, desaparecía el mercado para las vacas y las mulas, y el banco amenazaba con ejecutar la hipoteca.

Enferma de desaliento, la familia vendió la granja y compró otra, cerca del Colegio de Maestros del Estado, en Warrensburg, Missouri. Podía conseguirse alojamiento y comida en la ciudad a razón de un dólar por día; pero Carnegie no tenía ese dinero. Por eso vivía en la granja e iba a caballo al colegio, en un viaje de una legua todos los días. En la granja ordeñaba las vacas, cortaba leña, alimentaba los cerdos, y estudiaba sus verbos latinos a la luz de una lámpara primitiva hasta que se le nublaban los ojos y comenzaba a cabecear.

Y al irse a la cama, a medianoche, ponía el despertador para las tres de la madrugada. Su padre criaba cerdos Duroc-Jersey de pura raza, y durante las noches más frías había peligro de que los lechones murieran helados. Para impedirlo se los colocaba en un cesto, cubierto por una arpillera, y se los dejaba junto a la cocina. Los lechones exigían alimento a las tres de la mañana. Cuando sonaba el despertador, Dale Carnegie dejaba el abrigo de su cama, tomaba el cesto y llevaba los lechones hasta las madres; esperaba a que mamaran y los llevaba de vuelta a la tibieza de la cocina.

Había seiscientos estudiantes en el Colegio de Maestros del Estado; y Dale Carnegie formaba parte de un aislado grupo de media docena de niños que no tenían dinero para vivir en la ciudad. Estaba avergonzado de la pobreza que le hacía necesario volver a la granja, a ordeñar vacas, todas las noches. Le avergonzaba su ropa —pantalones demasiado cortos, chaqueta demasiado ajustada. A medida que se desarrollaba rápidamente su complejo de inferioridad, buscaba algún camino para distinguirse. Bien pronto vio que en el colegio había ciertos estudiantes que gozaban de influencia y prestigio: los jugadores de fútbol y béisbol y los que triunfaban en torneos de oratoria y de debates.

Como comprendió que no tenía facilidad para el deporte, decidió ganar uno de los torneos de oratoria. Tardó meses en prepararse para ello. Practicaba mientras galopaba a caballo de su casa al colegio y del colegio a su casa; practicaba discursos mientras ordeñaba las vacas; y después subía a un fardo de heno en el granero y con gran entusiasmo y muchos gestos arengaba a las asustadas palomas acerca de la necesidad de contener la inmigración japonesa.

Mas, a pesar de todo este entusiasmo y de tantos preparativos, fue derrotado una vez tras otra. Tenía entonces 18 años: era sensitivo y orgulloso. Tanto se desalentó, quedó tan deprimido, que hasta pensó suicidarse. Y de pronto comenzó a triunfar, no solamente en un torneo, sino en todos los torneos de oratoria del colegio.

Otros estudiantes le rogaron que los preparara; y también ellos triunfaron.

Terminados ya sus estudios, empezó a vender cursos por correspondencia a los rancheros del oeste de Nebraska y del este de Wyoming.

A pesar de su energía y su entusiasmo sin límites, no pudo prosperar. Llegó a tal punto su decepción, que fue a su cuarto en un hotel de Alliance, Nebraska, en pleno día, se arrojó sobre la cama y lloró desesperado. Ansiaba volver al colegio, anhelaba retirarse de la dura batalla de la vida; pero no podía. Decidió entonces ir a Omaha y conseguirse otro empleo. No tenía dinero para el pasaje ferroviario, y por ello viajó en un tren de carga, dando agua y forraje a dos vagones de caballos a cambio de su pasaje. Llegado al sur de Omaha, consiguió un empleo de vendedor de tocino, jamón y cecina para Armour y Cía. Le asignaron un territorio difícil, entre las Tierras Malas y las zonas de indios y de hacendados en el oeste de Dakota del Sur. Recorría el territorio en trenes de carga y en diligencias y a caballo, y dormía en hoteles primitivos donde la única separación entre las habitaciones era un tabique de lona. Estudió libros para viajantes de comercio, montó potros, jugó al póquer con hombres rudos, y aprendió a cobrar las cuentas. Cuando algún tendero no le podía pagar en efectivo el tocino y los jamones que había pedido, Dale Carnegie retiraba de los estantes una docena de pares de zapatos, los vendía a los empleados ferroviarios y entregaba el producto a la Armour y Cía.

A menudo tenía que viajar en tren de carga ciento cincuenta kilómetros por día. Cuando el tren se detenía para descargar mercancías, Carnegie corría al centro de la población, veía a tres o cuatro comerciantes, recibía sus pedidos; y cuando sonaba el silbato de la locomotora corría calle abajo otra vez y subía al tren ya en movimiento.

En menos de dos años convirtió a un territorio improductivo, que estaba en el vigesimoquinto lugar de la lista, en el primero de todos los 29 que dependían de la central de Omaha. Armour y Cía. ofreció ascenderlo, diciéndole: "Usted ha conseguido lo que parecía imposible". Pero rechazó el aumento y renunció. Sí', renunció, fue a Nueva York, estudió en la Academia de Artes Dramáticas y recorrió el país haciendo el papel de Dr. Hartley en Polly la del Circo.

Jamás sería un Booth o un Barrymore. Tuvo sentido común para reconocerlo. De modo que volvió a trabajar como vendedor, esta vez de camiones automóviles, para la Packard Motor Car Company.

Nada sabía de mecánica, y nada le importaba de motores. Terriblemente desgraciado, tenía que hostigarse todos los días para ir a trabajar. Anhelaba tener tiempo para estudiar, para escribir los libros que allí, en el colegio, había deseado escribir. Por eso renunció otra vez. Iba a pasar su tiempo escribiendo cuentos y novelas, de día, y a ganarse el sustento como maestro en alguna escuela nocturna.

¿Maestro de qué? Al recapacitar y valorar su actuación en el colegio advirtió que su adiestramiento para hablar en público le había dado más confianza, valor, soltura y capacidad para conversar y tratar con la gente de negocios, que todo el resto de las asignaturas estudiadas. Por este motivo instó a las escuelas de la Asociación Cristiana de Jóvenes en Nueva York a que le dieran una oportunidad para organizar cursos sobre oratoria para hombres de negocios.

¿Qué? ¿Convertir a los hombres de negocios en oradores? Absurdo. Ya lo sabían. Habían hecho la prueba con estos recursos, y siempre fracasaba.

Cuando se negaron a pagarle el sueldo de dos dólares por noche que pedía Carnegie, éste convino en enseñar a comisión, y percibir un porcentaje de los beneficios netos, si es que se hacían beneficios. Y en menos de tres años le pagaban treinta dólares por noche, sobre esta base, en lugar de dos.

El curso fue creciendo. Otras ramas de la Asociación oyeron hablar del caso; después la voz se pasó a otras ciudades. Dale Carnegie se convirtió bien pronto en un famoso profesor ambulante que cubría Nueva York, Filadelfia, Baltimore, y más adelante Londres y París. Todos los textos eran demasiado académicos y poco prácticos para los hombres de negocios que acudían a sus cursos. Intrépido como siempre, se sentó a escribir uno que tituló Cómo hablar bien en público e influir en los hombres de negocios. Este libro es ahora el texto oficial de todas las escuelas de la Asociación Cristiana de Jóvenes, así como de la Asociación de Banqueros y de la Asociación Nacional de Hombres de Crédito.

Dale Carnegie sostiene que cualquier hombre puede hablar cuando se enoja. Dice que si se derriba de un puñetazo en la mandíbula al hombre más ignorante de la ciudad, se lo verá ponerse de pie y hablar con una elocuencia, un calor y un vigor que rivalizarán con los mejores esfuerzos de William Jennings Bryan en sus días famosos. Sostiene Carnegie que casi todas las personas pueden hablar pasablemente en público si tienen confianza en sí mismos y hay una idea que hierve en su interior.

La forma de lograr confianza en sí mismo, añade, es hacer lo que se teme hacer, y reunir en este sentido una historia de experiencias felices. Por eso obliga a cada alumno a hablar en todas las clases del curso. El auditorio está lleno de simpatía por el orador. Todos están en el mismo aprieto; y mediante una práctica constante todos logran la confianza, el valor y el entusiasmo que han de hacer valer cuando hablen en privado.

Dale Carnegie dice que se ha ganado la vida en estos años, pero no como profesor de oratoria pública: esto ha sido un incidente. Dice que su tarea principal ha consistido en ayudar a los hombres a dominar sus temores y a desarrollar su seguridad y su coraje.

Al principio empezó solamente con un curso de oratoria pública, pero los estudiantes que lo seguían eran hombres de negocios. Muchos de ellos no habían entrado en una aula durante treinta años. Muchos pagaban esa enseñanza por cuotas. Querían resultados, y los querían rápidos: resultados que pudiesen utilizar al día siguiente en sus entrevistas comerciales y al hablar ante grupos de hombres de negocios.

Por esa razón Carnegie se vio obligado a ser veloz y práctico. De ello ha surgido su sistema de enseñanza, que es único: una notable combinación de oratoria en público, de capacidad como vendedor, de relaciones humanas y de psicología aplicada.

Como no es un esclavo de ninguna regla inflexible, ha logrado presentar un curso que es tan eficaz como la viruela, y mucho más divertido.

Cuando terminan las clases, los alumnos forman clubes y continúan reuniéndose en ellos cada quince días, durante muchos años. Un grupo de diecinueve hombres de Filadelfia se ha venido reuniendo dos veces por mes durante la época invernal desde hace diecisiete años. Hay muchos hombres que viajan ochenta o cien kilómetros en automóvil para asistir a las clases de Carnegie. Un estudiante solía hacer todas las semanas, con ese fin, el viaje de Chicago a Nueva York.

El profesor William James, de la Universidad de Harvard, solía decir que la persona común sólo desarrolla el diez por ciento de su capacidad mental latente. Dale Carnegie, al ayudar a los hombres y las mujeres de negocios a desarrollar sus posibilidades latentes, ha creado uno de los movimientos más significativos en la historia de la educación de los adultos.

LOWELL THOMAS
1936

CURSOS DALE CARNEGIE

CURSO DALE CARNEGIE® DE
COMUNICACIÓN EFICAZ Y RELACIONES HUMANAS

Probablemente es el programa más popular que se ha ofrecido con el objeto de fomentar una mejor relación entre las personas. Este curso está diseñado para ayudar a desarrollar una mayor seguridad personal, habilidad para llevarse mejor con otros dentro de la misma familia y en relaciones tanto sociales como de trabajo, incrementar la capacidad de comunicación de ideas, desarrollar en la persona una actitud positiva, aumentar el entusiasmo, reducir la tensión, la angustia y disfrutar de una vida más rica y plena.

No solamente miles de personas se inscriben en este curso cada año, sino que es utilizado por empresas, agencias gubernamentales y otras organizaciones para ayudar al desarrollo del potencial de su gente.

CURSO DE VENTAS DALE CARNEGIE®

Este programa, altamente participativo, está diseñado para ayudar a las personas que actualmente están dedicadas a las ventas o a la administración de ventas a que sean aun más profesionales y tengan mayor éxito en sus carreras.

Este curso abarca el vital y poco reconocido pero muy esencial elemento de la motivación del cliente y su aplicación a cualquier producto o servicio que se venda. Los participantes de este curso experimentan situaciones similares a las que se les presentan cada día en sus actividades y aprenden a utilizar métodos de venta motivacional para que de esta manera el porcentaje de cierres de venta sea aun mayor.

291

SEMINARIO DE DIRECCIÓN DALE CARNEGIE®

Este programa enfoca los principios de Relaciones Humanas de Dale Carnegie y los aplica al mundo de los negocios.

Subraya la importancia de los resultados equilibrados alcanzados con el desarrollo del potencial humano, para asegurar así un crecimiento tanto en la empresa como en los beneficios a largo plazo.

Los directivos participantes diseñan las descripciones de sus cargos orientados hacia los resultados y aprenden a estimular la creatividad de su gente, motivar, delegar y comunicar, así como resolver problemas y tomar decisiones de una manera sistemática. La aplicación de estos principios en el trabajo diario del directivo es enfatizada.

Si usted está interesado en saber más acerca de los cursos, dónde y cuándo se imparten en su comunidad, puede obtener mayor información escribiendo a:

Dale Carnegie & Associates Inc.
1475 Franklin Avenue
Garden City, New York 11530

EXPERIENCIAS PERSONALES EN LA APLICACIÓN DE
LOS PRINCIPIOS QUE SE DESARROLLAN
EN ESTE LIBRO

EXPERIENCIAS PERSONALES EN LA APLICACIÓN DE
LOS PRINCIPIOS QUE SE DESARROLLAN
EN ESTE LIBRO

EXPERIENCIAS PERSONALES EN LA APLICACIÓN DE
LOS PRINCIPIOS QUE SE DESARROLLAN
EN ESTE LIBRO

ÍNDICE DE MATERIAS

ÍNDICE GENERAL

Primera Parte
TÉCNICAS FUNDAMENTALES PARA TRATAR
CON EL PRÓJIMO

Segunda Parte
SEIS MANERAS DE AGRADAR A LOS DEMÁS

Cómo ganar amigos e influir sobre las personas de Dale Carnegie
se terminó de imprimir en noviembre de 2018
en los talleres de
Impresora Tauro S.A. de C.V.
Av. Año de Juárez 343, col. Granjas San Antonio,
Ciudad de México